SEQÜÈNCIA 1

No és el que sembla

Creus que les estrelles de les xarxes tenen una vida meravellosa?

Connectem

Somriures, diversió, sempre una frase enginyosa a punt... A les xarxes socials tothom sembla tenir una vida envejable, oi? Segur que ja saps que tot és fals, però de vegades ens costa de recordar-ho davant una imatge que ens enlluerna. Seria fantàstic que tothom fos sempre molt feliç, però la vida és una altra cosa. Res no és el que sembla!

Podríem dir que la vida és com una il·lusió òptica?

Més il·lusions òptiques!

- Què hi veus, en aquesta imatge?
- Els teus companys i companyes hi veuen el mateix que tu?

Què en sabem?

Baròmetre d'aula

1 **El teu amic Martí t'ha recomanat una youtuber que no coneixies i té mooolts *followers*. Què vol dir aquest terme anglès que actualment és tan conegut?**

- ○ Flors de temporada.
- ○ Seguidors de les xarxes.
- ○ Salutacions.
- ○ Amics meus.

2 **Fins i tot hi ha novel·les en què els protagonistes tenen un canal de YouTube, com la Maria de *Mai de la vida et deixaria tirada*. Què vol dir que n'és una de les protagonistes?**

- ○ Que és un personatge molt egoista i orgullós.
- ○ Que a la Maria li ha agradat molt la novel·la.
- ○ Que és un dels personatges principals.
- ○ Que és un personatge secundari.

3 **Els usuaris de les xarxes socials solen fer servir paraules en altres llengües per semblar més moderns. Quin tipus de paraules hi són molt freqüents?**

- ○ Els anglicismes, paraules que provenen de l'anglès.
- ○ Els gal·licismes, paraules que provenen del francès.
- ○ Els germanismes, paraules que provenen de l'alemany.
- ○ Els italianismes, paraules que provenen de l'italià.

4 **Quin tipus de llenguatge solen fer servir?**

- ○ El llenguatge d'especialitat.
- ○ El llenguatge formal.
- ○ El llenguatge col·loquial.
- ○ El llenguatge vulgar.

5 **Sovint, els youtubers fan un monòleg. Saps en què consisteix?**

- ○ A explicar una experiència personal en primera persona amb la seva visió particular del món.
- ○ A respondre preguntes d'un test sobre una temàtica concreta.
- ○ A conversar amb un amic sobre un tema d'actualitat.
- ○ A explicar detalladament un procés en concret perquè tothom pugui reproduir-lo.

6 **El que més diferencia un youtuber d'un altre és la seva veu personal. Quins aspectes hi influeixen?**

- ○ El dia del seu naixement, l'any...
- ○ El color dels cabells, d'ulls, de pell...
- ○ La procedència, l'edat, els gustos...
- ○ La complexió, el número de peu...

7 **La Maria té una germana bessona, l'Agnès. La paraula bessona té un dígraf. Saps què és?**

- ○ Dues lletres que representen un únic so.
- ○ Dues lletres que sempre se separen en síl·labes diferents.
- ○ Dues vocals que no formen diftong.
- ○ Un conjunt de sons que contenen almenys una vocal.

8 **Maria, Lluís... Aquests noms tenen una cosa en comú: un hiat! Saps què és?**

- ○ Tres vocals que es pronuncien en una mateixa síl·laba.
- ○ Dues vocals que es pronuncien en una mateixa síl·laba.
- ○ Dues vocals en contacte que pertanyen a síl·labes diferents.
- ○ Un grup de lletres que formen una síl·laba.

La Maria és un dels quatre protagonistes d'aquesta novel·la. Ha decidit tenir el seu canal de YouTube per explicar les seves vivències i les seves inquietuds. Sobre els altres protagonistes, ja n'anirem tenint notícies pel canal escrit més habitual...

Llegim

Àudio de la lectura

Mai de la vida et deixaria tirada

Gemma Lienas

Maria

Hi, followers. Estic morta de por. Tal com ho sentiu. Ara mateix, si pogués, em ficaria dins un calaix i no en sortiria en... tota la vida? Perquè aquest és un dels principals problemes que presenta la situació: que la cosa sembla que és per sempre. Així que és difícil d'esquivar-la. La tens aquí al davant, mirant-te. "Ai, àvia, quins ulls més grossos que tens!" I el llop: "Són per... menjar-te millor! Nyam."

Bé, a veure, que m'estic embolicant. Abans d'explicar-vos el meu estat d'ànim d'angoixa total, he d'explicar-vos la raó que el motiva. Comencem pel principi.

Avui és vint-i-tres de març, dissabte, així que fa tres setmanes que l'Agnès està hospitalitzada i encara no m'han deixat visitar-la. Durant aquestes tres setmanes he oscil·lat entre dos estats emocionals: la tristesa i el **cabreig**.

Cabreig és un terme del llenguatge formal o del llenguatge col·loquial?

Sadness. Tristesa perquè la meva germana està malalta (i no m'expliquen què té) i perquè no és aquí amb mi. Sabeu com està de buida la casa sense ella? Sabeu com n'és, de dur, anar a la **Massana** sense ella? Sabeu que insegura que em sento sense tenir-la al meu costat? *Come back home, sister!* Estic sola, desconsolada, feta una ***piltrafa***. Ella, que ha sigut sempre el meu referent, la meva germana gran... Bé, d'acord, ja sé que tenim la mateixa edat, que per alguna cosa som bessones, però ella sempre ha sigut el meu suport i el meu consol, sobretot quan l'he feta grossa. I la meva confident. A qui explico ara la por que no em deixa viure? La meva còmplice. I la meva millor amiga. "*Sister*, com et trobo a faltar! Que ho sàpigues."

Quins estudis pots cursar a l'Escola **Massana**?

Piltrafa és una paraula del castellà que es refereix a un estat de debilitat.

Anger. Cabreig perquè els pares estan intractables. Resulta que, des que l'Agnès és a l'hospital, em tenen completament controlada, com si una cosa i l'altra anessin *hand by hand*. Surto a prendre alguna cosa amb amigues...

Continguts de reflexió sobre la llengua adaptats a la nova gramàtica de l'IEC

SEQÜÈNCIES

de Llengua catalana i literatura 1

text

EQUIP DE TEXT

EDICIÓ
Carla Molas

COORDINACIÓ DE L'ÀREA
Clara Ametller

COORDINACIÓ DE MAQUETACIÓ
Montserrat Estévez

DIRECCIÓ D'ART
Cass

COORDINACIÓ PEDAGÒGICA
Anna Canals

DIRECCIÓ
Xavier Carrasco

COORDINACIÓ DEL PROJECTE Aina Perelló

AUTORIA I REDACCIÓ Marta Busquets, Anna Canyelles, Aina Perelló, Laboratori de Lletres (Laia Fàbregas, Alba Dalmau)

ASSESSORAMENT Neus Nogué Serrano, professora de la Facultat de Filologia de la Universitat de Barcelona

COL·LABORACIÓ Agnès Toda, Guida Planes

IL·LUSTRACIONS Ona Caussa, Roger Zanni

DISSENY DE COBERTA La Page Original

DISSENY GRÀFIC Endora

MAQUETACIÓ Georgina Escutia

CORRECCIÓ M. Mercè Estévez

FOTOGRAFIES Flaticon, Freepik, Anna Garcia, Getty Images, Cecília Lorenzo, Pixabay, Pexels, Wikimedia Commons, Marian Wood Kolisch, Shutterstock, Adobe Stock, Jorge Franganillo

Primera edició: abril del 2022
Segona impressió: maig del 2023

Josep Pla, 95. 08019 Barcelona
www.grupenciclopedia.cat
www.text.cat
contacte@text.cat
Impressió: Índice, SL
ISBN: 978-84-412-3446-8
Dipòsit legal: B-8758-2022

En cada seqüència...

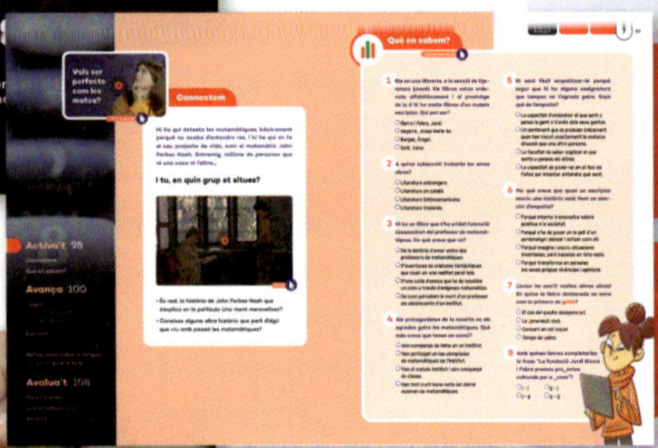

Activa't

SEQÜÈNCIES DE LITERATURA

Connecta

Què en sabem?

SEQÜÈNCIES DE COMUNICACIÓ

Avança

Llegim

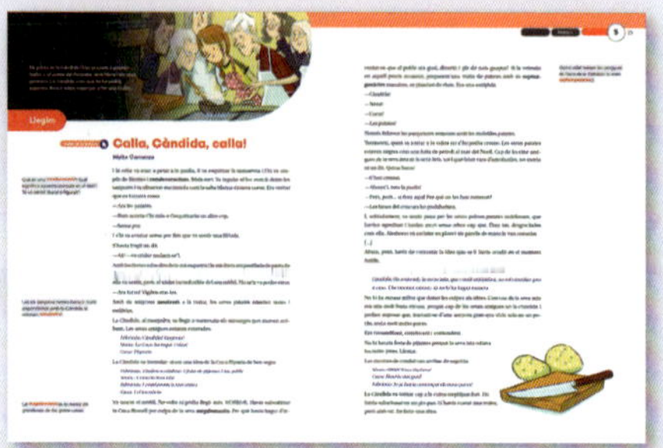

Textos literaris

Textos comunicatius

Ens comuniquem

I amb la llicència digital...

Vídeos d'entrada

Àudios de les lectures

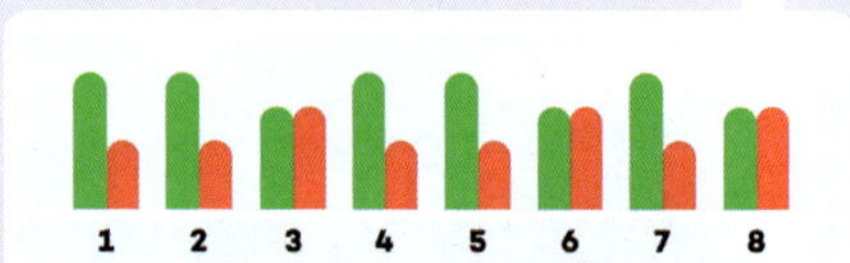

Baròmetre d'aula

Informació digitalitzada

Avalua't

Escrivim

Reflexionem sobre la llengua

Posa't a prova

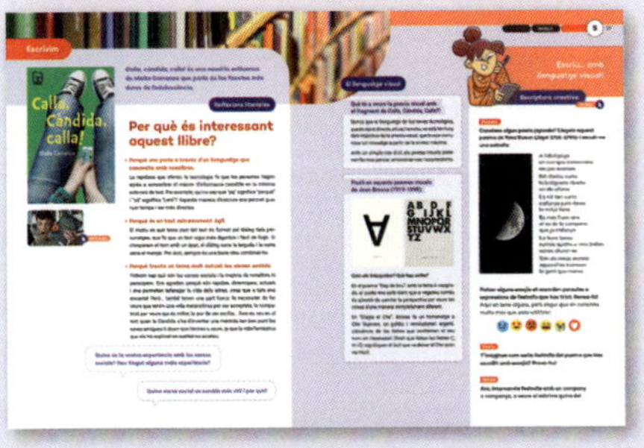

Escriptura creativa

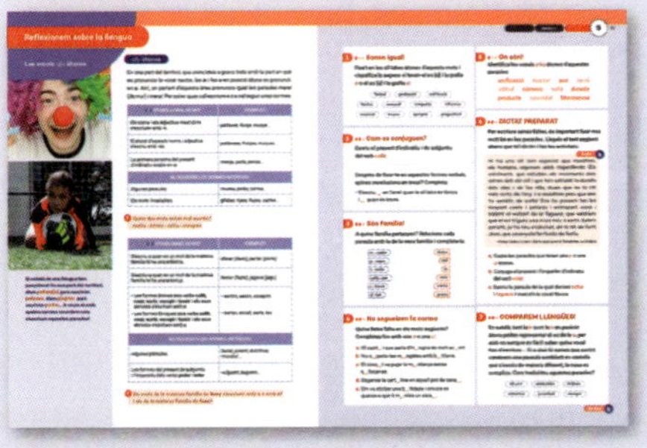

Informació i activitats

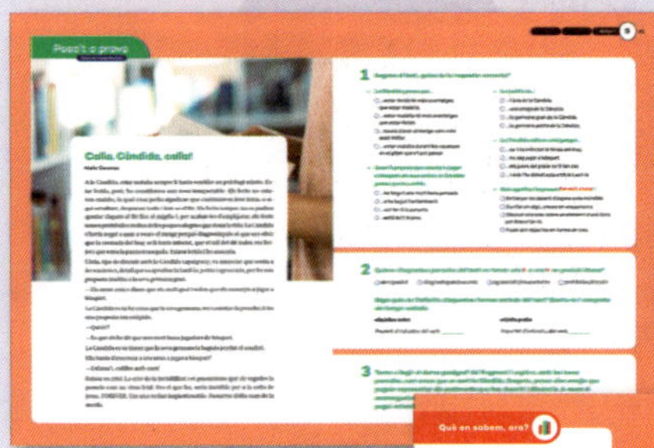

Tallers d'expressió

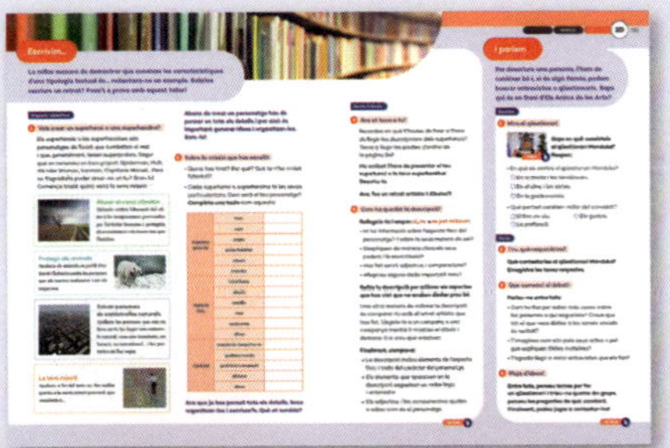

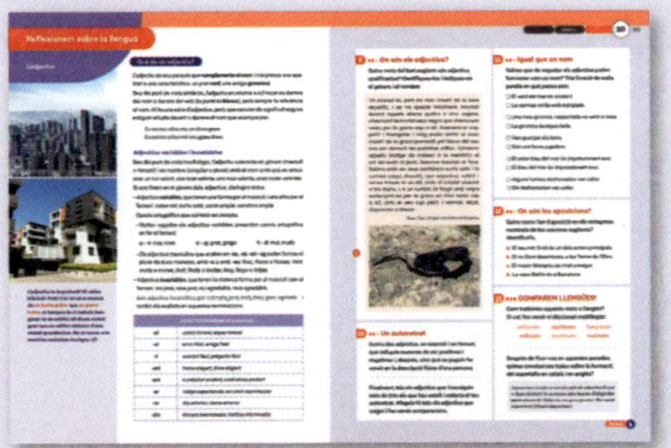

Què en sabem, ara?

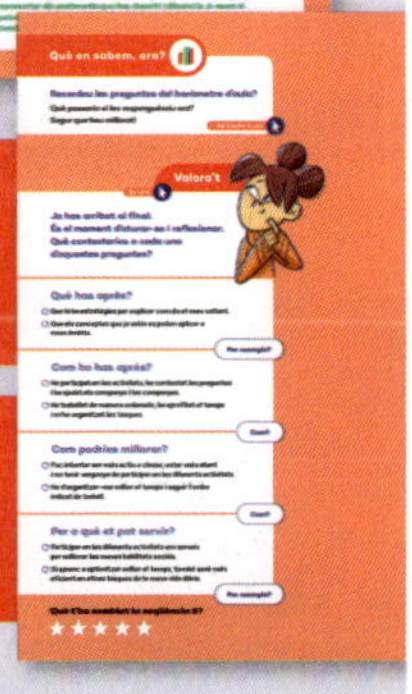

Valora't

Escrivim i parlem

Reflexionem sobre la llengua

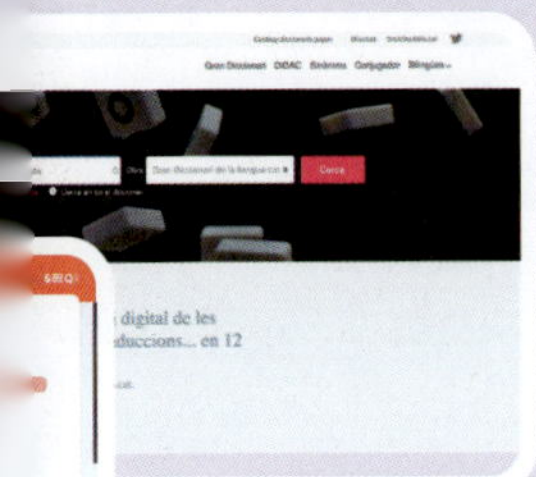

Eines d'interès

Recomanacions del bibliotuber

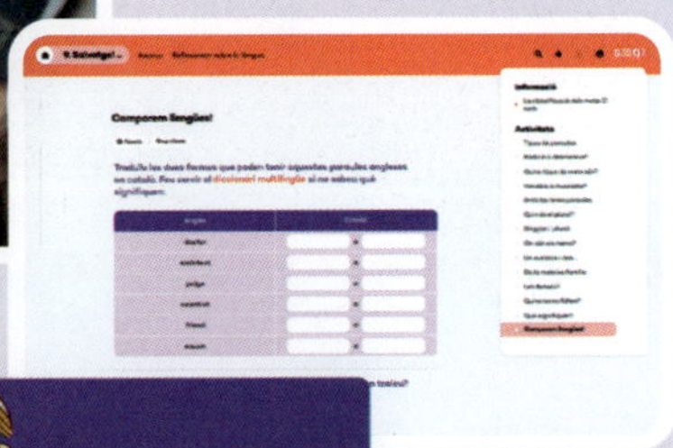

Activitats interactives

Síntesi de la informació

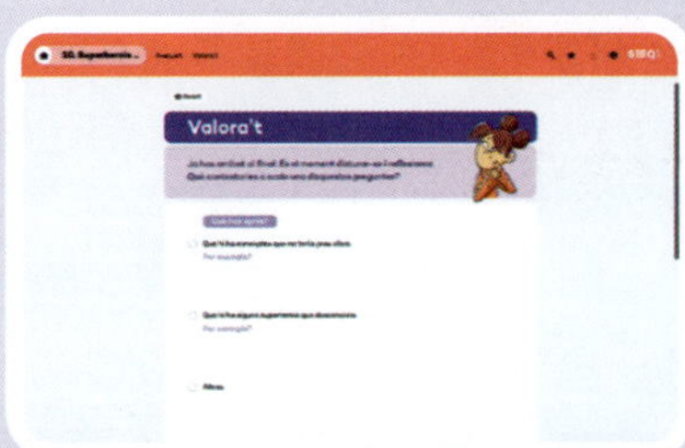

Test per autoavaluar-te

i molts recursos més per combinar i completar cada seqüència.

No! Vaig al cine… No! Aquesta nit hi ha una festa… No! *What the fuck!* Es pot saber què passa aquí? Creieu que em podeu tenir tancada al **castell**?

Es refereix a un **castell** real o té un sentit figurat?

Ahir a la nit, sense anar més lluny, es va organitzar un **sidral** de mil parells de nassos. Jo volia sortir. L'Adam m'havia convidat a una festa de celebració de Holi: ja sabeu, aquesta festa que ve de l'Índia, en què es tiren pintures de colors i que, diuen, serveix per **deslliurar-se** dels errors del passat, i per oblidar i perdonar. "*Great!*", li vaig dir, és el que em cal per deixar una mica de fer el dropo. "Exacte; t'anirà bé i m'anirà bé", em va dir l'Adam. Però els pares van dir que ni parlar-ne, que no estava la cosa per romanços, que només se m'acudien idees frívoles i plans per divertir-me en lloc de pensar una mica i ajudar-los i ser més amistosa amb ells, i que a veure quan posava seny. Que ja l'havia posat, vaig respondre. I ells, que no, que em faltava maduresa per enfrontar-me a una situació dura com la que estàvem vivint. I, aleshores, em va agafar molta ràbia i els vaig dir que potser hauria sigut millor que, en lloc de posar-se malalta l'Agnès, m'hagués tocat a mi; que ella és tan hiperresponsable que haurien pogut comptar amb la seva ajuda. I el pare es va aixecar de la butaca i em va **etzibar**: "Doncs, mira, ara que ho dius…" I jo, sense afegir res més, els vaig deixar amb la paraula a la boca i vaig marxar donant un cop de porta tan fort que l'edifici es va quedar tremolant.

Sidral és un terme del llenguatge formal o del llenguatge col·loquial? Què significa?

Deslliurar-se és sinònim de **alliberar-se** o de **lligar**?

Etzibar vol dir deixar anar, dir de cop i volta.

Mentre vaig ser a fora, em vaig trencar el cap: d'una banda, vaig pensar que el pare és més dur que el ferro colat i que es mereixia que **hagués pirat** de casa i molt més, encara. De l'altra, en un moment de feblesa —o de lucidesa, ves a saber—, em va fer pena, pobre. Crec que tant ell com la mare ho estan passant molt malament i per això em **donen la tabarra** tot el dia. Al cap d'una estona, vaig tornar perquè em vaig imaginar que era més prudent no provocar-los anant a la festa Holi. I en arribar els vaig trobar molt **aplacats**, cosa que em va sorprendre perquè m'esperava una altra batalla.

Pirar és un verb del llenguatge formal o col·loquial?

Quina expressió sinònima de **donar la tabarra** saps?

Aplacats vol dir calmats o excitats?

"Seu, hem de parlar", van dir, amb zero agressivitat. "Ui, ui, ui, quina por que em feu", vaig pensar. "T'explicarem què li passa a l'Agnès, potser així entendràs que de vegades siguem bruscos amb tu o que et demanem una mica de suport emocional." I van llançar la bomba d'hidrogen. I, és clar, això de l'Agnès no era un tumor benigne. "*What?!*", vaig al·lucinar. "Però de què parleu? No m'ho puc creure. És injust, és una mala jugada de la vida, és intolerable…" Ells no feien més que assentir. Després d'això el meu jo va quedar fragmentat.

Qui ho ha escrit?

Què en saps, de Gemma Lienas?

Gemma Lienas ha escrit prop d'un centenar de llibres per a joves, adults i nens.

Busca informació sobre l'autora i pren-ne nota perquè després hauràs d'explicar-la a la classe. Et pot ajudar anar contestant les preguntes següents:

- Quins llibres ha escrit que t'han cridat l'atenció?
- A quin públic van dirigits els seus llibres majoritàriament?
- Quins temes tracten els seus llibres?
- A quines activitats s'ha dedicat a més a més d'escriure?
- Què t'ha interessat més de la seva activitat o de la seva persona?
- Si li haguessis de fer una entrevista, què li preguntaries?

www

Per fer la presentació sobre l'autora podeu buscar i llegir en veu alta fragments d'altres novel·les seves.

Què has entès?

1 ●●○ **Cinc preguntes bàsiques**

Has entès bé el text? Contesta aquestes preguntes:

a. Per qui està narrat aquest text?

b. A qui dirigeix les seves paraules, la Maria?

c. Quin és el tema de la seva exposició?

d. Quins sentiments té la Maria davant la situació?

e. Quina relació té la Maria amb la seva germana?

2 ●●○ **Amb les teves paraules**

Què en sabem, de la germana de la Maria? Com és? Què li passa? Explica-ho breument amb les teves paraules.

3 ●●○ **Què he entès?**

Tria l'opció correcta en cada cas:

La Maria...

○ ...explica el conte de la Caputxeta Vermella.

○ ...fa servir expressions del conte de la Caputxeta Vermella per expressar la seva por.

○ ...recorda com li agrada el conte de la Caputxeta Vermella.

La Maria i la seva germana...

○ ...estudien al mateix centre.

○ ...estudien en centres diferents.

○ ...ja han acabat els estudis.

L'Agnès és còmplice de la Maria perquè...

○ ...no la delata quan ella en fa alguna de grossa.

○ ...li confia els seus secrets.

○ ...l'ajuda a fer els deures.

Els pares de la Maria...

○ ...ara no la deixen anar enlloc.

○ ...ara no volen que vagi a la Massana.

○ ...ara estan molt sociables amb tothom.

4 ●●○ **En anglès!**

T'has fixat que la Maria fa servir moltes expressions en anglès? Saps què signifiquen? Copia les expressions i explica'n el significat.

- Per què creus que les fa servir?

5 ●●○ **Frases fetes!**

De frases fetes n'hi ha moltes! Saps què volen dir aquestes que surten en el text? Relaciona-les amb el seu significat:

Trencar-se el cap	Muntar un gran enrenou.
Fer-la grossa	Fer-se pesat algú amb la seva xerrameca.
Fer el dropo	Estar sense fer res.
Organitzar un sidral	Fer un disbarat o una malifeta important.
Donar la tabarra	Fatigar-se pensant, cercant la solució d'un problema.

6 ●●○ Paraules amagades

Resol aquests mots encreuats amb algunes paraules del text definides a continuació:

HORITZONTALS

1. Persona a qui es fa saber alguna cosa que no ha de divulgar.
2. De poc pes, sense consistència ni serietat.

VERTICALS

3. Fluctuar o variar una cosa entre uns límits fixats. Figuradament, presentar alternatives.
4. Persona que rep les confidències d'algú.

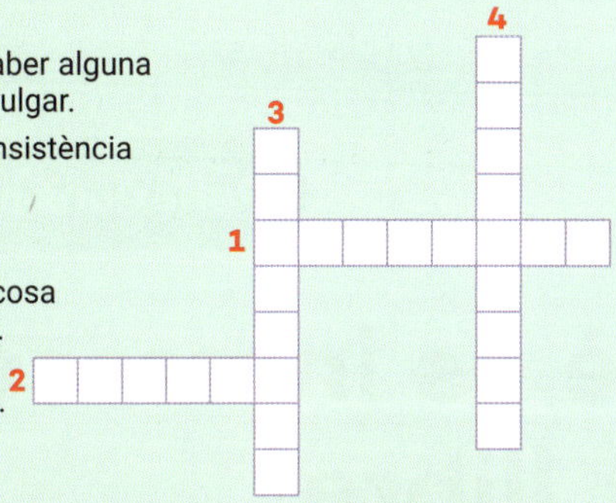

7 ●●○ Què volen dir?

T'has fixat en les expressions i el vocabulari del text? Contesta les preguntes:

a. Quina comparació hi ha que es refereix al pare per expressar que és una persona molt rígida?

b. La Maria diu que la seva germana és hiperresponsable. Què vol dir, aquest adjectiu?

c. Quines altres paraules podries formar amb el prefix hiper-? Escriu-ne exemples.

8 ●●○ En veu alta!

Llegint un text en veu alta podem transmetre un missatge als que ens escolten. Però s'ha de fer amb passió! Escolta aquests consells.

Vídeo

Ara, prepara en veu alta el text de la lectura:

- Tingues en compte que la protagonista s'adreça als seus seguidors.
- Fixa't en els signes de puntuació.
- Recorda que no tot es llegeix amb el mateix ritme i que cal tancar les frases amb l'entonació correcta.
- Assaja la lectura fins que tinguis prou seguretat.

Ha arribat l'hora de la veritat! Enregistra la lectura, escolta't i apunta el que creus que has fet bé i el que podries millorar.

Com està escrit?

9 ●○○ Tipus de text

Els textos, segons com estan escrits, a qui es dirigeixen, quina finalitat tenen... es classifiquen en diversos tipus. De quin tipus és, el text de la lectura?

- ○ És un **monòleg**, un text en primera persona que consisteix a exposar de forma directa el món interior d'un personatge, que parla en solitari i que aporta a una història la seva visió del món.
- ○ És un **text narratiu en tercera persona**, que explica una història, real o fictícia, sobre unes persones o uns personatges en un lloc i en un temps determinats.
- ○ És un **text descriptiu**, que explica detalladament, de manera precisa, com són les persones, els animals, els objectes, els paisatges, els ambients...
- ○ És un **diàleg** entre dos personatges o més.

10 ●●○ T'hi identifiques?

Com se sent la protagonista? Fixa't com ho expressa en diferents fragments:

Estic morta de por. Tal com ho sentiu. Ara mateix, si pogués, em ficaria dins un calaix i no en sortiria en... tota la vida?

Durant aquestes setmanes he oscil·lat entre dos estats emocionals: la tristesa i el cabreig.

No m'ho puc creure. És injust, és una mala jugada de la vida, és intolerable...

En algun moment t'has sentit identificat o identificada amb el personatge de la lectura? Explica-ho.

- Perquè has tingut una persona molt propera greu a l'hospital.
- Perquè t'has enfadat molt amb els teus pares.
- Per algun altre motiu.

11 ●○○ Fixa-t'hi!

Per acabar... t'has fixat en aquests signes de puntuació tan peculiars que hi ha en la lectura: " "? Què indiquen?

En línia

Escrivim

***Mai de la vida et deixaria tirada* —com la resta de novel·les de Gemma Lienas— connecta amb els lectors joves. Esbrina per què!**

Reflexions literàries

Per què és interessant aquest llibre?

- **Perquè està explicat des del punt de vista d'una noia jove.**

  Escriure per a joves no significa només fer servir el vocabulari que utilitzeu els joves, sinó saber què penseu, de què rieu, què us preocupa... En molts llibres de Gemma Lienas els protagonistes són adolescents amb problemes que afecten els adolescents, com en el cas de la novel·la *Bitllet d'anada i tornada*, que tracta d'una noia que pateix anorèxia.

- **Perquè parla sense embuts.**

  L'autora no es talla a l'hora de tocar temes durs, tristos i espinosos, com el càncer, un tema que afecta molta gent a la vida real i que, per tant, també ha d'afectar els personatges de ficció.

- **Per la manera com parlen els personatges.**

  L'autora sap molt bé que un nen no parla igual que un adolescent, que un adolescent no parla igual que un adult i que un adult no parla igual que una persona gran. I això ho aplica als seus personatges, motiu pel qual la Maria és un personatge tan proper a nosaltres.

Quines són les paraules de moda que fan servir els joves actualment i que fins i tot has hagut d'explicar als pares o als avis?

Sabríeu dir en català aquestes expressions angleses d'ús freqüent? *Link, bullying, check-in, e-mail, spam, fake, start-up, workshop, sponsor, mountain bike, brainstorming, what the fuck...*

La veu dels personatges

Què és la veu dels personatges?

Parlem de "veu dels personatges" per referir-nos a la seva manera d'expressar-se i d'explicar-nos la seva història, com ho fa la protagonista de *Mai de la vida et deixaria tirada*.

A l'hora d'escriure, quan donem vida a un personatge, li hem de crear la veu i hem de tenir en compte aspectes com aquests:

- **La seva procedència**, és a dir, d'on és. Perquè no parla igual una persona de Lleida que una persona de la Vall d'Aran!
- **L'edat**. Perquè no parla igual un nen de quatre anys que un avi de vuitanta!
- **Si té algun tret característic** a l'hora de parlar. Per exemple, si fa frases molt llargues o molt curtes, si és tartamut, si fa molts silencis entre frase i frase...

Per què la veu de la Maria és tan creïble?

Perquè parla i pensa com una adolescent de veritat. Per exemple:

- Combina paraules i expressions angleses mentre ens explica la història en català: *sadness, anger, great...*
- Fa referència a conceptes que un jove coneix, però un avi potser no... Per exemple, els vostres avis coneixen la paraula *followers* o l'expressió *what the fuck*?
- Els adolescents parlen d'una manera molt expressiva, per això la Maria es fa moltes preguntes i utilitza molts signes d'exclamació.
- Els adolescents s'ho expliquen tot entre ells i per això la Maria explica aquesta història com si ens l'estigués explicant de tu a tu. Fixa-t'hi: "Abans d'explicar-vos el meu estat d'ànim d'angoixa total..." o "Sabeu com està de buida la casa sense ella?".

Crea... un personatge amb veu pròpia!

Escriptura creativa

En línia

Prepara

Quin d'aquests dos personatges triaries?

Pensa...

- Quines coses li agraden al teu personatge?
- Quines característiques té la seva manera de parlar?

Escriu

Escriu un text breu en què aquest personatge expliqui un dia de la seva vida.

Recorda:

- Fixa't molt en la manera com parla la gent que té l'edat i les condicions del teu personatge.
- Pensa en els temes d'interès del teu personatge.

Revisa

Has tingut en compte els signes de puntuació i l'ortografia? Revisa'ls!

En acabar, llegeix el text que has escrit a un company o companya que no sàpiga com és el teu personatge, a veure si endevina quina mena de personatge està parlant.

Reflexionem sobre la llengua

La síl·laba.
Diftongs i hiats

Que no és el mateix rebre els avis que rebre un avís ja ho deus saber. Però per posar l'accent a lloc hem de conèixer les normes d'accentuació! I, per tant, hem de saber què és una síl·laba, què és un diftong, què és un hiat... Entendre el perquè de les coses ens facilita la vida!

La síl·laba

Una **síl·laba** és un so o un conjunt de sons que s'emeten en un cop de veu. Les síl·labes sempre tenen com a nucli una vocal: *es-cul-tor, prés-tec, fan-tàs-ti-ca*. Les paraules poden ser monosíl·labes, és a dir, d'una sola síl·laba, com *pot, fred, mà...*, o polisíl·labes, de més d'una síl·laba, com *camí, fàbrica, expressament...*

La síl·laba tònica

Qualsevol paraula polisíl·laba té una síl·laba que es pronuncia amb més intensitat que les altres. És la **síl·laba tònica**: *ver-**mell**, pa-**re**-lla*. La resta de síl·labes són àtones.

Segons la posició de la síl·laba tònica, els mots polisíl·labs es classifiquen en tres grups:

- **Aguts:** si la síl·laba tònica és l'última (*pa-**per**, ca-**mí**, ca-**bàs***).
- **Plans:** si la síl·laba tònica és la penúltima (***prés**-sec, **po**-ma, re-**llot**-ge*).
- **Esdrúixols:** si la síl·laba tònica és l'antepenúltima (*far-**mà**-ci-a, **mú**-si-ca, ma-te-**mà**-ti-ques*).

? Quina és la paraula intrusa d'aquesta sèrie?
meló • camí • maleter • sabó • platja • mussol

Diftongs i hiats

Quan dues vocals pertanyen a la mateix síl·laba, formen un diftong, i quan dues vocals seguides pertanyen a síl·labes diferents, formen un hiat.

Què és un diftong?

Un **diftong** és un grup de dues vocals, una de les quals és una **i** o una **u**, que es pronuncien en la mateixa síl·laba: ***cau**-re, **ai**-re*.

Segons si la **i** o la **u** estan situades davant o darrere de l'altra vocal, els diftongs es classifiquen en creixents i decreixents. Fixa't en el quadre següent:

TIPUS DE DIFTONGS	COMPOSICIÓ	EXEMPLES
creixent	**i** + vocal	***io**-gurt, no-**ia**, de-**ien***
	u + vocal	*llen-**gua**, llen-**gües**, **qua**-tre, **qües**-ti-ó*
decreixent	vocal + **i**	***ai**-re, **rei**-na, **boi**-ra*
	vocal + **u**	***cau**-re, **veu**-re, **rou**-re, **niu***

? Són creixents o decreixents, els diftongs destacats?
jo**ia** • ll**ei** • b**ui**da • d**ei**a • esport**iu** • **io**de

Què és un triftong?

Un **triftong** és un grup de tres vocals que es pronuncien en una mateixa síl·laba: *tra-**ieu**, **guai**-tar*. Fixa't que en un triftong la **i** i la **u** són sempre als extrems.

Què és un hiat?

Un **hiat** són dues vocals en contacte que no formen diftong perquè pertanyen a síl·labes diferents, per exemple, *p**o**-**e**-ta, **a**-**e**-ro-port*...

Fixa't que quan la **i** o la **u** es troben entre consonant i vocal no pertanyen a la mateixa síl·laba; per tant, formen un hiat: *me-mò-**ri**-**a**, es-tu-**di**-**es**, mú-**tu**-**a***.

? On són els tres hiats?
caos • mai • heroi • coet • paella • peu • ou

La separació de síl·labes

Quan escrivim un text, sovint necessitem dividir una paraula a final de ratlla, i ho haurem de fer respectant les síl·labes i tenint en compte els dígrafs, que de vegades es poden separar i de vegades no.

També cal tenir presents les normes següents:

- El guionet que indica la separació d'una síl·laba s'escriu sempre a final de línia, mai al començament de la línia següent.
- La ela geminada se separa sense escriure el punt volat.
- No ha de quedar cap lletra sola ni al començament ni al final d'una ratlla.

Els dígrafs

Un **dígraf** és un grup de dues lletres que representen un únic so. Per exemple: *pa**ss**a* (escrivim dues lletres i pronunciem un sol so).

Hi ha dígrafs que se separen a final de ratlla i dígrafs que no:

DÍGRAFS QUE SE SEPAREN		DÍGRAFS QUE NO SE SEPAREN
ss (*os-sos*)	**rr** (*car-rer*)	**gu** (*gue-pard, vin-guis*)
ix* (*cai-xa*)	**tx** (*cot-xe*)	**qu** (*cin-què*)
tg (*met-ge*)	**tj** (*plat-ja*)	**ny** (*ba-nya*)
dj (*ad-jec-tiu*)	**tz** (*tret-ze*)	**ll** (*u-llal, ca-llar*)
l·l (*no-vel-la*)	**sc** (*pis-ci-na*)	**ig** (*sa-fa-reig*)

* La **i** del dígraf **ix** es pronuncia en els dialectes occidentals. Per tant, en aquests dialectes el grup de lletres **ix** no és un dígraf.

? Se separen o no, aquests dígrafs?
ix • ig • tz • rr • ny

Recorda

- Una **síl·laba** és un so o més d'un que s'emeten en un cop de veu. La **síl·laba tònica** d'un mot és la que es pronuncia amb més força que les altres.
- Segons la posició de la síl·laba tònica, els mots poden ser **aguts, plans i esdrúixols.**
- Un **diftong** són dues vocals que es pronuncien en una mateixa síl·laba, un **triftong** són tres vocals que es pronuncien en una mateixa síl·laba i un **hiat** són dues vocals en contacte que no formen diftong.
- Un **dígraf** són dues lletres que representen un sol so. Hi ha dígrafs que se separen a final de ratlla i n'hi ha que no.

Reflexionem sobre la llengua

1 ●●● Com se separen?

Com se separen aquestes paraules en síl·labes? Fixa't bé en els dígrafs i els hiats i separa-les:

perfecció · paperassa · carretera · codonyat · família · bèstia · papereria · commoció

Ara, observa les vocals en contacte i indica si hi ha diftongs o hiats.

2 ●●● Síl·labes i versos

Fixa't en els mots destacats d'aquests versos. Com els separaries en síl·labes? Indica-ho:

Darrere el **carrer**
hi ha un **ametller**;
pel mes de gener,
floretes veuré.

3 ●●● Aguts, plans i esdrúixols

On recau la síl·laba tònica en aquests mots? Classifiqueu-los segons si són aguts, plans o esdrúixols:

companys · últim · fàcil · exàmens · llapis · ciència · tractar · història · sindicat · aquàtic · espàtula · arribar · animal · fàbrica · perles · memòria

4 ●●● A la recerca de paraules!

Quins mots de les oracions tenen un diftong i quins tenen un hiat? Identifica'ls i classifica'ls:

a. La Joana repara la grua amb el seu pare.
b. Fes una fotografia d'aquell claustre romànic.
c. Imagineu-vos que sou enmig d'un oasi.
d. Avui l'aire és tan calent que no es pot aguantar.
e. Et cou gaire la ferida del peu?

5 ●●● Vocals en contacte

Coneixeu la diferència que hi ha entre un diftong, un triftong i un hiat? Classifiqueu aquestes paraules segons el contacte vocàlic que tinguin:

reina · aire · caieu · poema · viure · aeroport · veieu · aqüífer · ciència · conseqüent · beure · somieu · flaire · història · ploure

6 ●●● Tipus de diftongs

Com són aquests diftongs? Classifica les paraules següents segons si tenen un diftong creixent o un diftong decreixent:

Arnau · Eugeni · quatre · boira · bou · ungüent · freqüent · remei · motiu · piular · guanyar · eina

Després de fixar-te en la classificació, sabries dir quins són els diftongs creixents i quins són els decreixents?

7 ●●● Posa-hi ordre!

Ordena les síl·labes següents per formar paraules amb sentit:

a. SI EX Ó PRES
b. A XA PEI RI TE
c. TE CIS LLAR EN
d. GUI TAT AN TI
e. COL GI LE
f. ES NYAR CA
g. CA PER RU
h. DOR EN TA QUES

Ara, completa aquestes afirmacions sobre els mots anteriors:

- Els dígrafs que se separen són ___, ___, ___ i ___.
- Els dígrafs que no se separen són ___, ___, ___ i ___.

8 ●●● Sopa de dígrafs

Troba la paraula corresponent a cada definició. Totes tenen un dígraf!

1. Dona que té capacitat d'entendre i conèixer les coses.
2. Alguns animals en tenen al cap per defensar-se.
3. No dir res.
4. Que interessa.
5. Dones aficionades a ballar.
6. No és sòlid ni gasós.

L	I	J	A	G	E	D	B	A	M	O	A
T	X	O	V	E	I	H	A	G	U	S	K
A	C	E	R	U	Q	J	L	A	V	I	M
S	A	I	Q	U	N	A	L	O	M	W	O
T	L	I	A	P	O	B	A	L	U	H	I
U	L	L	E	S	T	A	D	I	T	U	V
I	A	K	E	X	U	N	O	E	M	O	Q
S	R	A	E	V	A	Y	R	E	R	I	T
N	L	O	S	U	N	E	E	P	I	Q	A
I	N	T	E	R	E	S	S	A	N	T	E
G	A	O	C	D	U	R	I	B	O	P	G

Ara, separa-les en síl·labes.

9 ●●● Totes amb dígraf

Combina les síl·labes següents i forma paraules. Totes han de tenir un dígraf!

ca	pres	mas	rer	xe	nyo
co	e	nya	sec	ge	dony
ma	car	pi	cot	pat	xa
lla	quip	gat	cui	zem	mo

10 ●●● I si canvies la tònica?

Altera el significat d'aquests mots canviant només la posició de la síl·laba tònica. Modifica'n l'ortografia quan calgui:

posat · Amèrica · València · porta · angles · pinto · romà · greixos · canto · consciència · sopar · valen

11 ●●● DICTAT PREPARAT

Per escriure sense faltes, és important fixar-nos molt bé en les paraules. Llegeix el text següent abans que te'l dictin i fes les activitats:

Àudio

En català es pot dir tant granís com calamarsa, sempre que les pedres no tinguin un diàmetre superior a un centímetre. Si el **diàmetre** és **superior** a aquesta mida, cau una pedregada, encara que genèricament i popularment es parla de pedregada sempre que cau granís, sigui de la mida que sigui. Imaginem-nos que ens fem molt i molt petits i ens podem **introduir** en una partícula de vapor d'aigua de la base del núvol de tempesta. Un cop ja ens hi hem **situat**, hem d'estar preparats per efectuar un viatge al·lucinant. Serem impulsats, potser a gran velocitat, pels corrents d'aire calent que inflen el núvol. Arribarem a la isoterma dels 0 °C, la línia on la temperatura té aquest valor.

ALFRED RODRÍGUEZ PICÓ, *Quin temps farà?* Editorial Proa

a. Quins mots del text són esdrúixols? Copia'ls.

b. Fixa't en les paraules del text que porten accent gràfic i copia les que et semblin més difícils.

c. Separa en síl·labes les paraules destacades del text i digues què tenen en comú.

12 ●●● COMPAREM LLENGÜES!

En francès, totes les paraules duen l'accent tònic sobre l'última síl·laba pronunciada. Comproveu-ho! Traduïu aquestes paraules al català:

épices · céréales · épinard · supermarché · légume sec · bon appétit

Escolteu-ne la pronúncia

Després de fixar-vos en aquests mots, quina conclusió traieu sobre els accents gràfics en francès?

En línia

Posa't a prova

Prova de competències

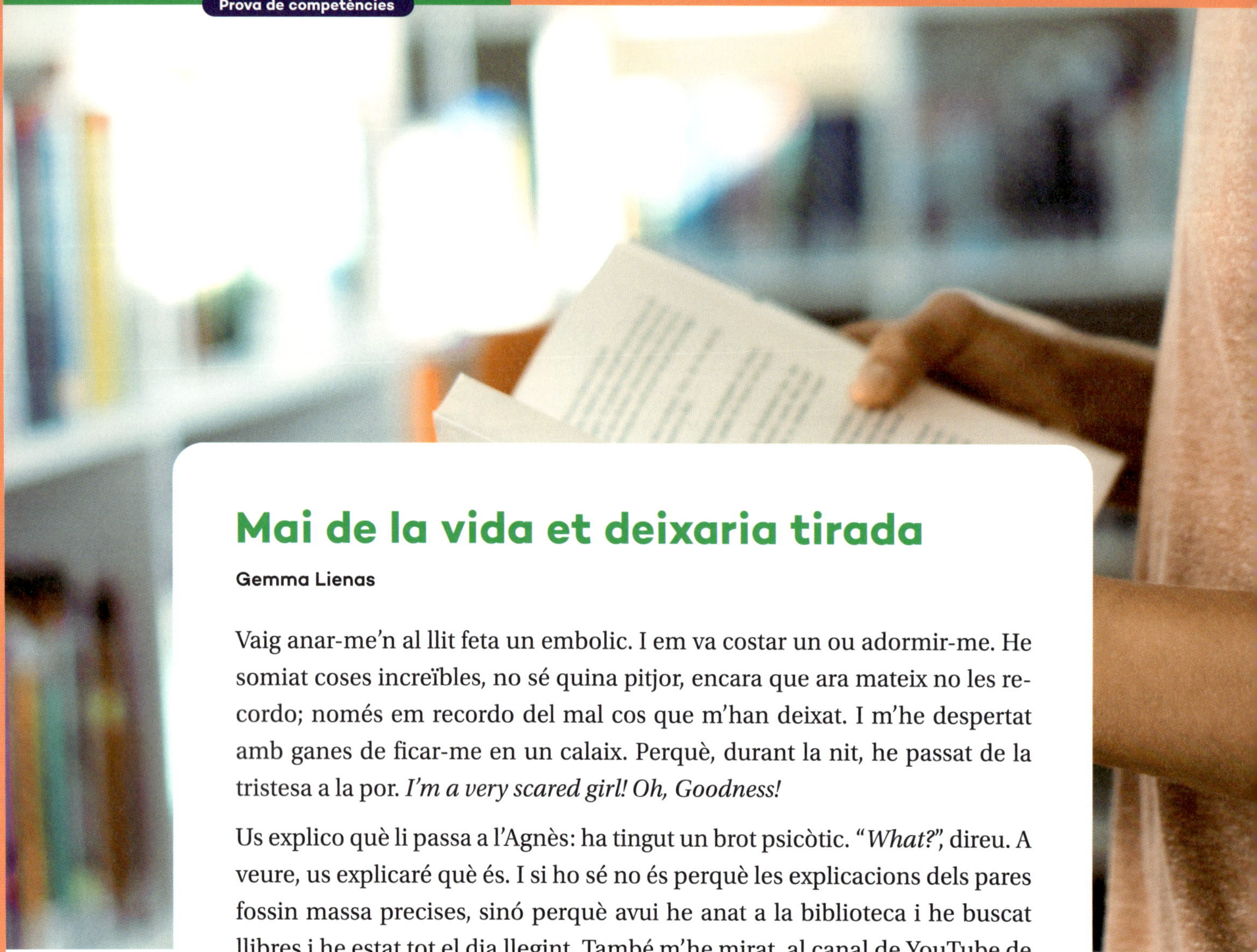

Mai de la vida et deixaria tirada

Gemma Lienas

Vaig anar-me'n al llit feta un embolic. I em va costar un ou adormir-me. He somiat coses increïbles, no sé quina pitjor, encara que ara mateix no les recordo; només em recordo del mal cos que m'han deixat. I m'he despertat amb ganes de ficar-me en un calaix. Perquè, durant la nit, he passat de la tristesa a la por. *I'm a very scared girl! Oh, Goodness!*

Us explico què li passa a l'Agnès: ha tingut un brot psicòtic. "*What?*", direu. A veure, us explicaré què és. I si ho sé no és perquè les explicacions dels pares fossin massa precises, sinó perquè avui he anat a la biblioteca i he buscat llibres i he estat tot el dia llegint. També m'he mirat, al canal de YouTube de TED, una conferència d'una professora de dret i psicologia nord-americana que explica la seva experiència personal en psicosi. *Very distrubing!* Però, al mateix temps, molt alliçonador.

Un brot psicòtic és una ruptura de la realitat temporal. Què vol dir una ruptura de la realitat? Doncs que la persona perd el contacte amb la realitat. És el que li va passar a l'Agnès, que va començar a viure en un món paral·lel en què els coloms eren alienígenes amb plans per envair el planeta Terra i la humanitat estava en perill.

I de manera temporal, què vol dir? Doncs significa que a la persona li agafa com una dèria i es posa fora d'òrbita de manera puntual i aguda, i després torna a la realitat, sovint gràcies a la medicació. Això vol dir que l'Agnès es posarà bé i ens oblidarem de tot? Doncs sembla que no. Que potser és el preludi d'una malaltia crònica, com el trastorn bipolar o l'esquizofrènia.

1 Segons el text, quina és la resposta correcta?

- **Què li ha passat, a l'Agnès?**
  - ○ Li han trobat un tumor maligne.
  - ○ Ha tingut un brot psicòtic.
  - ○ Li han diagnosticat un trastorn bipolar.
  - ○ Li han diagnosticat esquizofrènia.

- **Quan es desperta, la protagonista se sent...**
  - ○ ...trista.
  - ○ ...enfadada.
  - ○ ...alleujada.
  - ○ ...espantada.

- **Què li sembla, a la protagonista, el vídeo que ha vist a YouTube?**
  - ○ Inquietant però interessant.
  - ○ Avorrit però útil.
  - ○ Distret però imprecís.
  - ○ Confús però original.

- **La paraula aguda del quart paràgraf significa...**
  - ○ ...emesa amb una freqüència alta (oposada a greu o baixa).
  - ○ ...enginyosa, subtil.
  - ○ ...prima i molt tallant.
  - ○ ...molt intensa i penetrant.

- **Quina de les afirmacions següents és certa?**
  - ○ El brot psicòtic dura per sempre.
  - ○ El brot psicòtic també rep el nom de esquizofrènia.
  - ○ La persona que està tenint un brot psicòtic perd el contacte amb la realitat.
  - ○ No hi ha medicació per tractar els brots psicòtics.

2 En quina sèrie s'han separat correctament els dígrafs de totes les paraules?

- ○ Deix-at, pa-ssat, a-lli-ço-na-dor, es-qui-zo-frè-ni-a
- ○ Dei-xat, pas-sat, a-lli-ço-na-dor, es-qui-zo-frè-ni-a
- ○ Dei-xat, pas-sat, al-li-ço-na-dor, esq-ui-zo-frè-ni-a
- ○ Deix-at, pas-sat, al-li-ço-na-dor, es-qui-zo-frè-ni-a

Classifica aquestes paraules del text segons si tenen un diftong o un hiat:

increïbles direu veure explicacions avui

biblioteca conferència realitat viure envair

3 És el teu torn! Explica, en primera persona, la darrera experiència que has tingut relacionada amb una malaltia o amb una visita a l'hospital.

Amb unes 150 paraules n'hi ha prou!

En línia

Què en sabem, ara?

Recordeu les preguntes del baròmetre d'aula?

Què passaria si les responguéssiu ara?
Segur que heu millorat!

Baròmetre d'aula

Valora't

En línia

Ja has arribat al final.
És el moment d'aturar-se i reflexionar.
Què contestaries a cada una d'aquestes preguntes?

Què has après?

- ○ Que hi ha estratègies per crear veus de personatges versemblants.
- ○ Que hi ha autors especialitzats en literatura juvenil.

Per exemple?

Com ho has après?

- ○ He treballat concentrat: he prestat atenció i no m'he distret.
- ○ He treballat de manera creativa i he deixat volar la imaginació.

Com?

Com podries millorar?

- ○ He d'evitar distraccions, escoltar el professor o els companys quan participen en les activitats i llegir atentament la informació.
- ○ He d'intentar deixar volar més la imaginació i inventar idees noves.

Com?

Per a què et pot servir?

- ○ Saber concentrar-me m'ajudarà a desenvolupar qualsevol tasca del meu dia a dia millor i amb menys temps.
- ○ Ser més creatiu m'ajudarà a saber trobar solucions a tot tipus de situacions.

Per exemple?

Què t'ha semblat la seqüència 1?

★ ★ ★ ★ ★

SEQÜÈNCIA 2

#estiktokat

Quina relació hi ha entre les ovelles i la màgia?

Connectem

A TikTok hi passa de tot i no sempre bo. Per això és un gust trobar-hi algú que té talent, encara que els bens no l'acabin de valorar.

Saps quina relació hi ha entre les ovelles i la màgia?

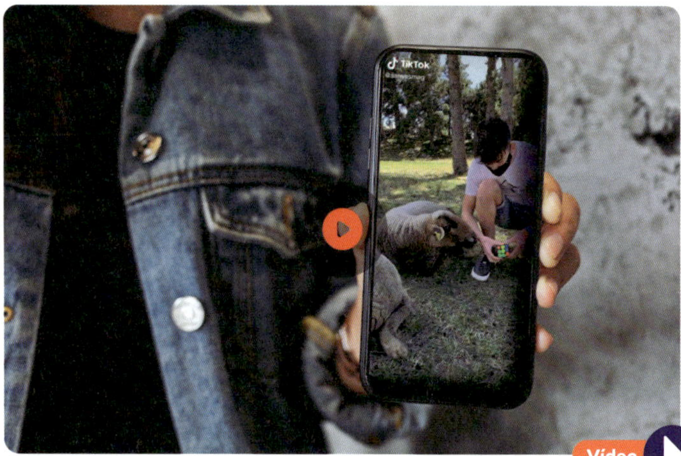

Vídeo

- Què en saps, de la xarxa social TikTok? Segueixes algun influencer català?
- Per què creus que TikTok té tants seguidors? Per què és addictiu?

Què en sabem?

Baròmetre d'aula

1 **En el teu dia a dia, quan parles amb els teus amics, envies un whatsapp, demanes un dubte a la professora… estàs produint textos conversacionals. De quin tipus?**

- ○ Creatius.
- ○ Periodístics.
- ○ Quotidians.
- ○ Digitals.

2 **Avui la teva professora surt al diari! Li han fet una entrevista. Saps en què consisteix?**

- ○ El periodista s'informa sobre la vida d'una persona i l'explica.
- ○ El periodista fa recerca sobre un tema i l'exposa àmpliament.
- ○ El periodista fa preguntes sense resposta per fer reflexionar el lector.
- ○ El periodista fa preguntes i l'entrevistat les respon àmpliament.

3 **A la teva professora li han preguntat sobre educació, la tecnologia a l'aula i la importància de fomentar la lectura. Quin tipus d'entrevista li han fet?**

- ○ Una entrevista psicològica.
- ○ Una entrevista informativa.
- ○ Una entrevista informal.
- ○ Una entrevista de treball.

4 **A l'entrevista, abans de començar amb les preguntes, el periodista ha presentat breument la teva professora. A quina part del text ho ha fet?**

- ○ Al titular.
- ○ A la introducció.
- ○ Al cos.
- ○ A la conclusió.

5 **Encara n'hi ha més! Hi ha un enllaç a l'entrevista en vídeo. Què tindrà de diferent de la del diari?**

- ○ La planificació.
- ○ L'objectiu.
- ○ El canal.
- ○ Els protagonistes.

6 **I què tindran en comú l'entrevista escrita i l'oral?**

- ○ Una introducció de la persona entrevistada.
- ○ Un titular destacat en negreta.
- ○ Preguntes improvisades i sense sentit.
- ○ Fotografies del periodista i la professora.

7 **A l'entrevista hi apareixien moltes paraules relacionades amb l'educació. Quina d'aquestes no està ben escrita?**

- ○ Acadèmia.
- ○ Pedagogia.
- ○ Exàmen.
- ○ Memòria.

8 **I quina de les paraules relacionades amb l'àmbit escolar hauria de dur dièresi?**

- ○ Quadern.
- ○ Bilingue.
- ○ Esquema.
- ○ Igualtat.

Entrevista a

Sanyes, la màgia reivindicativa

El mag Sanyes, nascut a Montagut i Oix el 2003, porta anys explorant el món de la màgia, i els darrers anys ha agafat embranzida amb espectacles cada cop més elaborats, on a partir de la creativitat dona un aire nou a jocs tradicionals i en dissenya de propis. Sanyes fa màgia reivindicativa, aprofitant el mateix espectacle per combatre les desigualtats i les injustícies que més l'interpel·len.

Quina trajectòria has seguit fins ara en el món de la màgia?

De tota la vida m'ha agradat molt la màgia, des de ben petit, però fa cosa de tres anys que m'hi dedico de forma continuada. Després d'anar fent jocs de màgia davant de gent del meu voltant, fa un parell d'anys vaig començar a fer espectacles, és a dir, màgia d'escenari o de saló, al principi sense cobrar i després començant a cobrar alguna cosa. En el futur, m'agradaria dedicar-m'hi professionalment, malgrat que sé que és difícil, com tot el que té a veure amb la cultura i les arts.

Quina mena de formació poden seguir els mags com tu?

Hi ha escoles no reglades de màgia, però jo n'he après de manera autodidacta, com la majoria de mags. Tu mateix has d'anar trobant la teva manera per aprendre'n, mirant per internet, anant a una botiga de màgia, llegint llibres o més tard coneixent altres mags i veient-los treballar. Això últim és fonamental.

Quin tipus de màgia fas? Tens trucs propis o són tots recollits de la tradició?

Normalment faig màgia convencional, és a dir, un joc darrere l'altre. En el cas de *Black Bloc*, la màgia és teatral, és a dir, hi ha un espectacle, un lligam narratiu. Al principi vaig començar amb jocs tradicionals de la màgia, però sempre m'ha agradat buscar una manera pròpia de fer-los, i també m'agrada crear els meus propis trucs. Per exemple, el noranta per cent dels jocs de *Black Bloc* són d'invenció pròpia.

Quins són els teus mags de referència?

No tinc un sol referent destacat, però m'agrada com treballen Mario López, de Banyoles, o Pere Rafart, de Solsona, tots dos guanyadors del Campionat Mundial de Màgia. Fan màgia de qualitat, són molt creatius, amb molt de treball al darrere. També m'està ajudant a trobar el meu lloc dins d'aquest món Jordi Pota, de Tona, que fa màgia teatral.

Hi ha precedents, en aquesta "màgia reivindicativa" que dius que practiques?

Sí, jo no he inventat res, ja ho fa altra gent.

> "Aprofites la il·lusió per combatre alguna desigualtat"

I de quina manera creus que la màgia pot ajudar a combatre els problemes socials, com defenses?

El joc de màgia ha d'explicar alguna cosa, ha de tenir un context, una història, i aquesta història pot ser la protesta per alguna injustícia amb la qual no estàs d'acord. Per exemple, si vols expressar que estàs en contra dels presos polítics, podries fer aparèixer una pancarta contra l'empresonament. Aprofites la il·lusió per combatre alguna desigualtat.

El teu espectacle ens vol animar a convertir-nos en "black blocs" per lluitar contra les desigualtats, però has triat una figura polèmica pel fet d'ocultar la seva identitat. Què en penses?

Vaig triar el terme *Black Bloc* sobretot pel fet d'anar tots a l'una per canviar el món i per l'estètica; és suggeridor anar tapat amb caputxa i buf. Entenc que el concepte és polèmic, però durant l'espectacle ja vaig matisant què en penso.

Ens comuniquem

L'entrevista

Segur que segueixes moltes persones a TikTok, però realment les coneixes? Les xarxes sovint només ens mostren una cara dels personatges... Sort que per saber-ne més coses tenim les entrevistes! A vegades ens serveixen per conèixer aspectes de la seva professió i d'altres ens apropen a la seva faceta més personal. Sigui com sigui, ens ajuden a fer-nos una idea més completa de com és el personatge.

Pautes d'anàlisi

Fixa't en:

- El títol.
- La introducció.
- Els diferents tipus de lletra en les preguntes i les respostes.
- Els elements que acompanyen l'entrevista (imatges o altres).
- Si hi ha informació complementària a l'entrevista (una fitxa biogràfica, una anècdota...).
- Si es tracta d'una entrevista informativa.
- Si es tracta d'una entrevista psicològica.
- Si és una combinació de totes dues.

1 ●●○ **Quatre preguntes bàsiques**

T'has fixat en el que t'havies de fixar? Contesta:

a. A quin mitjà es va publicar aquesta entrevista?

b. Qui entrevisten? Quin és el motiu de l'entrevista?

c. Com es distingeixen les preguntes de les respostes?

d. Creus que aquesta entrevista és un diàleg espontani o planificat? Per què?

2 ●●○ **No tot s'hi val!**

Indiqueu quines preguntes podrien formar part de l'entrevista que heu llegit:

○ Quina relació tens amb les xarxes socials?

○ Què has menjat per esmorzar?

○ Quins projectes de futur tens?

○ T'agrada el color rosa?

○ T'agrada més la màgia de prop o la màgia d'escenari?

○ Dius mare o mama?

○ L'èxit t'ha canviat?

- **Per què les preguntes que heu descartat no podrien formar part de l'entrevista?**

3 ●●○ Més preguntes!

Com continuaries l'entrevista al mag Sanyes? Escriu tres preguntes més que li faries.

4 ●●○ Paraules amagades!

Per entendre un text, cal comprendre'n les paraules, oi? Doncs, som-hi! Resoleu els mots encreuats amb paraules del text:

HORITZONTALS

1. Adreçar la paraula a algú per demanar-li alguna cosa, especialment per demanar-li d'explicar un fet, d'explicar els seus actes.
2. Que provoca discussions i fa que la gent en parli.

VERTICALS

3. Que s'ha instruït sense l'ajut de cap mestre.
4. Impuls que s'aplica a algú o a alguna cosa per comunicar-li una velocitat, un moviment, vèncer una resistència, etc.
5. Sotmesa a una regla. En formació, es refereix a ensenyaments reconeguts oficialment.

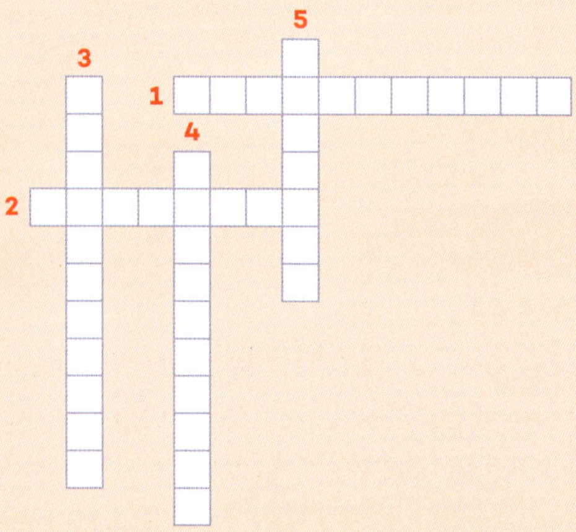

5 ●○○ On apareix aquesta informació?

En quina part de l'entrevista pots trobar aquesta informació? Relaciona:

- Noms de mags que són referents del mag Sanyes
- Data i lloc de naixement del mag Sanyes
- Referència a la trajectòria del mag Sanyes
- Referència al tipus de gènere periodístic

- Títol
- Introducció
- Cos de l'entrevista

6 ●●● Amb les teves paraules!

És clar que la paraula més important de l'entrevista és en anglès: black bloc. En català en diríem 'bloc negre'. Informa't i explica amb les teves paraules què vol dir.

7 ●●● De quin tipus és?

De quin tipus d'entrevista es tracta? Pensa en l'objectiu de l'entrevista, tria el tipus que més s'hi ajusti i explica el perquè de la tria:

- ○ informativa
- ○ psicològica
- ○ una combinació de totes dues

L'entrevista

Els textos que reprodueixen una conversa entre diferents persones, com els diàlegs que hi ha en les novel·les i les obres de teatre o les entrevistes, s'anomenen textos conversacionals.

Tipus de textos conversacionals

Segons la intenció de la conversa, hi ha diversos tipus de textos conversacionals:

- **Quotidians:** converses informals (família i amics), whatsapps, xats...
- **Dels mitjans de comunicació:** entrevista, tertúlia, debat...
- **Creatius:** diàlegs en novel·les o contes, diàlegs teatrals, de pel·lícules, de sèries de televisió, etc.

Què és una entrevista?

Una **entrevista** és un text conversacional que consisteix en un diàleg planificat que té lloc entre la persona que fa les preguntes, l'entrevistador o entrevistadora, i la persona que les respon, l'entrevistat o entrevistada. Les entrevistes poden ser de diferents tipus. Fixa-t'hi!

Segons el canal d'emissió	**Escrita:** premsa escrita (revistes i diaris), internet (portals digitals i xarxes socials).
	Oral: ràdio, televisió, podcast.
Segons l'objectiu	**Informativa:** centrada en l'opinió de la persona entrevistada sobre qüestions referents a la seva professió, a fets d'actualitat, etc.
	Psicològica: pretén aprofundir en la personalitat o en la manera de ser de la persona entrevistada.

Sigui del tipus que sigui, per fer una bona entrevista, els periodistes o entrevistadors s'han d'informar molt bé sobre la persona que volen entrevistar i s'han de preparar una llista de preguntes. Durant l'entrevista, han d'escoltar atentament les respostes de la persona entrevistada perquè d'aquestes poden sorgir noves preguntes que no tenien previstes.

Com s'estructura una entrevista?

L'entrevista s'estructura en les parts següents:

- **El títol.** Sovint, els títols de les entrevistes reprodueixen una frase que ha dit la persona entrevistada durant l'entrevista. En aquests casos, el títol s'escriu entre cometes (" ").
- **Una introducció.** El text breu, en què es presenta la persona entrevistada i s'explica el motiu pel qual se li fa l'entrevista.
- **El cos.** Les preguntes i les respostes. En una entrevista escrita, les preguntes s'han de distingir de les respostes amb un tipus de lletra diferent.
- **Una imatge.** Una fotografia de la persona entrevistada, feta, normalment, durant l'entrevista.

Escrivim...

La millor manera de demostrar que coneixes les característiques d'una tipologia textual és... redactant-ne un exemple. Sabries escriure una entrevista? Posa't a prova amb aquest taller!

Prepara i planifica

1 A qui t'agradaria entrevistar?

Cal que sigui algú famós o exitós? Pot ser-ho, però no és imprescindible. Hi ha persones anònimes que tenen moltes coses a dir. Així que ves-hi pensant...

L'**Axel** és una persona de les que podríem considerar "normals". No el veuràs a la televisió ni en sentiràs a parlar a les xarxes. El que sí té l'Axel és una gran força de voluntat. Cada matí es lleva a l'hora que surt el sol per anar a córrer per la platja. L'esport és per a ell una eina, i no pas un objectiu. Córrer el fa sentir-se bé i començar el dia amb optimisme.

Quan la **Ju Wenchun** va començar a jugar a escacs no aixecava un pam de terra. Per a ella era una diversió, però ben aviat en el seu entorn es van adonar que tenia un gran talent, i aviat va començar a competir internacionalment. Avui és una de les millors jugadores del món. Té el títol de Gran Mestre i és campiona del món d'escacs.

La **Lili** és una investigadora que treballa en el tractament de malalties infeccioses en països pobres. Els seus coneixements han estat molt útils en la investigació sobre noves teràpies per reduir el risc de contagi per coronavirus SARS-CoV-2. Gràcies a l'esforç d'investigadors i investigadores com ella, es poden salvar vides.

L'**Artur** és bomber des dels 25 anys. Li va costar molt passar les proves per aconseguir-ho, però era la seva vocació i no canviaria la seva feina per cap altra. Sí que de vegades posa en perill la seva vida per salvar la dels altres, però entén que això forma part de la feina. Ara fa un any va ser pare, i li agradaria que la seva filla també fos bombera.

Planificar no vol dir només pensar què farem el cap de setmana. Planificar vol dir analitzar el que hem de fer, buscar informació, generar idees, fins i tot fer un esquema. Au, ja saps què has de fer!

2 Sobre la persona que vols entrevistar

- Qui has triat? Per què? Què te n'ha cridat l'atenció?
- Cada persona pertany a un camp diferent: esport, investigació, escacs o cos de bombers. **Busca informació** sobre el context de la persona que has triat i **escriu-ne les qüestions bàsiques** que et poden servir per generar preguntes.
- A partir de les dades que tens i de la teva imaginació, **completa una taula** com aquesta:

Edat	
El que més li agrada fer o professió	
Dificultats amb què s'ha trobat	
Projectes de futur	
Altres aspectes	

Arriba l'hora de la veritat, passem a l'acció! Escriure és la manera de saber si tenim clar el que hem après.

i parlem

Que les entrevistes no són només escrites segur que ja ho sabies. Però segur que alguna cosa et deu quedar per descobrir!

Escriu i revisa

3 Preparats, llestos, ja!

Recordes en què t'havies de fixar a l'hora de llegir l'entrevista del mag Sanyes? Torna a llegir les pautes d'anàlisi de la pàgina 27.

Escriu l'entrevista:

- Pensa el nombre de preguntes que ha de tenir. Procura que no siguin gaire llargues i que siguin clares!
- Ordena les preguntes segons la temàtica.
- Pensa unes preguntes finals.

4 Com ha quedat l'entrevista?

Rellegeix-la i respon sí, no o es pot millorar:

- Les preguntes segueixen un ordre lògic? Són lògiques? S'entenen?
- En sobra cap? N'hi afegiries cap més?
- Són preguntes massa llargues?

Refés l'entrevista per millorar els aspectes que ara has vist que no acaben d'estar prou bé.

Una altra manera de millorar l'entrevista és comparar-la amb la d'algun company o companya que hagi triat el mateix personatge. D'això no se'n diu copiar: se'n diu col·laborar!

Finalment, comprova:

- ✔ El títol és el nom de la persona, una expressió que la representa o una frase que ha dit.
- ✔ En la introducció s'hi presenta la persona i s'hi explica per què es fa l'entrevista.
- ✔ Els elements que acompanyen l'entrevista (imatges o altres) són atractius.
- ✔ Hi ha informació complementària (una fitxa biogràfica, una anècdota, etc.).

En línia

Escolta

1 Mira un fragment d'aquesta entrevista

Indica si les afirmacions fan referència a una entrevista escrita, audiovisual o a totes dues:

a. La persona que fa l'entrevista s'informa sobre la persona entrevistada.
b. Hi ha una introducció que presenta la persona entrevistada i explica per què se l'entrevista.
c. Cal escoltar atentament per si sorgeix alguna pregunta nova.
d. Hi ha informació addicional (imatges, etc.).
e. Cal crear un clima de confiança per fer-la àgil.
f. Es publica en diaris, revistes...
g. Es publica a la televisió, la ràdio...

Parla

2 Mans a l'obra!

Segueix les instruccions:

- Busca informació sobre algú interessant.
- Redacta les preguntes que li faries.
- Comparteix-ho tot amb un company o companya, que haurà de preparar les respostes.
- Feu l'entrevista oralment i enregistreu-la.

3 Que comenci el debat!

Parleu-ne entre tots:

- Són interessants, les entrevistes? Per què?
- És important que qui fa les preguntes sigui un bon o una bona periodista? I que la persona entrevistada sigui sincera?
- De qui t'agradaria llegir o mirar una entrevista?

En línia

L'accentuació i la dièresi

Ai, els accents! Ja els vas estudiar a primària, però sempre fas alguna pífia, oi? I no parlem de la dièresi! Penses que la van inventar només per molestar? No n'hi ha per a tant!

L'accentuació

L'**accent gràfic** és el signe que es fa servir per marcar la vocal tònica d'una paraula sempre que les normes ortogràfiques ho permetin.

En català hi ha dos tipus d'accent gràfic segons l'obertura de les vocals:

- L'accent **obert** o **greu** (`) per a aquestes vocals: **a** (*catal**à**, **à**lbum*), **e** (*p**è**sol*), **o** (*aix**ò***).
- L'accent **tancat** o **agut** (´) per a aquestes vocals: **i** (*past**í**s, **í**dol*), **u** (*n**ú**vol*), **e** (*pr**é**ssec*), **o** (*pres**ó***).

Normes d'accentuació

Porten accent gràfic:

- Les **paraules agudes** quan acaben en **a**, **e**, **i**, **o**, **u**, **as**, **es**, **is**, **os**, **us**, **en**, **in**. Per exemple: *dem**à**, perqu**è**, cam**í**, cami**ó**, cautx**ú***.
- Les **paraules planes** quan no acaben en cap de les terminacions anteriors i quan acaben en diftong. Per exemple: *f**à**cil, fen**ò**mens, mir**à**veu, d**è**ieu*.
- Les **paraules esdrúixoles**, sempre. Per exemple: *f**à**brica, just**í**cia, n**ú**mero, harm**ò**nica, interfer**è**ncia*.

? Si una paraula aguda acaba en vocal l'accentues? I si és plana?

L'accent diacrític

Hi ha una sèrie de paraules que porten accent per distingir-se d'altres que tenen significats diferents però amb les quals es poden confondre (*be, bé; son, són*; etc.). Aquest tipus d'accent no segueix les normes anteriors i s'anomena **accent diacrític**.

bé (adverbi), **béns** (propietats)	**be**, **bes**; **be**, **bens** (lletra; ovella, corder)
déu, **déus** (ésser sobrehumà)	**deu**, **deus** (9 + 1; del verb **deure**)
és (del verb **ser**)	**es** (pronom)
mà (part del cos)	**ma** (possessiu)
més (quantitatiu)	**mes** (període de l'any; conjunció)
món (Terra)	**mon** (possessiu)
pèl, **pèls** (filament de la pell)	**pel** (contracció: **per** + **el**)
què (pronom)	**que** (conjunció)
sé (del verb **saber**)	**se** (pronom reflexiu)
sí (afirmació)	**si** (conjunció; nota musical)
sòl (terra)	**sol** (estrella)

són (del verb **ser**)	**son** (ganes o fet de dormir; pronom possessiu)
té (del verb **tenir**)	**te** (infusió; nom de lletra; pronom feble)
ús (utilitat)	**us** (pronom)
vós (tractament)	**vos** (pronom)

L'accentuació en els adverbis acabats en -ment

Els adverbis acabats en **-ment** conserven l'accent de la forma femenina de l'adjectiu del qual provenen: *ràpidament* (*ràpida*), *ordinàriament* (*ordinària*), *contínuament* (*contínua*).

? Falta l'accent gràfic en tots aquests adverbis excepte en un. Quin?
satisfactoriament • vivament • diariament • unicament

La dièresi

La dièresi són dos punts que, en determinats casos, es posen sobre la **i** i la **u**.

Escrivim una dièresi en els casos següents:

- Per indicar que cal pronunciar la **u** dels grups **qüe**, **qüi**, **güe**, **güi**. Exemples: *següent, pingüí*.
- Per indicar que la **i** i la **u** no formen diftong. Exemples: *Suïssa, peüc, copiï*. Quan la pronúncia indica que dues vocals juntes que haurien de formar diftong pertanyen a síl·labes diferents, caldrà escriure un **accent gràfic**, si les regles d'accentuació ho permeten, o una **dièresi**, si les regles no ho permeten. Per exemple: *veí* (paraula aguda acabada en vocal; la podem accentuar); *veïna* (paraula plana acabada en vocal; no la podem accentuar).
- Per indicar que la **i** entre dues vocals no fa de consonant. Exemples: *produïa, reduïen*.

Comprova el so tan diferent de la **i** en aquests mots: *duien* (la **i** sona com una consonant); *construïa* (la **i** sona com una vocal).

No escrivim dièresi en els casos següents:

- Quan el mot es pot accentuar: *suís*.
- En els mots formats per un prefix + **i**, **u**: *reimpressió*.
- En els mots acabats en els sufixos **-isme**, **-ista** i en les terminacions **-us**, **-um**: *egoisme, egoista, Màrius, aquàrium*.
- En l'infinitiu, el gerundi, el futur i el condicional dels verbs acabats en vocal + **ir**: *reduir, reduint, reduiré, reduiria*.

? On és l'error? Troba'l: tenia • reduïa • arruinar • intuïció • reüll • egoisme

Recorda

- S'accentuen les paraules **agudes** que acaben en **vocal**, **vocal + s**, **en i in**, les paraules planes que no acaben en cap de les terminacions anteriors o que acaben en diftong i totes les paraules esdrúixoles.
- Hi ha paraules que duen **accent diacrític** per distingir-les d'altres que són iguals però que tenen un significat diferent.
- S'escriu **dièresi** per indicar que la **u** dels grups **qüe**, **qüi**, **güe**, **güi** es pronuncia, que la **i** i la **u** no formen diftong i que la **i** entre dues vocals no fa de consonant.

Reflexionem sobre la llengua

1 On tenen l'accent?

Classifica aquestes paraules segons que siguin agudes, planes o esdrúixoles:

càlcul · ningú · pedrís · física · bèstia
comprensió · córrer · Lluís · arròs · Maria
felicitat · exàmens · paciència
corren · mengen · paper · bàscula

2 No porten accent!

Expliqueu per què no porten accent gràfic aquestes paraules:

feliç · examen · melons · calor
cultura · filosofia

3 Una o l'altra?

Digues quina de les dues opcions es correspon amb el significat indicat en cada cas:

pronom reflexiu ▸ se / sé
pronom possessiu ▸ ma / mà
animal ▸ bens / béns
quantitatiu ▸ més / mes
verb ser ▸ és / es

4 Acaben en -ment!

Torna a escriure aquests adverbis accentuant-los si cal:

contrariament • atentament • dificilment • especialment

• Per què alguns s'accentuen i d'altres no?

5 U o Ü?

Completa aquestes paraules amb u o amb ü:

q_estió · g_erra · q_alitat · g_ineu
seg_it · aig_es · ping_í · conseq_ència

• En quins mots es pronuncia la u seguida de e o i? Què tenen en comú?

6 Amb dièresi o sense?

Trieu la forma correcta de cada parella de mots:

veinatge • veïnatge · airejar • aïrejar
veina • veïna · obeia • obeïa · cafeina • cafeïna
fluidesa • fluïdesa · coure • coüre · llauna • llaüna
heroina • heroïna · raim • raïm

7 Com s'escriu bé?

Accentueu gràficament aquests mots o poseu-hi dièresi si cal:

conduit · patetic · fotografia · coia
participo · militancia · frenat · sabes · tambe
examen · renoi · comprensio

8 Per què porten dièresi?

Explica per què aquests mots porten dièresi:

pasqües · reduïda · jesuïta
aigüera · Lluïsa · enviïs

9 Quina lletra falta?

Completa les paraules següents:

agra_ts	rè_em	harmòn_um
redu_ré	agra_r	ego_sta
ego_sme	constru_eu	redu_ts
Llu_s	agra_a	condu_r

10 Quina és la intrusa?

Identifica la paraula mal accentuada de cada columna:

cigró	cèl·lula	fantàstica
perdició	ciéncia	libèl·lula
tòmbola	préstec	però
pròleg	autèntic	passió

Ara, corregeix-les i explica què has canviat.

11 ●●● En plural i en femení

Escriu el masculí plural i el femení singular i plural dels mots següents:

suís · genuí · veí · geniüt · Lluís · roí

• Per què en alguns casos s'alternen l'accent i la dièresi?

12 ●●● Saps les formes verbals?

Escriviu les formes verbals indicades:

a. participi del verb pair
b. 1a persona del present de subjuntiu del verb produir
c. 1a persona de l'imperfet d'indicatiu del verb contribuir

13 ●●● Sense faltes!

Escriviu correctament aquestes frases, amb els accents i les dièresis necessaris:

a. El delinquent que havia comes aquell delicte passejava per la plaça com un transeunt mes.
b. En Raul estava amoinat perque creia que no suportaria la crisi i finalment s'arruinaria.
c. L'horari d'aquesta farmacia es nomes diurn.
d. Viure aillat en aquella masia era un castig.

14 ●●● Diacrítics!

Relacioneu cada mot amb el seu significat:

pèl	filament corni
món	planeta Terra
sòl	terra
mon	nota musical
Sol	possessiu àton masculí
mà	astre
sí	terminació del braç
pel	afirmació
ma	contracció (per + el)
si	possessiu àton femení

15 ●●● DICTAT PREPARAT

Per escriure sense faltes és important fixar-nos molt bé en les paraules. Llegeix el text següent abans que te'l dictin i fes les activitats:

Àudio

Com a conseqüència de la revolució industrial, a la segona meitat del segle XIX foren establertes a la Gran Bretanya les primeres colònies industrials amb l'objectiu d'aprofitar les fonts d'energia en el seu origen —en concret els salts d'aigua per moure la maquinària tèxtil. [...] Un d'aquests centres fabrils, la colònia Güell, té un especial interès arquitectònic per la seva església —encarregada per Eusebi Güell a Antoni Gaudí, i de la qual només fou construïda la cripta— i per la seva disposició urbanística.

DIVERSOS AUTORS, *100 indrets de Catalunya que cal conèixer*. Editorial Pòrtic

a. Copia les paraules del primer paràgraf que porten accent gràfic o dièresi. Encercla les que t'han semblat més difícils.
b. Hi ha mots amb accent diacrític? Quin o quins?

16 ●●● COMPAREM LLENGÜES!

De vegades un accent ens ajuda a saber si una paraula està escrita en català o en castellà, com, per exemple, els imperfets de la segona i la tercera conjugació. Us hi havíeu fixat? Escriviu en català i en castellà la primera persona de l'imperfet d'indicatiu dels verbs següents:

viure · témer · córrer · dividir · tenir

Després de fixar-vos en aquestes paraules, quines conclusions en traieu? Completeu:

En ____ la terminació de l'imperfet de la segona i la tercera conjugació s'escriu sense accent i en ____, amb accent.

En línia

La incorrecta: "La combinació de llengua, humor i actualitat ens funciona"

Valentina i Júlia Planas, dues germanes de Banyoles, són les creadores de La incorrecta, un projecte que va néixer com una empresa de correcció i que es va donar a conèixer a les xarxes socials amb el lema "Cada vegada que dius 'tinc que' moren 15 filòlegs". Hem parlat amb la Valentina perquè ens expliqui més detalls del projecte.

Com va sorgir la idea de La incorrecta?
Després d'estudiar Filologia catalana, vaig fer el postgrau en correcció i vaig començar a veure que tothom, quan acabava, creava un wordpress o una web personalitzada del tipus nom i cognom "corrector i filòleg" i una mica de currículum. Jo volia fer això, però una mica diferent, que sortís d'allò establert. A partir d'aquest propòsit va néixer La incorrecta, amb un tipus de correcció que és més general i accessible.

I, actualment, què és La incorrecta?
La incorrecta ara mateix té tres vessants: una de correcció i traducció; la botiga, que seria la part de marxandatge, ja que fem productes i els venem, i l'altra és de disseny gràfic.

Les frases o lemes de La incorrecta tenen un punt d'humor o fins i tot de sarcasme. Com ho feu per connectar amb els usuaris?
Intentem estar molt al dia de les coses que passen, tant en l'àmbit polític com de l'actualitat en general. Ens en riem una mica de tot, però amb humor i elegància, tampoc ens passem gaire. Pensem frases que puguin connectar amb qui les llegeix, que s'hi identifiqui. La combinació de llengua, humor i actualitat ens funciona.

surtdecasa.cat (adaptació)

1 Segons el text, quina és la resposta correcta?

- **El títol de l'entrevista és...**
  - ◯ ...el lema de l'empresa La incorrecta.
  - ◯ ...un resum del més important.
  - ◯ ...una citació de l'entrevistada.
  - ◯ ...una citació de l'entrevistador.

- **Les preguntes es distingeixen de les respostes de l'entrevistada...**
  - ◯ ...pel tipus de lletra (les preguntes estan escrites amb majúscula).
  - ◯ ...pel cos de lletra.
  - ◯ ...per l'estil de la tipografia (les preguntes estan escrites en negreta).
  - ◯ ...per l'estil de la tipografia (les respostes estan escrites en cursiva).

- **Pel tipus de preguntes, és una entrevista...**
  - ◯ ...de treball.
  - ◯ ...psicològica.
  - ◯ ...personal.
  - ◯ ...informativa.

- **Una de les frases més famoses de La incorrecta és Cada vegada que dius "tinc que" moren 15 filòlegs. Quin és l'objectiu d'aquest lema?**
  - ◯ Explicar de manera acadèmica una regla ortogràfica.
  - ◯ Ensenyar amb humor que tinc que és una expressió incorrecta.
  - ◯ Recordar els usos correctes de l'expressió tinc que.
  - ◯ Fer un homenatge als filòlegs que han mort recentment.

2 Per què porten accent gràfic aquests mots del text? Tria l'opció correcta:

- ◯ Néixer s'accentua perquè és esdrúixola.
- ◯ Júlia s'accentua perquè és plana acabada en vocal.
- ◯ És s'accentua perquè és aguda i acaba en vocal + s.
- ◯ Elegància s'accentua perquè és esdrúixola.

En quina d'aquestes paraules del text l'accent no és diacrític?

- ◯ Són les creadores de La incorrecta.
- ◯ Hem parlat amb la Valentina perquè ens expliqui més detalls del projecte.
- ◯ La incorrecta ara mateix té tres vessants.
- ◯ Un tipus de correcció que és més general.

3 A partir del que contesta la Valentina, què creus que li han demanat? Fes de periodista i inventa't les preguntes!

- No és fàcil de respondre, però jo diria que som treballadores i polides en el sentit que som perfeccionistes, però al mateix temps també incorrectes, perquè ens agrada treballar a la nostra manera.
- Més que iniciatives, crec que, valgui la redundància, el que ens fa falta és la iniciativa de la pròpia gent, dels catalanoparlants.
- Quan vaig començar aquest projecte tenia tres feines. Dues feines a l'hostaleria, feia classes de català en una acadèmia, cursava un màster i a part hi havia La incorrecta.
- Que ens segueixi. Aprendrà i se sabrà corregir amb humor! Hem de parlar en català i mirar de parlar-lo bé, i això vol dir que ens hem de deixar corregir.

En línia

Què en sabem, ara?

Recordeu les preguntes del baròmetre d'aula?

Què passaria si les responguéssiu ara?
Segur que heu millorat!

Baròmetre d'aula

Valora't

En línia

**Ja has arribat al final.
És el moment d'aturar-se i reflexionar.
Què contestaries a cada una d'aquestes preguntes?**

Què has après?

- ○ Que a través de les entrevistes puc conèixer opinions de persones interessants.
- ○ Que hi ha conceptes que no tenia prou clars.

Per exemple?

Com ho has après?

- ○ He treballat de manera ordenada, aprofitant el temps i organitzant-me les tasques.
- ○ He treballat amb il·lusió i ganes d'aprendre.

Com?

Com podries millorar?

- ○ He d'organitzar-me millor el temps i seguir l'ordre indicat de treball.
- ○ He d'intentar trobar una motivació que m'ajudi a participar més a classe.

Com?

Per a què et pot servir?

- ○ Si aprenc a optimitzar millor el temps, en podré treure més profit en el meu dia a dia.
- ○ Tenir una motivació per aprendre m'ajudarà a ser més proactiu o proactiva en tots els àmbits.

Per exemple?

Què t'ha semblat la seqüència 2?

★ ★ ★ ★ ★

SEQÜÈNCIA 3

Ets una rata?

Ser una rata no està gens malament!

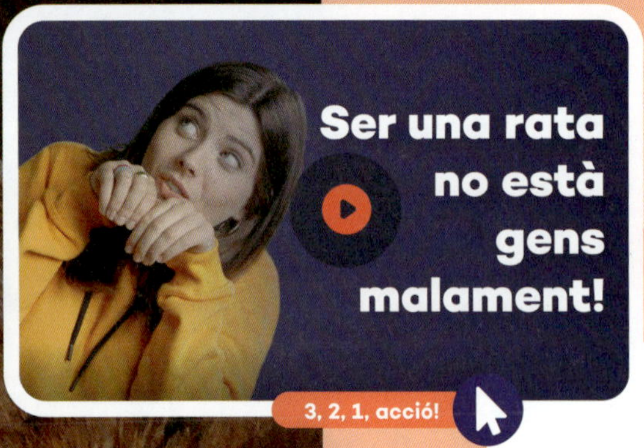

Connectem

Dorms com un coala? Treballes com una formiga? Darrere de cada humà hi ha una bestiola amagada, amb gustos i preferències, maneres de ser, hàbits...

I tu, quin animal ets?

Has de fer un treball en grup.

- A Visca! T'encanta treballar amb els companys i companyes.
- B Nooo! Prefereixes mil vegades treballar individualment.
- C Pse... No t'emociona, però si és obligatori...

Un company o companya es queda tancat al lavabo.

- A Intentes obrir la porta o crides algú perquè t'ajudi.
- B Quina llàstima, justament ara tenies pressa i has de marxar!
- C Mentre penses què has de fer, ja ha aconseguit obrir.

De la carta del restaurant, per sopar triaries...

- A ...qualsevol cosa que sigui bona.
- B ...unes bledes amb patates bullides.
- C ...qualsevol verdura.

Quan un amic o amiga pateix...

Vols saber quin animal ets? Continua el test i descobreix-ho!

Test en línia

Què en sabem?

Baròmetre d'aula

1 A la llibreria del barri han fet un aparador dedicat als clàssics de la literatura infantil i juvenil i hi ha molts llibres de Roald Dahl. Saps qui és?

- ○ Un escriptor anglès.
- ○ Un escriptor francès.
- ○ Un director de cinema.
- ○ Un escriptor català.

2 Potser et sona més si et dic que és l'autor de *Charlie i la fàbrica de xocolata* i de *Matilda*. Quin tipus d'obra són?

- ○ Novel·les.
- ○ Àlbums il·lustrats.
- ○ Pel·lícules.
- ○ Obres de teatre.

3 També va escriure *Les bruixes*! Si Dahl es caracteritza pels seus personatges originals, com seran aquestes bruixes?

- ○ Com les de les llegendes, dones velles que volen damunt una escombra.
- ○ Com les dels contes tradicionals, vestides de negre i amb barret de punta.
- ○ D'aspecte corrent però en realitat calbes i amb els peus quadrats.
- ○ D'aspecte monstruós, que combinen elements humans amb animals.

4 Molts dels seus llibres estan explicats des del punt de vista d'un infant. Per què utilitza aquest recurs?

- ○ Perquè la història sigui més propera als lectors.
- ○ Per crear situacions de tensió i mantenir el ritme del llibre.
- ○ Perquè els personatges siguin més creïbles.
- ○ Per donar més informació al lector i així pugui preveure el final de la història.

5 Un dels trets de l'estil de Roald Dahl és l'humor negre, que consisteix a riure's de...

- ○ ...situacions irreals i imaginàries.
- ○ ...situacions quotidianes amb les quals tothom està familiaritzat.
- ○ ...coses comunes que normalment transmeten alegria.
- ○ ...coses que poden fer por o llàstima.

6 Perquè l'obra sigui més amena, hi ha molts fragments dialogats. Com els pots identificar?

- ○ Per l'abundància d'adjectius.
- ○ Per les cometes.
- ○ Per la lletra cursiva i negreta.
- ○ Pels guions.

7 Dahl té un relat que es diu "L'autoestopista". Fixa't com s'escriu aquest mot. Per què porta apòstrof (')?

- ○ Per indicar que un grup de dues vocals es pronuncia en una mateixa síl·laba.
- ○ Per indicar la supressió d'una vocal d'un mot quan entra en contacte amb la vocal d'un altre mot.
- ○ Per indicar la supressió d'una consonant d'un mot quan entra en contracte amb una vocal d'un altre mot.
- ○ Per indicar que dues vocals seguides es pronuncien en una mateixa síl·laba.

8 I si el protagonista del relat fos una iguana o una iaia, com es titularien?

- ○ "L'iguana" i "L'iaia".
- ○ "L'iguana" i "La iaia".
- ○ "La iguana" i "La iaia".
- ○ "La iguana" i "L'iaia".

Llegim

Àudio de la lectura

Les bruixes

Roald Dahl

M'anava entretenint entre les potes de les cadires, intentant d'acostumar-me a estar tan a ras de terra. Vaig decidir que m'agradava força. Segurament us deveu preguntar com és que no estava gens deprimit. I és que em vaig posar a pensar: al capdavall, què hi ha d'extraordinari a ser un nen? Per què ha de ser millor que ser un ratolí? Ja sé que als ratolins els van a la caça i a vegades són enverinats o entrampats. Però també als nens els poden matar. Un nen pot ser atropellat per una moto o pot morir d'alguna malaltia horrible. Els nens han d'anar a l'escola. Els ratolins no. Els ratolins no han de passar cap examen. Els ratolins no s'han de preocupar pels diners. Els ratolins, que jo sàpiga, tenen només dos enemics: els humans i els gats. La meva àvia és un humà, però sé del cert que ella sempre m'estimarà, sigui com sigui jo. I ella, gràcies a Déu, **no té gats**. I quan els ratolins es fan grans, ni tan sols han d'anar a la guerra i lluitar contra altres ratolins. Els ratolins, n'estava ben segur, s'aprecien tots els uns als altres. La gent no.

Per què li sembla important que l'àvia **no tingui gats**?

Sí, vaig dir-me a mi mateix, no crec que sigui gens dolent de ser un ratolí.

Rondava pel terra de la Sala de Ball mentre pensava en tot això quan vaig **albirar** un altre ratolí. Estava ajagut a terra amb un tros de pa a les potes del davant, que anava rosegant amb gran entusiasme.

Albirar vol dir veure alguna cosa de lluny sense acabar de distingir-la bé.

Havia de ser en Bruno.

—Hola, Bruno —vaig dir.

No em va mirar ni dos segons i va continuar endrapant.

—Què has trobat? —vaig preguntar-li.

—Li ha caigut a una d'elles —va respondre—. És un **sandvitx** de peix per untar. Bastant bo.

A qui diries que li havia caigut el **sandvitx** de peix?

Ell també parlava amb una veu perfectament normal. Un s'hauria pensat que un ratolí (si és que havia de parlar de cap manera) ho hauria fet amb la veu més escarransida i grinyolaire que es pugui imaginar. Era terriblement divertit sentir la veu més aviat cridanera d'en Bruno sortint d'aquella minúscula gola de ratolí.

—Escolta, Bruno —vaig dir—. Ara que tots dos som ratolins, em sembla que hauríem de començar a pensar una mica en el futur.

Va deixar de menjar i em va mirar amb uns ulllets negres.

—Què vols dir? —va dir—. El fet que siguis un ratolí no té res a veure amb mi.

—Però si tu ets un ratolí, també, Bruno.

—No siguis ximple —va dir—. No soc cap ratolí, jo.

—Temo que sí que ho ets, Bruno.

—I tant que no! —va cridar—. **Però per què m'insultes?** No t'he fet pas res, jo! Per què em dius ratolí?

En Bruno, què no ha entès encara?

—No saps què t'ha passat? —vaig dir jo.

—De què carai em parles? —va dir en Bruno.

—T'haig d'informar —vaig dir— que no fa pas gaire estona les bruixes t'han fet tornar un ratolí. I després m'ho han fet a mi.

—Dius mentides! —va cridar—. No soc cap ratolí, jo.

—Si no t'haguessis entusiasmat tant endrapant el sandvitx —vaig dir-li—, t'hauries adonat de les teves potes peludes. Mira-te-les. En Bruno es va mirar les potes. Va fer un bot.

—Ostres! —va cridar—. Soc un ratolí! Ai, quan el meu pare ho sàpiga!

—Potser s'ho prendrà com una millora —vaig dir jo.

—No vull ser un ratolí, jo! —cridava en Bruno, fent salts amunt i avall—. Em nego a ser un ratolí! Soc en Bruno Jenkins, jo!

Eixorivir vol dir deixondir, fer que algú deixi d'estar mig adormit. Els malalts, començar a trobar-se millor, animar-se.

—Hi ha coses pitjors que ser un ratolí —vaig dir—. Podràs viure en un forat.

—No hi vull viure, en un forat! —va cridar en Bruno.

—I de nit podràs entrar silenciosament al rebost—vaig dir—, i fer mossets a tots els paquets de panses i cornflakes i galetes de xocolata i de tot el que trobis. T'hi podràs passar tota la nit menjant com un babau. Això és el que fan els ratolins.

—Bona idea, això —va dir en Bruno, **eixorivint-se** una mica.

Qui ho ha escrit?

Què en saps, de Roald Dahl?

Roald Dahl és un clàssic perquè, tot i que fa anys que va morir, la seva obra encara perdura i és reconeguda internacionalment. I és que escrivia molt bé!

Investiga sobre Roald Dahl i respon:

- Si vols visitar la ciutat on va néixer, on has d'anar?
- Quin dia de quin any va fer la festa per celebrar els cinquanta-cinc anys?
- Quins són els seus llibres més famosos?
- Després de llegir la seva biografia, què en destacaries? Què t'ha agradat saber?

www

Feu una presentació a la classe sobre l'autor. Podeu buscar i llegir fragments d'altres novel·les seves per il·lustrar la informació.

Què has entès?

1 ●●○ **Què he entès?**

Comencem pel començament. Torna a llegir els dos primers paràgrafs i tria la resposta correcta:

Aquest fragment és narrat per...

- ○ ...un personatge de la història.
- ○ ...un narrador que no participa en els fets.
- ○ ...un nen que es diu Bruno.

El nen estava a ras de terra perquè...

- ○ ...caçava ratolins.
- ○ ...l'havien convertit en un ratolí.
- ○ ...dormia al ras, és a dir, sense cap cobert.

El nen no estava gens deprimit perquè...

- ○ ...feia temps que volia ser un ratolí.
- ○ ...creia que no hi havia res d'extraordinari a ser un nen.
- ○ ...per dinar tenia macarrons.

2 ●●○ **Preguntes bàsiques**

Entens el que llegeixes? Resol:

a. Quantes persones intervenen en la conversa de la lectura?

b. Qui són? Què els ha passat?

c. Què menjava en Bruno? On l'havia trobat?

d. Per què s'enfada en Bruno quan li diuen que és un ratolí?

e. Tria els dos adjectius que defineixen millor en Bruno:

○ espavilat ○ babau ○ intel·ligent
○ eixerit ○ golafre ○ simpàtic

f. Qui és el protagonista d'aquesta història: en Bruno o l'altre nen? Justifica la resposta.

g. Escriu tres adjectius que et serveixin per descriure el protagonista de la lectura.

3 ●●○ **Tot són avantatges!**

Per què no és gens dolent ser un ratolí, segons la lectura? Completa les oracions:

a. Perquè els ratolins no han d'anar a ____.

b. Perquè no han de passar ____.

c. Perquè no s'han de preocupar pels ____.

d. Perquè només tenen ____.

e. Perquè quan es fan grans no han d'anar a ____.

f. Perquè els ratolins s'aprecien ____.

Sembla que a Roald Dahl no li agradaven les persones. Què és el que no li agradava?

4 ●○○ **Troba la intrusa**

Posa't en mode detectiu i esbrina quina paraula s'ha colat en cada grup:

rondar • recórrer • vagar • fer tombarelles • vagarejar

albirar • entrellucar • veure • distingir • encegar

endrapar • a tot drap • menjar amb avidesa engolir • devorar

ximple • toix • desassenyat • poca-solta • eixerit

5 ●○○ Tot són matisos!

Fixa't en la frase destacada i respon:

En Bruno es va mirar les potes. Va fer un bot.
—Ostres! —va cridar—. Soc un ratolí! Ai, quan el meu pare ho sàpiga!
—**Potser s'ho prendrà com una millora** —vaig dir jo.

El protagonista...

- ○ ...té una bona opinió d'en Bruno.
- ○ ...no té una bona opinió d'en Bruno.

És una frase dita amb...

- ○ ...ironia, sarcasme.
- ○ ...bona fe.

La frase té...

- ○ ...un sentit literal.
- ○ ...un doble sentit.

6 ●●○ En veu alta!

Llegir un text en veu alta sovint ens ajuda a entendre'l millor. Però s'ha de fer amb expressivitat! Escolteu aquests consells.

Ara, prepareu en veu alta el text de la lectura:

- Repartiu-vos els papers: narrador, protagonista, Bruno.
- Pronuncieu totes les paraules senceres.
- Fixeu-vos en els signes de puntuació.
- Recordeu: no tot el text es llegeix amb el mateix ritme.
- Assageu la lectura fins que tingueu prou seguretat.

Ha arribat l'hora de la veritat! Enregistreu la lectura, escolteu-vos i apunteu el que creieu que heu fet bé i el que podríeu millorar.

Com està escrit?

7 ●●○ Quines són certes?

Identifica les afirmacions certes:

- ○ Un diàleg és una conversa entre dues o més persones.
- ○ En les narracions, hi pot haver diàlegs.
- ○ Els guions indiquen canvi de paràgraf.
- ○ En un text dialogat no hi ha mai un narrador.

8 ●●○ T'hi has fixat?

T'has fixat en la conversa de la lectura? Si no ho has fet, rellegeix-la i contesta:

a. Quin signe introdueix les paraules de cada personatge?
b. Hi ha cap paràgraf que no estigui introduït per aquest signe de puntuació? Copia'n l'inici.
c. Qui parla en aquests paràgrafs?

9 ●●○ Cert o fals?

Fixa't en els guions i indica si les afirmacions següents són certes o falses:

—Ostres! **—**va cridar**—**. Soc un ratolí! Ai, quan el meu pare ho sàpiga!
—Potser s'ho prendrà com una millora —vaig dir jo.
—No vull ser un ratolí, jo! **—**cridava en Bruno, fent salts amunt i avall**—**. Em nego a ser un ratolí! Soc en Bruno Jenkins, jo!

a. Tots els guions tenen la mateixa funció.
b. Els guions destacats obren i tanquen una explicació sobre com parla o què fa un personatge.
c. Els guions destacats indiquen les explicacions o intervencions del narrador.
d. El narrador és un personatge.
e. Les explicacions del narrador són escrites en present i el discurs de cada personatge, en passat.
f. Les explicacions del narrador també es poden escriure entre un guió i un punt.

10 ●●○ Per què no?

Només per saber-ho... Per què el primer paràgraf de la lectura no és un diàleg?

En línia

Escrivim

Bibliotube

Les bruixes **és un dels llibres més coneguts i interessants de Roald Dahl, i això no és casualitat. Esbrina per què!**

Reflexions literàries

Per què és interessant aquest llibre?

- **Perquè està explicat des del punt de vista d'un nen.**

  Això fa que la història sigui més propera i amena per al lector. Els llibres de Roald Dahl gairebé sempre estan explicats des del punt de vista d'un nen. De fet, els personatges adults que hi apareixen sovint maltracten els nens.

- **Perquè Roald Dahl és un mestre de l'humor negre!**

  Humor negre? I això què vol dir? Doncs vol dir riure's de coses que poden fer por o llàstima.

- **Per l'originalitat dels seus personatges.**

  Si hi ha una cosa que caracteritza Dahl, és la seva capacitat per crear personatges originalíssims: nens que són ratolins (i ja els sembla bé) o bruixes que sota les perruques tenen calbes horroroses... però que en el dia a dia podrien passar per les teves veïnes!

Fixa't, per exemple, com parla de les bruixes en aquest altre fragment del llibre:

Ara se'm van presentar al davant rengles i rengles de caps femenins calbs, un mar de closques nues, totes vermelles i irritades pel frec dels folres de les perruques. No tinc manera de dir com n'eren d'horroroses i, no sé com, però tot aquell panorama es feia encara més grotesc perquè a sota d'aquells caps calbs espantosos i plens de crostes, els cossos estaven abillats amb vestits de moda i força elegants. Era monstruós. Era antinatural.

Què en sabeu, de les bruixes tradicionals? Com són?

S'hi assemblen, les bruixes de Roald Dahl?

Personatges originals

Com ha de ser un personatge original?

Diem que un personatge és original quan ens sorprèn; és a dir, quan ens diverteix, quan ens commou... i no ens ho esperàvem.

Penseu en algú que conegueu o en algun personatge clàssic (un fantasma, un vampir, una bruixa...) i imagineu què en canviaríeu perquè fos més divertit o sorprenent.

...I les bruixes de Roald Dahl, per què són originals?

Perquè semblen dones normals i corrents! Roald Dahl no vesteix les seves bruixes de negre i amb barret de punxa (això seria molt típic i, per tant, poc original), sinó que les vesteix exactament igual que si fossin humanes: dones com la teva veïna, la senyora que et ven el pa cada dia o la teva professora!

Això sí, l'autor els afegeix alguns elements nous per fer-les més interessants: porten perruques per dissimular la seva calvície i tenen urpes en comptes d'ungles, motiu pel qual sempre van amb guants. Ah! I amaguen els peus, quadrats i sense dits, dintre d'unes incòmodes sabates punxegudes.

Crea... una bruixa original!

Escriptura creativa

En línia

Prepara

Tria dos elements típics d'una bruixa. Només dos!

Quins trets té la teva bruixa? Que siguin ben originals! Pensa...

- Com va vestida? Té animals domèstics? Què li agrada fer, què sol menjar? Com es diu?

Però... tota bruixa té una missió! Quina missió té la teva?

○ Aprendre l'idioma dels gats, perquè pensa que el dia que humans i animals uneixin forces salvaran el planeta.

○ Comercialitzar batuts de fetge, perquè està farta que la gent li digui com en són, de fastigosos, els batuts de fetge!

- Se t'acut una altra cosa?

Escriu

Ara que ja has creat un personatge original, descriu-lo combinant tot el que has imaginat i escriu la seva història!

Revisa

Ep! No t'oblidis de revisar el que has escrit:

✓ Has fet servir un vocabulari variat?

✓ L'ortografia és la que toca? I la puntuació?

Reflexionem sobre la llengua

L'apòstrof i la contracció

Fixa't que en català no és correcte dir la Eva i la Anna, sinó que hem de dir l'Eva i l'Anna. Quina és la diferència entre les dues pronúncies i escriptures? És clar, l'apòstrof!

L'apòstrof

L'**apòstrof** és el signe ortogràfic (') que es fa servir per indicar la supressió de la vocal d'una paraula quan entra en contacte amb la vocal de la paraula següent.

Pel que fa a l'apostrofació dels **articles** i de la preposició **de**, fixa't en aquestes taules:

S'APOSTROFEN	EXEMPLES
Els articles masculins **el** i **en** i la preposició **de** davant de paraules començades amb vocal o **h**.	• *l'elefant* (el + elefant) • *l'home* (el + home) • *n'Alfons* (en + Alfons) • *d'Igualada* (de + Igualada)
Els articles femenins **la** i **na** davant de paraules començades amb vocal o **h**. **No s'apostrofen** davant de paraules que comencen amb **i**, **u**, **hi**, **hu** àtones.	• *l'amiga* (la + amiga) • *l'Helena* (la + Helena) • *n'Anna* (na + Anna) • *la impressió, la història, la utilitat, la humanitat*
Els articles **el** i **la** davant d'alguns signes o mots que es pronuncien amb una vocal inicial encara que aquesta no s'escrigui.	• *l'1 de gener* • *l'FM*

NO S'APOSTROFEN	EXEMPLES
• Davant del nom de les lletres. • Davant d'una **i** o una **u** que fa de consonant. • Davant d'una hac aspirada. • Altres casos.	• *la ela, la essa; de essa, de hac* • *la hiena, de iogurt* • *en Harry, de Hollywood* • *la host, la una* (hora), *la ira*

? S'apostrofa, l'article, en aquests mots? amic • universitat • ou • iogurt

L'apostrofació dels pronoms

Els pronoms poden apostrofar-se en alguns casos, tant si es combinen entre si (***se'l*** *beu*) com si van davant o darrere d'un verb (***m'****espera, espera***'m**).

S'APOSTROFEN	EXEMPLES
Els pronoms **em**, **et**, **el**, **la**, **es**, **en** davant del verb si comença amb vocal o **h**.	• *m'agrada, t'ajudo* • *s'hidrata*
Els pronoms **em**, **et**, **el**, **els**, **es**, **en**, **ens** darrere del verb si acaba en vocal. **No s'apostrofen** si el verb acaba en diftong.	• *torna'ls* • *compreu-los*
Quan els pronoms es combinen, se suprimeix una vocal i es col·loca l'apòstrof tan a la dreta com es pot.	(se + en) ▸ *se'n menja, se n'ha menjat*; (te + el) ▸ *te'l torna*

NO S'APOSTROFEN	EXEMPLES
• El pronom **la** davant de verbs començats amb **i**, **u**, **hi**, **hu** àtones. • Els pronoms **li** i **ho**.	• *la introdueix, la humanitza* • *li agrada, ho agafa*

La contracció

Una **contracció** és la unió gràfica de dues paraules en contacte, sempre que la primera acabi en vocal i la segona comenci amb vocal.

- Les preposicions **a**, **de** i **per** es contrauen quan van seguides de l'article **el** o **els**:
  - (a + el/els) ▸ **al**, **als**: *Ho dono **al** pare.*
  - (de + el/els) ▸ **del**, **dels**: *El llibre **del** pare.*
  - (per + el/els) ▸ **pel**, **pels**: *Vaig **pel** camí.*
- La partícula **ca** (abreujament de **casa**) es contrau, també, quan s'ajunta amb els articles **el**, **els**, **en**:
  - (ca + el) ▸ **cal:** ***Cal** Manel.*
  - (ca + els) ▸ **cals:** ***Cals** anglesos.*
  - (ca + en) ▸ **can:** ***Can** seixanta.*
- Davant dels mots que comencen amb vocal l'article no fa contracció i, per tant, cal seguir les regles d'apostrofació:
  - *Ho dono **a l'**àvia.*
  - *El llibre **de l'**Anna.*
  - *És per **a l'**Alba.*
  - ***Ca l'**Enric.*
  - ***Ca n'**Oriol.*

Fixa't en aquesta taula:

PREPOSICIONS I PARTÍCULA CA	ARTICLES		
	el	els	en
a	al	als	
de	del	dels	
per	pel	pels	
ca	cal	cals	can

? Com es contrauen la preposició **de** i l'article **els**? I la partícula **ca** i l'article **en**?

Recorda

- Els articles **el**, **la**, els articles personals **en**, **na**, la preposició **de** i els pronoms **em**, **et**, **el**, **la**, **es**, **en** s'apostrofen davant de mots començats amb vocal o **h**: *l'alba, l'hora, n'Alfons, d'abans, d'hora, m'adreço, t'abraço, l'admiro, s'estimen, s'horroritzen.*
- Els articles **la** i **na** i el pronom **la** no s'apostrofen davant de mots començats amb **i**, **u**, **hi**, **hu** àtones: *la impressió, la urgència, na Immaculada, la histèria, la humiliava, la impacientava.*
- Les preposicions **a**, **de**, **per** es contrauen quan van seguides de l'article **el** o **els**: *al bosc, als pares, del pare, dels ciutadans, pel camí, pels carrers.*

Reflexionem sobre la llengua

1 ●●● Quin article hi falta?

Escriu l'article que calgui davant dels mots següents:

illa · aeroport · elaboració · erra
imatge · humitat · il·lusió · Índia
innocència · humus · harmonia · Imma

Després de fixar-te en aquestes paraules, què tenen en comú les que has apostrofat?

2 ●●● Canvi de pronoms

Torna a escriure aquestes oracions canviant el pronom les pel pronom la:

a. Les ignoro.
b. Les il·lusionaré.
c. Les imprimiré.
d. Les admirava.
e. Les informaria.
f. Les hidratarem.

3 ●●● Apòstrof o contracció?

Quines paraules hi falten? Completa les oracions seguents:

a. ____ (**per el**) agost anirem ____ (**a el**) poble ____ (**de els**) avis per jugar un partit ____ (**amb el**) equip local.
b. Anem ____ (**per el**) camí que puja ____ (**per el**) vessant dret de la muntanya.
c. Torna ràpid ____ (**de el**) aeroport que, si no, no arribarem ____ (**a la**) audició ____ (**de el**) Ernest.
d. Cada hivern anem ____ (**a la**) estació d'esquí.

4 ●●● Oracions incompletes

Completa aquestes oracions amb una contracció, una preposició o una preposició i un article:

a. Vinc ____ hort i ara mateix me'n vaig ____ escola.
b. Escriuré una nota ____ Isabel.
c. ____ altra banda ____ carrer hi ha una joieria.
d. ____ hora ____ anar a dormir sempre hi ha sarau.

5 ●●● Exemples!

Llegeix les oracions següents i fixa't en les paraules destacades:

Menja't **el iogurt**, que caduca **l'11** d'abril.

El hawaià que vas conèixer era de **l'Sporting**!

Seré aquí a **la una** en punt.

Ara, busca exemples de les afirmacions següents en les frases anteriors:

a. L'article no s'apostrofa quan la paraula que el segueix comença amb h aspirada.
b. L'article no s'apostrofa quan la paraula següent comença amb una i o una u que fa de consonant.
c. L'article no s'apostrofa quan el numeral que el segueix es refereix a l'hora.
d. L'article s'apostrofa quan, encara que la paraula que el segueix no comença amb vocal, se'n pronuncia una.

6 ●●● Què hi falta?

Completa aquestes oracions amb la forma corresponent:

cal · ca · ca la · ca l'

a. A ____ Susanna sempre hi fan festes.
b. A ____ Ernest escolten jazz cada nit.
c. Si vas a ____ Manel, menjaràs pasta.
d. A ____ Anna no hi falta mai xocolata.
e. Me'n vaig a ____ Alba.

7 ●●● Notes la diferència?

Escriu una oració amb cada un d'aquests sintagmes, que sonen gairebé igual però que tenen un significat diferent:

a. la vinguda / l'avinguda
b. a l'hora / alhora
c. portal / porta'l
d. de cavar / d'acabar
e. la tracció / l'atracció
f. l'agent / la gent
g. espavilat / espavila't
h. descriure / d'escriure

8 ●●● Amb apòstrof o sense?

Quina és la forma correcta en cada cas? Indica-ho i, després, aprèn-te el poema de memòria:

LA BICICLETA

Jo tinc una "bici"
pintada de nou.
Quan vull **s'/m'/se** està quieta
i quan vull es mou.
Avui no vol córrer
i no sé per què;
l'/la/li he greixada amb oli
d'/de/al un setrill sencer!
Amb draps de camussa
tota **l'/la/el** he eixugat,
i ja un cop polida
així ha rondinat:
M'/Me/Te ha dit: —Estic prima;
no em/no'm/no me tractes prou bé.
—Si tu ets la més ferma
de tot el carrer!
—Mira quines rodes
té aquella **d'/de/des** allà!
—Parles **d'/de/des** una moto!
No et/No't/No te pots comparar!
Jo tinc una "bici"
pintada de nou.
Quan vull s'està quieta
i quan vull es mou.

JOANA RASPALL

9 ●●● DICTAT PREPARAT

Per escriure sense faltes és important fixar-nos molt bé en les paraules. Llegeix el text següent abans que te'l dictin i fes les activitats:

Àudio

Aquests pensaments em sostenien l'ànima, mentre continuava l'empresa amb ardor infatigable. De tant d'estudiar, les meves galtes s'havien fet pàl·lides, i m'havia aprimat a còpia de confinament. De vegades, a punt d'aconseguir l'èxit, fallava: tanmateix, continuava aferrat a l'esperança que l'endemà o una hora més tard ho aconseguiria. El secret que tan sols jo coneixia era la fe a la qual m'havia dedicat; la lluna contemplava els meus afanys nocturns mentre, amb ansietat viva i plena de neguit, perseguia la natura als racons més amagats.

MARY W. SHELLEY, *Frankenstein*. Edicions de la Magrana

a. Busca i copia tots els articles, totes les preposicions i tots els pronoms que estiguin apostrofats.

b. Completa una graella com aquesta:

Masculí singular	Femení singular	Masculí plural	Femení plural
			pàl·lides
		nocturns	
	viva		
	plena		

c. Classifica els mots amb accent gràfic del text en aguts, plans, esdrúixols i amb accent diacrític.

10 ●●● COMPAREM LLENGÜES!

Com traduiríeu aquests sintagmes al castellà?

l'elefant l'olfacte
l'aniversari l'Índia l'ungla
l'home l'ortografia

Després de fixar-vos en aquests sintagmes, quines conclusions traieu sobre l'article en català i en castellà?

En línia

Posa't a prova

Prova de competències

Les bruixes

Roald Dahl

—Ja sé què m'han fet, àvia, i sé el que soc, però el més curiós és que, francament, no em fa sentir gens malament. Ni tan sols estic enfadat. De fet, em trobo força bé. Ja sé que no soc un nen i que no ho tornaré a ser mai més, però mentre et tingui a tu per cuidar-me estaré del tot bé. —No és que intentés consolar-la tan sols. Li era del tot sincer sobre com em sentia. Podeu trobar molt estrany que no estigués plorant jo també. I era estrany. Senzillament no sé com explicar-ho.

—I és clar que em cuidaré de tu —va xiuxiuejar la meva àvia—. Qui és l'altre?

—Era un nen que es deia Bruno Jenkins —li vaig dir—. L'han enxampat primer.

La meva àvia va treure un llarg cigar negre d'un estoig de la seva bossa i se'l va posar a la boca. Tot seguit va treure una capsa de llumins. Va encendre'n un, però els dits li tremolaven tant que la flama no encertava la punta del cigar. Quan finalment va tenir-lo encès, va fer una gran pipada i en va inspirar el fum. Això va semblar assossegar-la una mica.

—On ha passat? —va dir molt baix—. On és ara la bruixa? És aquí?

—Àvia —vaig dir jo—. No ha estat una només. Han estat centenars! Tot això n'és ple! Són aquí a l'hotel mateix en aquest precís moment!

1 Segons el text, quina és la resposta correcta?

- **L'àvia del protagonista...**
  - ○ ...acaba de descobrir que el seu net ja no és un nen.
  - ○ ...està ajudant el seu net a traçar un pla per derrotar les bruixes.
  - ○ ...sabia que l'hotel era ple de bruixes.
  - ○ ...té molta por dels ratolins.

- **El protagonista d'aquest fragment...**
  - ○ ...està trist perquè ha deixat de ser un nen.
  - ○ ...està enfadat amb les bruixes.
  - ○ ...està serè i se sent força bé.
  - ○ ...està eufòric perquè no haurà d'anar més a l'escola.

- **Què creus que significa el verb assossegar?**
  - ○ Calmar.
  - ○ Entristir.
  - ○ Marejar.
  - ○ Recuperar el color a la pell.

- **Com reacciona, l'àvia, en saber que el seu net ja no és un nen i ara és un ratolí?**
  - ○ El fa fora de l'habitació.
  - ○ Es desmaia.
  - ○ Se'l segueix estimant igual.
  - ○ Se sent culpable perquè no l'ha pogut protegir de les bruixes.

- **Quan l'àvia intenta encendre's un cigar, les mans li tremolen. Això li passa perquè...**
  - ○ ...té fred.
  - ○ ...està malalta.
  - ○ ...està molt trasbalsada.
  - ○ ...té por dels ratolins.

2 Tenint en compte el text, quina de les afirmacions següents és falsa?

- ○ A va encendre'n un, s'ha apostrofat el pronom feble en.
- ○ A l'han enxampat, s'ha apostrofat el pronom feble els.
- ○ A d'un estoig, s'ha apostrofat la preposició de.
- ○ A se'l va posar, s'ha apostrofat el pronom feble el.

Quina forma del text il·lustra la norma següent?

Les preposicions **a**, **de**, **per** es contrauen quan van seguides dels articles **el** o **els**.

- ○ a l'hotel
- ○ n'és ple
- ○ del tot
- ○ intentés consolar-la

3 Com creus que és l'àvia del protagonista? Inventa-te'n algunes característiques i fes-ne una descripció. Intenta combinar trets típics amb què s'acostumen a representar les àvies dels contes amb trets nous i originals que no siguin habituals.

Amb unes 150 paraules n'hi ha prou!

Què en sabem, ara?

Recordeu les preguntes del baròmetre d'aula?

Què passaria si les responguéssiu ara?
Segur que heu millorat!

Baròmetre d'aula

Valora't

En línia

Ja has arribat al final.
És el moment d'aturar-se i reflexionar.
Què contestaries a cada una d'aquestes preguntes?

Què has après?

- ○ Que existeixen tècniques d'escriptura creativa.
- ○ Que Roald Dahl és autor de molts clàssics infantils i juvenils.

Per exemple?

Com ho has après?

- ○ He llegit el text amb atenció: m'he fixat en els detalls i n'he copsat el significat.
- ○ He analitzat una obra i he aplicat el que he après en la creació d'un personatge.

Com?

Com podries millorar?

- ○ He d'intentar llegir de manera més conscient i he de prestar més atenció.
- ○ He d'aprendre a extreure informació dels textos i saber-la relacionar amb els treballs que he de fer.

Com?

Per a què et pot servir?

- ○ Saber comprendre el que llegeixo em servirà en tots els àmbits de la meva vida.
- ○ La capacitat d'anàlisi m'ajudarà a aprendre de manera més significativa.

Per exemple?

Què t'ha semblat la seqüència 3?

★ ★ ★ ★ ★

SEQÜÈNCIA 4

Enxaneta a l'espai

Què és la internet de les coses?

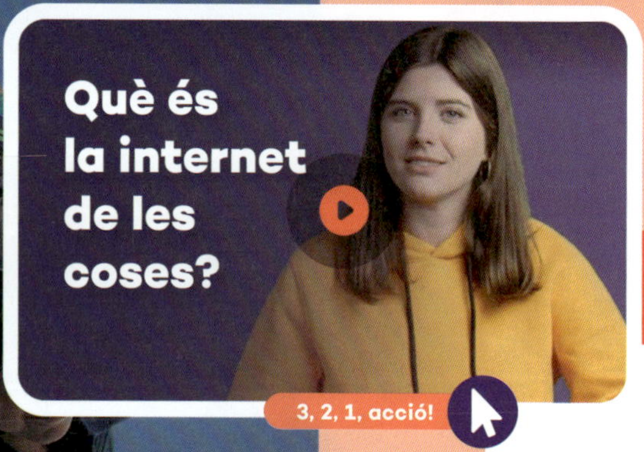

Connectem

Tocar el cel amb la mà, aquest és l'objectiu de l'enxaneta. Però creus que podria saber el cabal dels rius i les reserves d'aigua, fer un seguiment de la fauna salvatge i poder-la protegir o seguir ramats per detectar malalties? Potser és demanar-li massa! En canvi, tot això ho pot fer l'Enxaneta, un nanosatèl·lit enviat a l'espai per potenciar la internet de les coses.

I tu, saps en què consisteix?

- Ara que ja en saps més, en quins casos creus que pot ser útil?
- Com creus que un nanosatèl·lit pot potenciar la internet de les coses?

Què en sabem?

Baròmetre d'aula

1 Si vols estar al dia del que passa al món i conèixer les notícies, què has de fer?

- ○ Llegir les novel·les de la prestatgeria de la biblioteca.
- ○ Agafar el diccionari o altres obres de consulta.
- ○ Mirar sèries ambientades en l'actualitat.
- ○ Llegir els diaris, mirar els informatius o consultar les xarxes socials.

2 Els meus pares llegeixen les notícies cada matí mentre esmorzen. Sobre què llegeixen?

- ○ Sobre successos sense cap tipus d'interès.
- ○ Sobre fets d'actualitat rellevants.
- ○ Sobre esdeveniments de fa molt temps.
- ○ Sobre què opinen els periodistes de l'actualitat.

3 De notícies en podràs trobar de més breus o de més extenses, però sempre et donaran la informació clau sobre el que ha succeït. Quines són les preguntes que respondran?

- ○ Què? A qui? On? Quan?
- ○ Quin? Quanta estona? Per què? Com?
- ○ Sí? No? Oi? Ja?
- ○ Què en penses? Per què? Què canviaries? Com?

4 Quan hagis consultat les notícies, seràs una persona...

- ○ ...informada.
- ○ ...relaxada.
- ○ ...exposada.
- ○ ...preocupada.

5 Els periodistes ens expliquen què passa al món. Però com ho fan?

- ○ Ens expliquen les seves experiències en primera persona.
- ○ Ens expliquen com hem d'actuar davant una situació en segona persona.
- ○ Ens expliquen esdeveniments rellevants en tercera persona.
- ○ Ens expliquen fets alternant la primera persona amb la segona i la tercera.

6 En un diari digital hi ha moltes notícies. Com s'hi presenta la informació?

- ○ Tot el text té la mateixa tipografia i el mateix cos de lletra.
- ○ Hi ha un titular destacat gràficament, una entradeta introductòria i el cos de la notícia.
- ○ Hi ha diferents apartats numerats, cada un amb un titolet.
- ○ Hi ha diferents capítols, cada un amb un títol en negreta.

7 En Dave ha vingut d'Anglaterra i ja parla prou bé el català. La vocal neutra també existeix en anglès, i s'ha adonat que no tothom la pronuncia. Qui no ho fa?

- ○ La Diana, que és de Girona.
- ○ En Joan, que és de Mallorca.
- ○ La Paula, que és de Barcelona.
- ○ En Pau, que és de les Terres de l'Ebre.

8 Hem dit a en Dave que els mots femenins acaben en -a i els masculins, en -e. No segueixen la regla...

- ○ ...triangle, arbre, segle.
- ○ ...taula, agenda, jaqueta.
- ○ ...piràmide, febre, mare.
- ○ ...motxilla, llimona, cova.

S'enlaira l'Enxaneta, el primer nanosatèl·lit de la Generalitat

L'aparell servirà per potenciar la internet de les coses

El moment del llançament del primer nanosatèl·lit del Govern – EFE

El primer nanosatèl·lit de la Generalitat, l'Enxaneta, s'ha enlairat puntual avui a les 7.07 del matí després que el llançament s'hagués hagut d'ajornar dues vegades aquest cap de setmana. Monitorar el cabal dels rius i les reserves d'aigua, fer un seguiment de la fauna salvatge i poder-la protegir, rebre dades meteorològiques d'estacions en llocs remots o seguir ramats i conreus per detectar malalties i definir estratègies més eficients, són algunes de les tasques que l'Enxaneta ajudarà a fer des de l'espai, més concretament a 500 quilòmetres de la Terra. El llançament del petit aparell, que s'ha pogut seguir en directe des del lloc web Ensposemenorbita.cat, s'havia de fer dissabte des del cosmòdrom de Baikonur del Kazakhstan, una de les exrepúbliques soviètiques de l'Àsia central. No obstant, finalment es va posposar per problemes tècnics. I el llançament s'ha fet amb èxit a primera hora d'aquest dilluns.

"És un gran dia per a Catalunya. Estem fent possible que el poble més petit de Catalunya pugui tenir l'empresa digital més gran del país", ha celebrat el conseller de Polítiques Digitals, Jordi Puigneró, que ha seguit l'enlairament des del CosmoCaixa. Puigneró ha remarcat que la connectivitat és "un dret econòmic i social i un potent instrument de cohesió social i igualtat d'oportunitats". El pressupost destinat al llançament d'avui és d'aproximament mig milió d'euros. I l'Enxaneta és el primer dels sis nanosatèl·lits que la Generalitat preveu activar en una primera fase, que s'allargarà entre tres i quatre anys.

L'Enxaneta forma part de l'Estratègia NewSpace de Catalunya, el projecte que vol situar Catalunya en la nova economia de l'espai com a sector d'oportunitats. L'aparell desplegarà serveis de connectivitat global de la internet de les coses (IoT) a tot el territori català. Permetrà la comunicació i l'obtenció de dades a tot el país, sobretot en zones que avui no tenen cobertura de les xarxes de telecomunicacions terrestres convencionals. Es tracta del primer nanosatèl·lit que impulsa la Generalitat, però no el primer de Catalunya, ja que la UPC n'havia llançat altres prèviament.

Batejat amb el nom d'Enxaneta pels infants de Catalunya, el nanosatèl·lit ha sigut desenvolupat per Open Cosmos i Sateliot —a través d'un contracte licitat per l'Institut d'Estudis Espacials de Catalunya (IEEC)—, en una aposta del Govern per un sector en creixement que es preveu que generi 1.200 llocs de treball en els pròxims quatre anys i 280 milions d'euros de facturació.

Un dispositiu de menys de 10 kg

Es considera un nanosatèl·lit un satèl·lit que pesa menys de 10 kg. Com que és d'una mida molt més petita que els dispositius espacials convencionals, són més barats i més fàcils de fabricar, de llançar i de gestionar. L'Enxaneta, que és de la mida d'una capsa de sabates, orbitarà a baixa altura, a uns 500 quilòmetres de distància de la Terra, i utilitzarà tecnologia estàndard.

El segon nanosatèl·lit de la Generalitat es llançarà a finals d'aquest any o al principi del 2022 i serà d'una mida una mica més gran. Aquest segon nanosatèl·lit s'enfocarà a la lluita contra el canvi climàtic.

Ara, 22/3/2021

Ens comuniquem

La notícia

Heu sentit mai allò de la informació és poder? Doncs és ben cert. Saber el que passa al món ens ajuda a conèixer la nostra societat i la d'altres indrets, a saber com ens afecta i a prendre decisions. Les notícies són una bona manera d'estar informats dels fets i els temes d'actualitat.

Pautes d'anàlisi

Fixa't en:

- Les parts de la notícia:
  - El titular: l'enunciat de la notícia.
  - L'entrada: la presentació de la notícia.
  - El cos de la notícia: la narració dels fets.
  - La fotografia que il·lustra els fets.
- Altres aspectes:
  - Si es reprodueixen o se citen paraules dels protagonistes o dels testimonis dels fets.
  - Si la informació respon les quatre preguntes següents:
    - Què ha passat?
    - Qui és el protagonista dels fets? A qui li ha passat?
    - On ha passat?
    - Quan ha passat?

1 ●●○ **Vertader o fals?**
Ja estàs ben informat? Indica si aquestes afirmacions són vertaderes o falses:

a. L'Enxaneta s'ha llançat des d'un cosmòdrom de Catalunya.

b. La població ha pogut seguir en directe el llançament a internet.

c. El llançament de l'Enxaneta s'ha realitzat el dia que estava previst feia mesos.

d. L'Enxaneta és molt petit, com una capsa de llumins.

e. Una de les funcions de l'Enxaneta serà recollir dades del cabal dels rius.

f. L'Enxaneta permetrà obtenir dades dels territoris més remots de Catalunya.

2 ●○○ **Les quatre preguntes**
Tota notícia ha de respondre les quatre preguntes periodístiques i aquesta no n'és l'excepció. Busca les respostes en el text:

Què? (Què ha passat?) Qui? On? Quan?

3 ●●○ **Què tenen en comú?**
El nom d'Enxaneta el van triar els infants de Catalunya mitjançant un concurs. Per què creieu que va guanyar aquest nom? Quines similituds trobeu entre el nanosatèl·lit i l'enxaneta d'un castell?

4 ●●○ Paraules tecnològiques!

T'has fixat que en el text es fan servir moltes paraules relacionades amb la tecnologia i l'espai? Relaciona cada paraula amb el seu significat:

nanosatèl·lit | cosmòdrom | IoT | monitorar | connectivitat | xarxa | orbitar

- Base de llançaments de naus espacials.
- Girar al voltant d'un cos.
- Internet de les coses o "Internet of Things", xarxa que interconnecta objectes físics mitjançant internet.
- Capacitat d'establir contacte amb un component de maquinari o de programari, abans de produir-se una comunicació.
- Vigilar i supervisar l'evolució d'un fenomen o un procés per mitjà de determinats aparells o tècniques.
- Conjunt format per un nombre determinat d'aparells autònoms, de naturalesa mecànica, elèctrica, etc., i els circuits que els uneixen.
- Artefacte petit enviat a l'espai i posat en òrbita al voltant d'un planeta, que porta aparells que recullen informació i la transmeten a la Terra.

5 ●○○ T'hi has fixat?

La informació de les notícies sempre ha de ser verídica i rigorosa, però es poden fer servir diferents recursos, com, per exemple, dades objectives o citacions. De quin tipus d'informació es tracta en cada cas? Indica-ho:

- L'Enxaneta s'ha enlairat puntual avui a les 7.07 del matí.
- "És un gran dia per a Catalunya."
- L'Enxaneta forma part de l'Estratègia NewSpace de Catalunya.
- Ha sigut desenvolupat per Open Cosmos i Sateliot —a través d'un contracte licitat per l'Institut d'Estudis Espacials de Catalunya (IECC).
- Puigneró ha remarcat que la connectivitat és un "dret econòmic i social i un potent instrument de cohesió social i igualtat d'oportunitats".

6 ●●○ Fes de periodista!

El titular d'una notícia n'és una part molt important, ha de cridar l'atenció del lector i, alhora, ha d'introduir-lo en el tema que tracta. Si tu fossis periodista, quin titular hauries posat a aquesta notícia?

El titular pot tenir aquestes estructures lingüístiques:

- Oració simple:
  Els joves s'acostumen ràpidament al retorn d'envasos
- Oració passiva en què només apareix el participi:
  Retornats milers d'envasos a les botigues
- Oració amb el verb ser o estar elidit:
  Portar l'ampolla buida a la botiga, un vell costum que podria tornar
- Sintagma nominal:
  Envasos retornables
- Sintagmes preposicionals:
  De retorn a les botigues

La notícia

Narrar és un acte de comunicació que consisteix a explicar una història, real o fictícia, sobre unes persones o uns personatges en un lloc i en un temps determinats.

Tipus de textos narratius

Segons la intenció de la narració, hi ha diversos tipus de textos narratius:

- **El text narratiu quotidià**, que pot ser espontani i informal o més formal: l'explicació d'uns fets a uns amics, una carta, un diari personal, un text biogràfic...
- **El text narratiu dels mitjans de comunicació:** la notícia o la crònica.
- **El text narratiu creatiu:** una novel·la, un conte, una rondalla...

Què és una notícia?

Una **notícia periodística** és un tipus de text narratiu que informa sobre un tema o un fet d'actualitat. Una notícia és, doncs, la narració d'un fet d'actualitat.

La finalitat de les notícies que apareixen a la ràdio, la televisió i la premsa (diaris, revistes, publicacions electròniques) és **informar**, una finalitat ben diferent de la d'una novel·la, un dietari o un acudit, però tots són **textos narratius**.

L'emissor d'una notícia ha de ser objectiu i ha de mantenir-se al marge dels fets (cal, per tant, no utilitzar mai la primera persona).

Les 4 preguntes periodístiques

Una notícia, com a mínim, sempre ha de respondre tres d'aquestes quatre preguntes:

Què? El fet

- Què ha passat?
- Quin esdeveniment és noticiable?

Qui? El protagonista

- A qui li ha passat?
- Quina persona ha patit o ha dut a terme el fet que és notícia?

On? L'espai

- On ha passat?
- A quin lloc ha succeït?

Quan? El temps

- Quan ha passat?
- En quin moment ha tingut lloc?

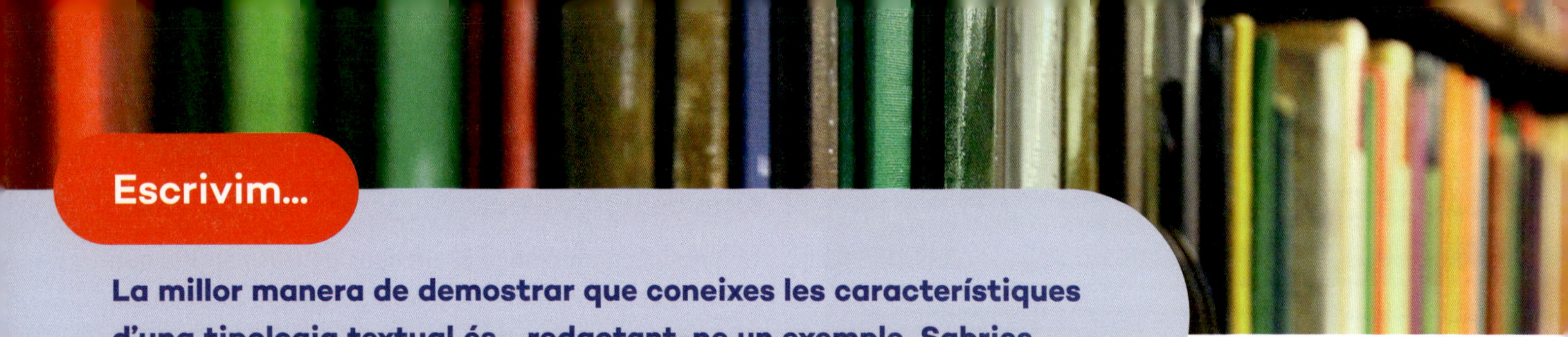

Escrivim...

La millor manera de demostrar que coneixes les característiques d'una tipologia textual és... redactant-ne un exemple. Sabries escriure una notícia? Posa't a prova amb aquest taller!

Prepara i planifica

1 De què parlen les notícies?

De fets d'actualitat n'hi ha de diversos tipus i en els diaris se solen classificar segons la temàtica que tracten. Fixa't en aquestes seccions del diari, a veure quina t'interessa més:

CIÈNCIA I TECNOLOGIA

Notícies relacionades amb les noves tecnologies, internet i la ciència. Poden fer referència a descobriments científics, a fites científiques o tecnològiques, a la creació de nous dispositius...

CULTURA

Notícies relacionades amb la literatura, el cinema, el teatre, la música, la dansa, la pintura... Poden fer referència a estrenes, publicacions, tendències, premis...

INTERNACIONAL

Notícies d'actualitat que tenen lloc més enllà de les nostres fronteres. Poden fer referència a situacions polítiques, noves lleis, successos importants...

ESPORTS

Notícies relacionades amb l'actualitat esportiva. Poden fer referència a resultats de partits o competicions, a l'actualitat dels clubs esportius, a algun esportista en concret...

Planificar vol dir analitzar el que hem de fer, buscar informació, generar idees i, en definitiva, organitzar-nos. Som-hi!

2 Sobre la secció que t'ha semblat més interessant

- Quina has triat? Per què? Què t'ha cridat l'atenció?
- Dins una mateixa secció hi pot haver notícies molt diferents. I a tu, quina notícia t'agradaria que aviat sortís als diaris en la secció que has triat? Imagina't el contingut del cos de la notícia i **completa una taula** com aquesta:

Què ha passat?	
Qui és el protagonista dels fets? **A qui** li passa?	
On ha passat?	
Quan ha passat?	

- Com podries **resumir** el contingut de la teva notícia? El resultat et servirà com a entrada.
- Quin podria ser el **titular** de la teva notícia? Pensa que ha de ser atractiu i alhora explicar el tema de la notícia.

Després d'imaginar tota la informació necessària sobre la teva notícia, és el moment d'organitzar-la. Ves per feina!

Escriu i revisa

3 Ara et toca a tu!

Recordes en què t'havies de fixar a l'hora de llegir la notícia sobre l'Enxaneta? Torna a llegir les pautes d'anàlisi de la pàgina 59.

Escriu la teva notícia i acompanya-la amb alguna fotografia!

Els escrits no estan realment acabats fins que no els hem revisat... Així que ja saps què has de fer!

4 Com ha quedat la notícia?

Rellegeix-la i respon sí, no o es pot millorar:

- El titular és representatiu del tema tractat?
- La informació que hi apareix és objectiva?
- La informació més rellevant es resumeix en l'entrada?
- El cos de la notícia amplia la informació?
- Es responen les 4 preguntes periodístiques?
- El llenguatge és formal?

Refés la notícia per millorar els aspectes que ara has vist que no acaben d'estar prou bé.

Una altra manera de millorar la teva notícia és intercanviar-la amb un company o companya perquè la valori. Sovint ens és més fàcil veure els errors dels textos que no hem escrit nosaltres!

Finalment, comprova:

- ✓ La notícia consta de les parts següents: titular, entradeta, cos de la notícia.
- ✓ Es responen les quatre preguntes periodístiques: Què? Qui? On? Quan?
- ✓ Té una finalitat informativa.
- ✓ Està escrita en tercera persona.

En línia

i parlem

Avui dia ens arriba tanta i tanta informació que sovint és difícil destriar el que és cert del que no ho és. Has sentit a parlar de les *fake news*?

Escolta

1 Mira aquest vídeo

Ja saps què són les *fake news*? Tria la resposta correcta:

- ○ Notícies d'actualitat sobre qualsevol tema.
- ○ Notícies falses en to humorístic.
- ○ Notícies falses que es fan passar per veritat.
- ○ Notícies reals que semblen falses.

Ara, explica-ho amb les teves paraules.

Parla

2 I tu, què en penses?

Enregistra-ho i comparteix-ho amb la classe:

- Per què actualment hi ha tantes *fake news*?
- Com es poden detectar?
- Per què creus que proliferen tant?

3 Pluja d'idees!

Per evitar caure en les mentides de les *fake news*, cal comprovar que la font de la notícia és fiable i rigorosa. Penseu fonts d'informació fiables en català.

4 Que comenci el debat!

Parleu-ne entre tots:

- I tu, com t'informes? I els teus pares?
- Quins avantatges i inconvenients té cada un dels mitjans de comunicació?
- Quin tipus de notícies et semblen més interessants? I més avorrides? Per què?

En línia

Reflexionem sobre la llengua

La vocal neutra

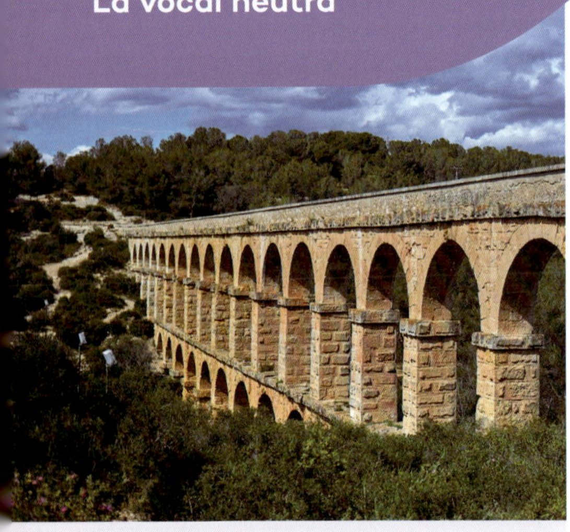

Parlen igual un tarragoní i una andorrana? I una barcelonina i un tortosí? I en el teu parlar, com es pronuncien les vocals a i e àtones?

Què és la vocal neutra?

En el **català oriental** —el parlat al Camp de Tarragona, les regions centrals de Barcelona i Girona i les illes Balears— una **a** i una **e** àtones es pronuncien igual, és a dir, tenen un so que no és ni **a** ni **e** i que unes vegades s'escriu amb **a** i unes altres, amb **e**. Aquest so intermedi s'anomena **vocal neutra**: *dona, home*.

El **català occidental** —el valencià i el català que es parla al Pirineu occidental, la plana de Lleida, les Terres de l'Ebre, la Franja de Ponent i Andorra— no té vocal neutra, i la **a** i la **e** es diferencien en **a** i **e** tancada.

? A Tarragona es parla català oriental o occidental? I a Lleida?

Els parlants del **català oriental**, doncs, han de tenir presents una sèrie de regles per saber com han d'escriure els mots que tenen vocal neutra.

A/E ÀTONES A FINAL DE MOT	EXEMPLES
Els noms i els adjectius **masculins** s'escriuen amb **-e**.	*sobre negre, mestre*
Els noms i els adjectius **femenins** s'escriuen amb **-a**.	*carpeta negra, mestra*
El **plural** dels mots acabats en vocal neutra s'escriu amb **-es**. De vegades, aquest fet origina variacions ortogràfiques en l'arrel de la paraula.	*sobres negres, carpetes negres, mestres* *platja* ▸ *platges, coca* ▸ *coques*
En les formes verbals, segons la posició de la vocal neutra: • En última posició s'escriu amb **-a**. • En penúltima posició s'escriu amb **-e**.	 • *canta, parla* • *cantaves, cantàveu*
EXCEPCIONS	**EXEMPLES**
• Alguns femenins acabats en **-e**. • Els masculins que acaben en **-arca**, **-cida**, **-ista**, **-ma**, **-ta**. • Les formes verbals **corre**, **vine**, **obre**, **omple**.	• *mare, febre, torre...* • *monarca, homicida, artista, tema, poeta...*

A/E ÀTONES ENMIG DE MOT	EXEMPLES
S'escriu una **e** quan en un mot de la mateixa família hi ha una **e** tònica.	*presó (pres), rentem (rento), festejar (festa)*
S'escriu una **a** quan en un mot de la mateixa família hi ha una **a** tònica.	*passar (pas), parlem (parlo), blancor (blanc)*
No compleixen la norma les formes dels verbs **jeure**, **néixer**, **treure** i **fer** i els seus derivats en què l'arrel és àtona.	*jeure* ▸ *jaiem, néixer* ▸ *naixem, treure* ▸ *trauria, fer* ▸ *farem*

1 ••• On és la neutra?

Saps identificar la vocal neutra? Demostra-ho! Indica quines vocals tenen aquest so en les paraules següents:

paperassa · esmorzar · cortina
dissabte · desembre · actuació
pagesa · quadre · mare

2 ••• Amb E o amb A?

Quina lletra hi falta? Completa les paraules següents amb la grafia corresponent:

p_uet	cr_més
s_ntit	p_ixateria
sil_nciós	barb_ria
f_geda	pap_reria

Com ho has sabut? Escriu una paraula de la mateixa família que tingui una e o una a tònica i fixa't en la grafia amb què s'escriu.

3 ••• Ahir jeia i avui...

Com es conjuguen els verbs jeure i treure? Escriu-ne el present d'indicatiu.

4 ••• S'escapen de la norma!

Et costa recordar com s'escriuen algunes paraules amb vocal neutra que s'escapen de la norma? Consulta el diccionari i completa aquests mots:

a. L'ass_ssí va aprofitar l'av_ria per atacar l'_mbaixada.

b. El mon_stir que tenim d_vant és un r_có m_ravellós.

c. El s_rgent va _valuar la situació.

d. _nyoro l'_mpordà amb molta mal_nconia.

e. Em vaig menjar una bossa d'alb_rcocs de camí a l'_mbaixada.

5 ••• DICTAT PREPARAT

Per escriure sense faltes és important fixar-nos molt bé en les paraules. Llegeix el text següent abans que te'l dictin i fes les activitats:

Àudio

Dalt de tot del Baker Palace, al quinzè pis, hi havia una gran terrassa plena de panells solars. Al centre s'alçava un àtic escairat i massís com un búnquer. Darrere les finestres de vidres opacs s'entreveia una única habitació en què regnava un desordre esfereïdor: cables, monitors, antenes i aparells electrònics d'última generació compartien espai amb bosses d'escombraries, cartrons de pizza i roba llançada de qualsevol manera pertot arreu.

L'únic habitant de l'àtic era un noi de catorze anys, llargarut i de cabells negres, que roncava en un sofà, tot desmanegat. Aquella nit havia deixat engegats els seus set ordinadors per descarregar dades provinents de mig món i, en la penombra, els llums intermitents dels leds li saltironejaven de la cara.

Sir Steve Stevenson, *Agatha Mistery 1. L'enigma del faraó.* La Galera

a. Copia les paraules del primer paràgraf de dues o més síl·labes que tinguin el so de la vocal neutra. Subratlla les que et semblin més difícils.

b. Escriu una frase amb cada una de les paraules que has subratllat.

6 ••• COMPAREM LLENGÜES!

Tant la a com la e poden representar el so de la vocal neutra, per això no sempre és fàcil saber quina vocal has d'escriure... Com traduiríeu aquestes paraules castellanes al català? Compte, no us confongueu!

rencor	cenefa	asamblea
jalea	puntiagudo	espárrago
amparar	ventaja	ráfaga
barníz	rebaño	rábano

En línia

Vandellòs I: de nuclear a centre per curar el càncer

L'Ajuntament de Vandellòs i l'Hospitalet de l'Infant proposa transformar l'antic reactor nuclear de Vandellòs I en un centre de tractament avançat amb protons contra el càncer, aprofitant les grans estructures de formigó

L'Ajuntament de **Vandellòs i l'Hospitalet de l'Infant** i la Mancomunitat d'Iniciatives pel Desenvolupament Integral del Territori (**MIDIT**), que també agrupa els municipis de **Pratdip i Tivissa**, promouen un projecte que transformaria el que queda del **reactor de Vandellòs I** en un centre de protonteràpia. Aquest és un sistema de tractament de càncers molt avançat i menys invasiu que l'actual amb fotons.

S'ha fet un estudi econòmic que xifra en **34,4 milions d'euros** l'estalvi en el projecte si es fan servir les estructures de formigó actuals de l'antiga central, **una vegada descontaminades**. Tot el projecte costaria uns **120 milions**. L'alcalde, **Alfons Garcia**, està convençut que és una gran oportunitat per reconvertir un espai que ha marcat el passat de **Vandellòs**: "Aquest és un projecte pioner a l'Estat i una proposta transformadora del territori i que en alguns casos ens trauria l'estigma que hem tingut amb aquestes instal·lacions durant dècades. També és una oportunitat per al desenvolupament medicosanitari i econòmic en general, fonamentat en la recerca i la pràctica sanitària pública d'una tècnica capdavantera."

Es calcula que el centre tindria **4 sales de tractament**, un ciclotró i una sala de feix fix. Podria atendre **1.500 pacients l'any, la majoria tumors pediàtrics**, que són els primers que s'estan tractant amb aquesta tecnologia.

Catalunya al dia (CCMA), 15/11/2021

1 Segons el text, quina és la resposta correcta?

- **Quina de les característiques següents té aquesta notícia?**
  - ○ Està escrita en primera persona.
  - ○ Utilitza un llenguatge informal.
  - ○ Descriu uns fets de manera objectiva.
  - ○ Utilitza moltes paraules en sentit figurat.

- **Segur que ja tens clar que tota notícia ha d'intentar respondre quatre preguntes bàsiques. Ara bé, sabries dir quina no queda del tot resolta en aquest fragment?**
  - ○ El què: ens falta informació sobre què és el que ha passat o passarà.
  - ○ El qui: ens falta informació sobre qui és el protagonista d'aquests fets.
  - ○ L'on: ens falta informació sobre on han passat o passaran els fets.
  - ○ El quan: ens falta informació sobre quan han passat o passaran els fets.

- **Torna a llegir la frase següent:**

  Aquest és un sistema de tractament de càncers molt avançat i menys invasiu que l'actual amb fotons.

  En quina part de la notícia apareix?
  - ○ En el titular.
  - ○ En l'entrada.
  - ○ En el cos de la notícia.
  - ○ En el peu de la il·lustració.

- **Qui diu la frase que apareix entre cometes?**
  - ○ El periodista que ha escrit la notícia.
  - ○ L'Alfons Garcia.
  - ○ Un treballador de Vandellòs.
  - ○ Un pacient del centre de protonteràpia.

2 Identifica les vocals neutres dels mots següents:

Ajuntament • estalvi • majoria
avançat • Vandellòs • antiga
central • projecte

Ara, escriu el singular o el plural d'aquests mots femenins i completa una taula com aquesta:

singular	plural
	estructures
	iniciatives
	descontaminades
	sales
recerca	
vegada	
tècnica	

3 Fes un resum d'aquesta notícia! Localitza les idees més importants del text i sintetitza la informació que has llegit en un màxim de 150 paraules.

En línia

Què en sabem, ara?

Recordeu les preguntes del baròmetre d'aula?

Què passaria si les responguéssiu ara?
Segur que heu millorat!

Baròmetre d'aula

Valora't

En línia

**Ja has arribat al final.
És el moment d'aturar-se i reflexionar.
Què contestaries a cada una d'aquestes preguntes?**

Què has après?

- ○ Que els continguts que aprenc es poden relacionar amb la meva vida diària.
- ○ Que hi ha continguts nous prou interessants que no coneixia.

Per exemple?

Com ho has après?

- ○ He participat activament en les activitats, he contestat les preguntes, he donat la meva opinió i he ajudat els companys i les companyes.
- ○ He planificat bé el temps i m'he organitzat les tasques.

Com?

Com podries millorar?

- ○ Puc intentar mostrar més atenció i no tenir vergonya de participar en les activitats que fem.
- ○ He de millorar la meva organització i planificació.

Com?

Per a què et pot servir?

- ○ Participar en les activitats que fem a classe m'ajuda a relacionar-me millor amb la gent.
- ○ Si aprenc a organitzar bé el meu temps, en podré treure més profit en la meva vida diària.

Per exemple?

Què t'ha semblat la seqüència 4?

☆ ☆ ☆ ☆ ☆

SEQÜÈNCIA 5

Mentides pietoses

No hi ha més gran mentida que dir que mai has mentit!

Connectem

T'has vist amb l'"obligació" de mentir per no quedar malament davant els teus amics i amigues? Segur que no hi havia una altra opció, oi? És clar que sí que hi ha altres opcions! Dir la veritat en seria una, la millor!

Quina ha estat la teva última mentida?

Quines mentides de la literatura coneixes? Participa en el joc més mentider!

HORITZONTALS

1. Animal que es menja la rateta fent-li creure que l'estima.
2. Li creixia el nas quan deia mentides i no podia parar.
3. Als nens se'ls menteix i se'ls fa creure que arriben d'Orient la nit del 5 de gener.
4. Animal que menteix a la Caputxeta per menjar-se-la.
5. És mentida que els cascs dels vikings tinguessin...
6. "Mai de la vida no he dit una mentida, ni que sigui petita."

VERTICALS

7. Personatge que es fa passar per una velleta per fer menjar una poma enverinada a la Blancaneu.
8. Ofici d'aquell que sempre deia que el llop se li menjava les ovelles per fer broma, fins que se les va menjar de veritat i ningú no el va creure!
9. Dia de l'any que celebrem mentint a tort i a dret. Dia dels...
10. Conte contat ja està acabat, i que tot això és mentida és ben...

Què en sabem?

Baròmetre d'aula

1 **Avis! La relació entre els nets i els avis és un bon tema narratiu. *Calla, Càndida, calla!* explica l'estada de la Càndida a casa de la seva àvia al poble. En quin moment se situa si l'estada és llarga?**

- ○ Durant el pont de Tots Sants.
- ○ Durant el dia de Sant Joan.
- ○ Durant les vacances d'estiu.
- ○ Durant les vacances de Pasqua.

2 **La Càndida és lluny de les seves amigues, però no per això deixen d'estar comunicades. El mòbil treu fum! Com deu ser el llenguatge que fan servir?**

- ○ Col·loquial.
- ○ D'especialitat.
- ○ Formal.
- ○ Estàndard.

3 **Aquestes converses són textos dialogats. Què creus que aconsegueix l'autora escrivint una novel·la amb molts diàlegs?**

- ○ Que els paràgrafs costin de llegir fins al final.
- ○ Que es creï un ambient d'intriga autèntic.
- ○ Que la novel·la sigui més àgil i amena de llegir.
- ○ Que el narrador en sigui el protagonista.

4 **La síntesi és una de les característiques dels missatges que s'envien amb el mòbil. Com s'aconsegueix?**

- ○ Amb l'ús d'abreviatures de paraules.
- ○ Amb l'ús de negretes per destacar les paraules clau.
- ○ Amb l'ús d'inicials per referir-se a qualsevol persona.
- ○ Amb l'ús de sigles de llocs i empreses.

5 **Quins altres recursos es fan servir amb la mateixa finalitat?**

- ○ Els dibuixos.
- ○ Els jocs de paraules.
- ○ Les fotografies.
- ○ Els emojis i els gifs.

6 **I en literatura... quin tipus de manifestació també es caracteritza per la síntesi màxima?**

- ○ La poesia visual.
- ○ El llibre il·lustrat.
- ○ La poesia juvenil.
- ○ La dramatúrgia.

7 **L'autora ha escrit moltes altres obres! En quina la o de les paraules destacades es pronuncia com una u?**

- ○ *Víctor i els zombis.*
- ○ *La revolta dels lactants.*
- ○ *Contes divertits de pirates.*
- ○ *Prohibit de ploure els dissabtes.*

8 **Com completaries la frase "És una autora de n_vel·la j_venil"?**

- ○ o - u
- ○ o - o
- ○ u - u
- ○ u - o

Els pares de la Càndida l'han enviada a passar l'estiu a un poble del Penedès, amb l'àvia i els seus germans. La Càndida creu que no ho podrà suportar. Avui li volen ensenyar a fer una truita...

Llegim

Àudio de la lectura

Calla, Càndida, calla!

Maite Carranza (adaptació)

Què és una **condecoració**? Què significa aquesta paraula en el text? Té un sentit literal o figurat?

I la ceba va anar a petar a la paella, li va esquitxar la samarreta i l'hi va omplir de llànties i **condecoracions**. Mala sort. Va regular el foc com li deien les senyores i va observar encantada com la ceba blanca s'anava coent. Era veritat que es tornava rossa.

—Ara les patates.

—Però acosta-t'hi més o t'esquitxaràs un altre cop.

—Sense por.

I s'hi va acostar sense por fins que va sentir una fiblada.

S'havia fregit un dit.

—Aii! —va cridar xuclant-se'l.

Amb les tiretes a dos dits de la mà esquerra i la mà dreta empastifada de pasta de dents va agafar un altre cop el cullerot de fusta. Concentrada com estava en la paella va sentir, però, el xiulet inconfusible del seu mòbil. No se'n va poder estar.

—Ara torno! Vigileu-me-les.

Les sis senyores tenien bona o mala disponibilitat amb la Càndida si estaven **amatents**?

Amb sis senyores **amatents** a la cuina, les seves patates estarien sanes i estàlvies.

La Càndida, al menjador, va llegir a correcuita els missatges que anaven arribant. Les seves amigues estaven esverades.

Febrònia: Càndida! Sorpresa!
Sònia: La Cuca ha tngut 1 idea!
Cuca: Fliparàs

La Càndida va tremolar: si era una idea de la Cuca fliparia de ben segur.

Febrònia: Vindrm a celebrar 1 festa de pijames l teu poble
Sònia: A casa la teva iaia
Febrònia: I coneixerem ls teus amics
Cuca: I el teu nòvio

La **megalomania** és la mania de grandeses, de fer grans coses.

Va tancar el mòbil. No volia ni podia llegir més. HORROR. Havia subestimat la Cuca Rossell per culpa de la seva **megalomania**. Per què havia hagut d'in-

Quina edat tenien les amigues de l'àvia de la Càndida si eren **septuagenàries**?

ventar-se que el poble era guai, divertit i ple de nois guapos? Si la veiessin en aquell precís moment, preparant una truita de patates amb sis **septuagenàries** manaires, es pixarien de riure. Era una estúpida.

—Càndida!

—Nena!

—Corre!

—Les patates!

Només faltaven les punyeteres senyores amb les maleïdes patates.

Tanmateix, quan va entrar a la cuina no s'ho podia creure. Les seves patates estaven negres com una fuita de petroli al mar del Nord. Cap de les cinc amigues de la seva àvia ni la seva àvia, tot i que feien cara d'amoïnades, no movia ni un dit. Quina barra!

—S'han cremat.

—Afanya't, treu la paella!

—Però, però... si éreu aquí! Per què no les heu remenat?

—Les bases del concurs ho prohibeixen.

I, sobtadament, va sentir pena per les seves pobres patates indefenses, que havien agonitzat i havien mort sense rebre cap ajut. Eren tan desgraciades com ella. Aleshores va esclatar en plors i sis parells de mans la van consolar.

[...]

Abans, però, havia de concretar la idea que se li havia acudit en el moment fatídic.

Va córrer cap al menjador i va teclejar furiosa en el seu mòbil:

> ***Càndida: Ho sento mlt, la meva iaia, que s molt antipàtica, no vol convidar gent a casa. L'he intentat estovar, xò no hi ha hagut manera***

No hi ha excusa millor que donar les culpes als altres. L'excusa de la seva àvia era una molt bona excusa, perquè cap de les seves amigues no la coneixia i podien suposar que, tractant-se d'una senyora gran que vivia sola en un poble, tenia molt males puces.

Era versemblant, convincent i contundent.

No hi hauria festa de pijames perquè la seva iaia odiava les noies joves. Llestos.

Les mostres de condol van arribar de seguida.

> ***Sònia: Ohhh! Kina llàstima!***
> ***Cuca: Hauria stat guai!***
> ***Febrònia: Jo ja havia convençut els meus pares!***

La Càndida va tornar cap a la cuina trepitjant fort. Ho havia solucionat en un pis-pas. Li havia costat una truita, però això rai. En faria una altra.

Llegim

Qui ho ha escrit?

Què en saps, de Maite Carranza?

Maite Carranza ha escrit, també, guions de teatre, de cinema i de sèries. Potser en coneixes alguna!

Busca informació sobre Maite Carranza i completa una taula com la de sota:

MAITE CARRANZA	
Dades biogràfiques	
Dades professionals	
Curiositats	

www

Feu una presentació a la classe sobre l'autora. Podeu buscar i llegir fragments d'altres novel·les seves per il·lustrar la informació.

Què has entès?

1 ●●○ **Sis preguntes bàsiques**

Has entès bé el text? Contesta les preguntes:

a. Què està fregint la protagonista del text?
b. Per què duia la mà dreta empastifada amb pasta de dents, la Càndida?
c. Per què la Càndida se'n va anar de la cuina?
d. Amb què es va trobar, la Càndida, quan va tornar a la cuina?
e. Com va reaccionar la Càndida?
f. Com va resoldre la situació amb les amigues?

2 ●●○ **Cert o fals?**

Indica si les afirmacions següents són certes o falses:

a. La Càndida cuinava per a un concurs.
b. L'àvia i les seves amigues l'aconsellaven.
c. La Càndida s'ho estava passant molt bé al poble de la seva àvia.
d. Al poble hi havia molts nois guapos.
e. La Càndida se sentia orgullosa d'estar rodejada de senyores grans.
f. L'àvia de la Càndida era molt antipàtica.
g. La Càndida volia fer enveja a les amigues amb les seves mentides.
h. La Càndida va tornar tremolant cap a la cuina després d'enviar el missatge a les amigues.

3 ●●○ **Com segueix?**

Completa les frases següents amb les teves paraules:

a. La Càndida feia la truita de patates ____.
b. Les amigues de la Càndida ____.
c. Quan se li cremen les patates ____.
d. Les amigues de la Càndida es pensen que ____.
e. La Càndida menteix a les amigues perquè ____.

4 ●●○ **Què significa?**

Llegeix les definicions d'aquestes entrades del diccionari i identifica, en cada cas, el significat que té aquesta paraula en el text:

llàntia *f*

○ 1 Llum antic que consistia en un receptacle amb un líquid combustible en què hi havia un ble que, encès, feia llum.
○ 2 Taca, especialment d'oli o greix.

fiblada *f*

○ 1 Punxada de fibló.
○ 2 *figuradament* Dolor.

5 ●●○ **Coneixes aquestes expressions?**

Què volen dir aquestes expressions? Tria el significat correcte en cada cas:

Les patates estarien sanes i estàlvies.

- ○ Les trobaria molt bé de preu.
- ○ Estarien en bon estat.
- ○ Les trobaria podrides.
- ○ Eren molt bones per a la salut.

Va llegir a correcuita els missatges.

- ○ Va llegir-los mentre corria.
- ○ Va llegir-los amb presses.
- ○ Va llegir-los sense voler.
- ○ Va llegir-los molt a poc a poc.

Va dir que l'àvia tenia males puces.

- ○ Va dir que tenia moltes puces a sobre.
- ○ Va dir que tenia mal caràcter.
- ○ Va dir que no tenia animals a casa.
- ○ Va dir que no tenia res per menjar.

6 ●●○ **Comparacions!**

Busca la comparació que hi ha en el text sobre l'estat de les patates i escriu-la.

7 ●●○ **I a tu, què et sembla?**

Què et sembla la relació de la Càndida amb les seves amigues? Parla amb els companys i les companyes del que fa:

- Creu que la seva vida al poble és massa "normal" i explica una realitat fictícia a les amigues.
- Menteix sobre la seva àvia.

- Què hauries fet tu?
- Quina relació tens amb els teus amics i les teves amigues?

Com està escrit?

8 ●●○ **T'hi has fixat?**

Fixa't en els elements de la narració i tria l'opció correcta en cada cas:

En la narració, les amigues de la Càndida són personatges...

- ○ ...principals.
- ○ ...secundaris.
- ○ ...avorrits.

El narrador del text...

- ○ ...explica la història en primera persona (és un dels personatges de la història).
- ○ ...explica la història en tercera persona (no és un personatge de la història).
- ○ ...explica la història en plural (són tots els personatges de la història).

Els fets de la lectura tenen lloc...

- ○ ...a casa de la Càndida.
- ○ ...a casa de les amigues de l'àvia de la Càndida.
- ○ ...a casa de l'àvia de la Càndida.

Aquesta història és escrita en temps...

- ○ ...passat.
- ○ ...present.
- ○ ...futur.

Les amigues de l'àvia parlen un llenguatge...

- ○ ...familiar.
- ○ ...formal.
- ○ ...científic.

Quan les amigues de la Càndida escriuen els missatges...

- ○ ...no compleixen la normativa ortogràfica.
- ○ ...simplifiquen el llenguatge escrit.
- ○ ...fan servir un llenguatge formal.

En línia

Calla, càndida, calla! **és una novel·la estiuenca de Maite Carranza que parla de les facetes més dures de l'adolescència.**

Bibliotube

Reflexions literàries

Per què és interessant aquest llibre?

- **Perquè ens parla a través d'un llenguatge que connecta amb nosaltres.**

  La rapidesa que ofereix la tecnologia fa que les persones hàgim après a concentrar el màxim d'informació possible en la mínima extensió de text. Per exemple, qui no sap que "pq" significa "perquè" i "xò" significa "però"? Aquesta manera d'escriure ens permet guanyar temps i ser més directes.

- **Perquè és un text extremament àgil.**

  El motiu és que bona part del text és format pel diàleg dels personatges, que fa que un text sigui més digerible i fàcil de llegir. Si comparem el text amb un àpat, el diàleg seria la beguda i la resta seria el menjar. Per això, sempre és una bona idea combinar-ho.

- **Perquè tracta un tema molt actual: les xarxes socials.**

  Tothom sap què són les xarxes socials i la majoria de nosaltres hi participem. Ens agraden perquè són ràpides, dinàmiques, actuals i ens permeten tafanejar la vida dels altres, cosa que a tots ens encanta! Però... també tenen una part fosca: la necessitat de fer veure que tenim una vida meravellosa per ser acceptats, la competició per veure qui és millor, la por de ser exclòs... Això es veu en el text quan la Càndida s'ha d'inventar una mentida tan bon punt les seves amigues li diuen que l'aniran a veure, ja que la vida fantàstica que els ha explicat en realitat no existeix.

Quina és la vostra experiència amb les xarxes socials? Heu tingut alguna mala experiència?

Quina xarxa social us sembla més útil i per què?

El llenguatge visual

Què té a veure la poesia visual amb el fragment de *Calla, Càndida, Calla!*?

Doncs que el llenguatge de les noves tecnologies, que és ràpid, directe, eficaç i emotiu, no està tan lluny dels objectius de la poesia visual, que busca comunicar un missatge a partir de la síntesi màxima.

Amb un simple cop d'ull, els poetes visuals pretenen fer-nos pensar, emocionar-nos i sorprendre'ns.

Fixa't en aquests poemes visuals de Joan Brossa (1919-1998):

Com els interpretes? Què has entès?

En el poema "Cap de bou", amb la lletra A capgirada, el poeta ens està dient que a vegades només és qüestió de canviar la perspectiva per veure les coses d'una manera completament diferent.

En "Elegia al Che", Brossa fa un homenatge a Che Guevara, un polític i revolucionari argentí. L'absència de les lletres que conformen el seu nom en l'abecedari (fixa't que falten les lletres C, H i E) signifiquen el buit que va deixar el Che quan va morir.

Escriu... amb llenguatge visual!

Escriptura creativa

En línia

Prepara

Coneixes algun poeta japonès? Llegeix aquest poema de Yosa Buson (Japó 1716-1784) i escull-ne una estrofa:

A l'abril pluja
un cos que s'emociona
res per escriure

Nit d'estiu curta
la botigueta oberta
en els afores

La nit tan curta
s'allunya però deixa
la mitja lluna

És més fresc ara
el so de la campana
que ja s'allunya

La lluna baixa
només quatre o cinc ballen
sense aturar-se

Són els meus somnis
aquarel·les boiroses:
la gent que marxa

Potser alguns emojis et recorden paraules o expressions de l'estrofa que has triat. Pensa-hi!
Aquí en tens alguns, però segur que en coneixes molts més que pots utilitzar:

Escriu

T'imagines com seria l'estrofa del poema que has escollit amb emojis? Prova-ho!

Revisa

Ara, intercanvia l'estrofa amb un company o companya, a veure si esbrina quina és!

Reflexionem sobre la llengua

Les vocals o/u àtones

El català és una llengua ben punyetera! En una part del territori, diem pallass[u] però escrivim pallasso, diem p[u]rter, però escrivim porter... A veure si amb quatre normes recordem com s'escriuen aquestes paraules!

o/u àtones

En una part del territori, que coincideix a grans trets amb la part en què es pronuncia la vocal neutra, les **o** i les **u** en posició àtona es pronuncien **u**. Així, un parlant d'aquesta àrea pronuncia igual les paraules *m**u**ral* (de *mur*) i *m**o**ral*. Per saber quan cal escriure **o** o **u** cal seguir unes normes:

O/U ÀTONES A FINAL DE MOT	EXEMPLES
Els noms i els adjectius masculins s'escriuen amb -**o**.	*pallass**o**, flonj**o**, mony**o**...*
El plural d'aquests noms i adjectius s'escriu amb -**os**.	*pallass**os**, flonj**os**, mony**os**...*
La primera persona del present d'indicatiu acaba en -**o**.	*menj**o**, parl**o**, pens**o**...*
NO SEGUEIXEN LES NORMES ANTERIORS:	
Algunes paraules.	*muse**u**, pala**u**, corre**u**...*
Els mots invariables.	*glob**us**, tip**us**, foc**us**, cact**us**...*

? Quins dos mots estan mal escrits?
motiu • trineo • actiu • europeo

O/U ÀTONES ENMIG DE MOT	EXEMPLES
S'escriu **o** quan en un mot de la mateixa família hi ha una **o** tònica.	*d**o**nar (d**o**no), p**o**rter (p**o**rta)*
S'escriu **u** quan en un mot de la mateixa família hi ha una **u** tònica.	*f**u**ster (f**u**sta), j**u**gava (j**u**go)*
• Les formes àtones dels verbs **collir**, **cosir**, **sortir**, **escopir** i **tossir** i els seus derivats s'escriuen amb **o**. • Les formes tòniques dels verbs **collir**, **cosir**, **sortir**, **escopir** i **tossir** i els seus derivats s'escriuen amb **u**.	• *s**o**rtim, c**o**sim, esc**o**pim* • *s**u**rten, esc**u**ll, s**u**rts, t**u**s*
NO SEGUEIXEN LES NORMES ANTERIORS:	
Algunes paraules.	*b**u**cal, juvenil, d**u**lcificar, m**u**ndial...*
Les formes del present de subjuntiu i l'imperatiu dels verbs **poder** i **voler**.	*v**u**lguem, p**u**guem...*

? Els mots de la mateixa família de **lluny** s'escriuen amb **o** o amb **u**?
I els de la mateixa família de **fosc**?

1 Sonen igual!

Fixa't en les síl·labes àtones d'aquests mots i classifica'ls segons si tenen el so [u] i la grafia o o el so [u] i la grafia u:

futbol · professió · col·lecció · testos · cucurull · croqueta · informar · musical · trucar · apropar · preguntaré

2 Com es conjuguen?

Escriu el present d'indicatiu i de subjuntiu del verb collir.

Després de fixar-te en aquestes formes verbals, quines conclusions en treus? Completa:

- S'escriu __ en l'arrel quan la síl·laba és tònica i __ quan és àtona.

3 Són família!

A quina família pertanyen? Relaciona cada paraula amb la de la seva família i completa-la:

m_cador	dotze
p_mera	coll
t_nada	to
carb_ner	moc
c_llaret	carbó
d_tzè	poma

4 No segueixen la norma

Quina lletra falta en els mots següents? Completeu-los amb una o o una u:

a. El capít__l que parla d'H__ngria és molt av__rrit.

b. No s__porto les m__ngetes amb b__tifarra.

c. El còns__l va pujar la m__ntanya sense s__focar-se.

d. Enganxa la cart__lina en aquell pot de caca__.

e. Em va etzibar una b__fetada i encara es queixava que li m__ntés un sara__.

5 On són?

Identifica les vocals o i u àtones d'aquestes paraules:

unificació · morter · unir · torró · càlcul · número · sofà · durada · producte · convidat · Montserrat

6 DICTAT PREPARAT

Per escriure sense faltes, és important fixar-nos molt bé en les paraules. Llegeix el text següent abans que te'l dictin i fes les activitats:

Àudio

Hi ha una nit ben especial que nosaltres, els humans, esperem amb impaciència. Els astrònoms, que estudien els moviments dels astres dalt del cel i que han calculat la durada dels dies i de les nits, diuen que és la nit més curta de l'any. I a nosaltres prou que ens ho sembla, de curta! Ens ho passem tan bé llançant coets i petards i endrapant coca i ballant al voltant de la foguera, que voldríem que el sol trigués una mica més a sortir. Estem parlant, ja ho heu endevinat, de la nit de Sant Joan, que assenyala l'arribada de l'estiu.

ANTONI GARCIA LLORCA, *Xerra que xerra a Torretorta*. La Galera

a. Copia les paraules que tenen una o o una u àtones.

b. Conjuga el present i l'imperfet d'indicatiu del verb voler.

c. Escriu la paraula de la qual deriven voltar i foguera i marca'n la vocal tònica.

7 COMPAREM LLENGÜES!

En català, tant la o com la u en posició àtona poden representar el so de la u, per això no sempre és fàcil saber quina vocal has d'escriure... Si a això hi sumes que sovint coneixem una paraula semblant en castellà que s'escriu de manera diferent, la cosa es complica. Com traduiríeu aquestes paraules?

aburrir · embutido · brújula · soberbia · juventud · escupir

En línia

Posa't a prova

Prova de competències

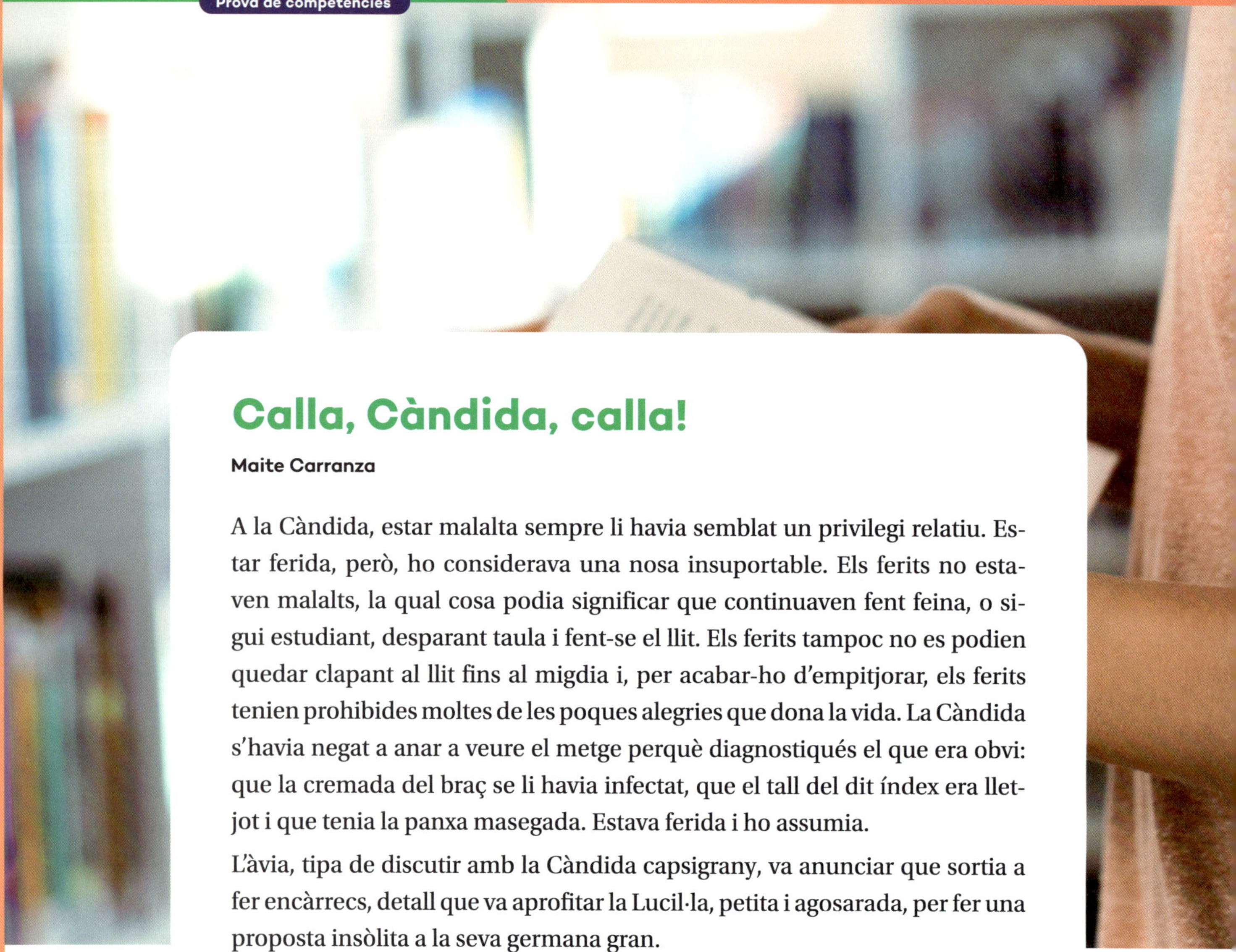

Calla, Càndida, calla!

Maite Carranza

A la Càndida, estar malalta sempre li havia semblat un privilegi relatiu. Estar ferida, però, ho considerava una nosa insuportable. Els ferits no estaven malalts, la qual cosa podia significar que continuaven fent feina, o sigui estudiant, desparant taula i fent-se el llit. Els ferits tampoc no es podien quedar clapant al llit fins al migdia i, per acabar-ho d'empitjorar, els ferits tenien prohibides moltes de les poques alegries que dona la vida. La Càndida s'havia negat a anar a veure el metge perquè diagnostiqués el que era obvi: que la cremada del braç se li havia infectat, que el tall del dit índex era lletjot i que tenia la panxa masegada. Estava ferida i ho assumia.

L'àvia, tipa de discutir amb la Càndida capsigrany, va anunciar que sortia a fer encàrrecs, detall que va aprofitar la Lucil·la, petita i agosarada, per fer una proposta insòlita a la seva germana gran.

—Els meus amics diuen que ets molt guai i volen que els ensenyis a jugar a bàsquet.

La Càndida es va fer creus que la seva germana, tot i coneixe-la prou bé, li fes una proposta tan estúpida.

—Quèèè?

—És que els he dit que eres molt bona jugadora de bàsquet.

La Càndida es va témer que la seva germaneta hagués perdut el senderi.

Ella havia d'ensenyar a uns nens a jugar a bàsquet?

—Esfuma't, coliflor amb cues!

Estava en crisi. La crisi de la invisibilitat i el pessimisme que de vegades la posseïa com un virus letal. Fes el que fes, seria invisible per a la colla de joves. FOREVER. Era una veritat inqüestionable. Passaven d'ella com de la merda.

1 Segons el text, quina és la resposta correcta?

- **La Càndida pensa que...**
  - ○ ...estar ferida té més avantatges que estar malalta.
  - ○ ...estar malalta té més avantatges que estar ferida.
  - ○ ...hauria d'anar al metge com més aviat millor.
  - ○ ...estar malalta durant les vacances és el pitjor que et pot passar.
- **Quan li proposa que ensenyi a jugar a bàsquet als seus amics, la Càndida pensa que la Lucil·la...**
  - ○ ...ha tingut una molt bona pensada.
  - ○ ...s'ha begut l'enteniment.
  - ○ ...vol fer-li la punyeta.
  - ○ ...està fent broma.
- **La Lucil·la és...**
  - ○ ...l'àvia de la Càndida.
  - ○ ...una amiga de la Càndida.
  - ○ ...la germana gran de la Càndida.
  - ○ ...la germana petita de la Càndida.
- **La Càndida està en crisi perquè...**
  - ○ ...se li ha infectat la ferida del braç.
  - ○ ...no sap jugar a bàsquet.
  - ○ ...els joves del poble no li fan cas.
  - ○ ...l'àvia l'ha deixat sola amb la Lucil·la.
- **Què significa l'expressió fer-se'n creus?**
  - ○ Estranyar-se davant d'alguna cosa increïble.
  - ○ Confiar en algú, creure en una persona.
  - ○ Dibuixar una creu sobre un element d'una llista per descartar-lo.
  - ○ Posar dos objectes en forma de creu.

2 Quines d'aquestes paraules del text no tenen una o o una u en posició àtona?

○ obvi/perdut ○ diagnostiqués/assumia ○ agosarada/insuportable ○ prohibides/discutir

Saps quin és l'infinitiu d'aquestes formes verbals del text? Escriu-lo i completa els temps verbals:

ells/elles volen

Present d'indicatiu del verb ________

ell/ella podia

Imperfet d'indicatiu del verb ________

3 Torna a llegir el darrer paràgraf del fragment i explica, amb les teves paraules, com creus que se sent la Càndida. Després, pensa cinc emojis que puguin representar els sentiments que has descrit i dibuixa'ls. A veure si aconsegueixes que, només mirant els emojis, algú que no ha llegit el fragment pugui entendre quin és l'estat d'ànim de la Càndida!

Què en sabem, ara?

Recordeu les preguntes del baròmetre d'aula?

Què passaria si les responguéssiu ara?
Segur que heu millorat!

Baròmetre d'aula

Valora't

En línia

Ja has arribat al final.
És el moment d'aturar-se i reflexionar.
Què contestaries a cada una d'aquestes preguntes?

Què has après?

- ○ Que planificar la redacció d'un text en millora el resultat.
- ○ Que hi ha més codis de comunicació que l'escrit.

Per exemple?

Com ho has après?

- ○ He aplicat coneixements que ja sabia a noves situacions.
- ○ He après dels meus companys i companyes.

Com?

Com podries millorar?

- ○ He de ser capaç de relacionar coneixements previs i nous.
- ○ He d'escoltar més els meus companys i companyes i posar en pràctica el que m'ensenyen.

Com?

Per a què et pot servir?

- ○ Saber establir relacions entre el que ja sé i el que he d'aprendre em facilitarà el procés d'aprenentatge.
- ○ El treball cooperatiu m'ajudarà a saber treballar més i millor en qualsevol àmbit de la vida.

Per exemple?

Què t'ha semblat la seqüència 5?

★ ★ ★ ★ ★

SEQÜÈNCIA 6

Top secret

Els teus sentiments són un secret?

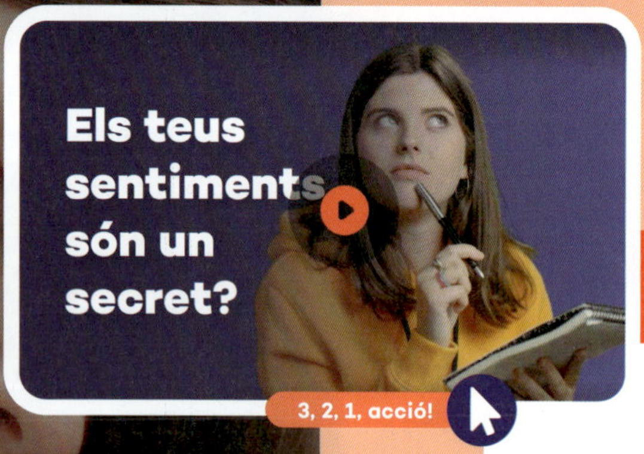

Connectem

Hi ha dies que tot és meravellós i n'hi ha que et valdria més no haver-te llevat? Ben normal! Has provat d'escriure què et passa cada dia, com et sents, què et neguiteja? Si és així, ja deus haver descobert com n'és d'alliberador! Secret, només per a tu. I si tens ganes de compartir-ho, el teu destí és fer un blog! Aprèn a descobrir les teves emocions per poder descriure el que sents.

Vols provar-ho?

Tria dues paraules de la llista per descriure com et sents avui. No hi trobes les teves emocions? Fes servir altres paraules!

- ◯ enfadat/enfadada
- ◯ molest/molesta
- ◯ ansiós/ansiosa
- ◯ avergonyit/avergonyida
- ◯ incòmode/incòmoda
- ◯ valent/valenta
- ◯ tranquil/tranquil·la
- ◯ alegre
- ◯ neguitós/neguitosa
- ◯ confós/confosa
- ◯ desanimat/desanimada
- ◯ disgustat/disgustada
- ◯ emocionat/emocionada
- ◯ amable
- ◯ culpable
- ◯ feliç
- ◯ esperançat/esperançada
- ◯ gelós/gelosa
- ◯ solitari/solitària
- ◯ estimat/estimada
- ◯ nerviós/nerviosa
- ◯ ofès/ofesa
- ◯ espantat/espantada
- ◯ reflexiu/reflexiva
- ◯ cansat/cansada
- ◯ preocupat/preocupada

- Els diaris personals són adequats per descriure les emocions, però hi ha altres tipus de diaris, com els de viatges. N'has sentit a parlar?
- On t'agradaria viatjar?
- Què en saps, del Japó?

Què en sabem?

Baròmetre d'aula

1 Avui has pujat a les golfes de cals avis! En una capsa, has trobat un diari personal de quan la teva mare era petita. Què hi devia escriure?

- ○ Receptes de cuina de la família transmeses de generació en generació.
- ○ Testimonis del que feia i de com se sentia durant un període concret de la seva vida.
- ○ Les adreces i els contactes telefònics dels amics d'infantesa.
- ○ Informació històrica sobre l'època en què era petita.

2 Quan obres el diari, què hi trobes?

- ○ Capítols molt llargs encapçalats per un títol que n'explica el contingut.
- ○ Diferents apartats encapçalats pel nom de l'autor de cada un.
- ○ Breus fragments introduïts per la data en què van ser escrits.
- ○ Fragments introduïts pel nom del destinatari i la seva adreça.

3 Si la mare et donés permís per fullejar el seu diari, quin d'aquests fragments creus que hi podries trobar?

- ○ Ahir va ser el meu aniversari. Va ser un dia esplèndid, vaig ballar i cantar i vaig rebre moltes abraçades.
- ○ Espero que tots estigueu bé. Tinc moltes ganes que siguin les festes del poble per veure-us.
- ○ Va tenir una festa d'aniversari meravellosa. Tots els seus amics la van voler acompanyar a la platja i van banyar-se per primera vegada aquell any.
- ○ Quan t'aniria bé que et fes una visita? Sé que estàs molt ocupada, però si ho organitzem amb temps trobarem un forat.

4 Has trobat altres documents i has decidit endreçar-los per tipologies. A quin munt anirà el diari personal?

- ○ Al dels textos narratius quotidians, amb les cartes que s'enviava amb les amigues.
- ○ Al dels textos narratius dels mitjans de comunicació, amb els quaderns plens de retalls de notícies.
- ○ Al dels textos narratius creatius, amb els seus contes i novel·les preferits.
- ○ Al dels textos poètics, amb els versos que va crear durant l'adolescència.

5 Has trobat un altre tresor! El diari de viatge de quan els avis van anar a París. Què hi deuen explicar?

- ○ Tota la seva vida des que es van conèixer fins avui.
- ○ El que van fer durant els dies que van visitar la capital de França.
- ○ La història de tots els monuments de la ciutat francesa.
- ○ La documentació que van necessitar per anar a París.

6 Diaris, capses, notícies... Què tenen en comú a més de ser a les golfes?

- ○ Tenen el so de la essa sonora.
- ○ Tenen el so de la essa sorda.
- ○ Tenen el so de la essa sonora i de la essa sorda.
- ○ No tenen el so de la essa.

7 En el diari dels avis hi ha una llista amb tot el que van ficar a la maleta. Quin mot té el so de essa sonora?

- ○ Raspall.
- ○ Cinturó.
- ○ Necesser.
- ○ Camisa.

Dimecres, 24 de juliol. Arribada a Tòquio

Després d'un llarg viatge en avió i d'unes quantes voltes per Tòquio ja estem instal·lats a l'hotel Marutani. Vam marxar dimarts cap a les quatre de la tarda i hem arribat a Tòquio al voltant de les sis de la tarda del dia següent, amb una escala a Doha de dues hores i mitja. I llavors hem arribat a l'aeroport de Narita, a Tòquio, i esperàvem veure-hi per primer cop l'acumulació d'humanitat, però sorpresa... Poques vegades hem fet menys cua per passar immigració i duana. L'absència de multituds ha continuat a l'estació de tren de Narita, on hem canviat els bons del Japan Rail-way Pass pel passi.

Hem arribat a Tòquio i hem agafat la línia Yamanote direcció a Ueno fins a Okachimachi, on, per trobar l'hotel, hem fet, per variar, una ruta turística pel barri. Llums i colors. Bones sensacions.

Dijous, 25 de juliol. Tòquio

Ens llevem i, tot i acusar el jet-lag, ens disposem a situar-nos en aquesta gegantina ciutat que té més habitants que tot Catalunya sencera.

Un cop resolts els temes més pràctics, la nostra primera parada ha estat l'Edo-Tokyo Museum, el museu d'història de la ciutat, que fa un recorregut des de l'època en què la ciutat es coneixia com a Edo i la seva història fins a l'actualitat amb un munt de maquetes esplèndides i força interactiu. Realment ha valgut la pena.

D'aquí, cap a les restes de l'antiga ciutat Edo, el temple de Senso-ji a Asakusa, on, a banda de seguir tots els rituals dels nadius (lectura de la bona sort, de fet, bona per a en Roger, la millor per a l'Oriol i dolenta per a mi..., tirar-nos fum, rentar-nos les mans), hem estat entrevistats per la televisió japonesa, i quan hem fet menció dels nostres coneixements sobre *Pokémon*, *Bola de Drac*, *Doraemon* i companyia, ens han demanat si els podíem cantar una cançó anime.

Per dinar, un canvi radical, de l'antic Edo al Tòquio més trepidant: Shibuya i la cruïlla amb més circulació de vianants del món, sota pantalles gegants i rodejada de centres comercials. I a l'hora de dinar, una altra sorpresa: hi ha una màquina amb uns dibuixos de plats, compres el plat i seus, dones el tiquet al cambrer i te'l porta. A nosaltres ens ha resultat bé, tot i que hem de millorar el nostre ús dels palets.

I per no perdre el toc de modernitat, hem creuat el Rainbow Bridge amb el tren sense conductor de la línia Yurikamome, que fins i tot fa un *looping* per creuar el pont fins a Odaiba, una illa artificial i ultramoderna.

Finalment, hem sortit a sopar pel barri de Taito, entre Ueno i Akihabara. Tempura i arròs. Molt bo, menjar casolà, en un entorn d'allò més *demodé* i a l'altre extrem del disseny. És un món ple de contrastos que van molt més enllà de la convivència entre la tradició i la modernitat. És molt curiós. No sé quina és exactament la sensació que em fa.

Blog *Viatjar en família* (adaptació)

Ens comuniquem

El diari personal

Tots els dies són diferents! Ens pot passar alguna anècdota divertida, podem tenir converses interessants, fer activitats que ens encanten o que ens fan molta mandra, sentir eufòria o plorar pels racons... Els diaris personals són una bona manera de constatar que un dia no és igual a l'altre. I no només això: també poden ser un bon record per a quan passin els anys i vulguem saber què va fer o sentir el nostre jo del passat un dia qualsevol.

Pautes d'anàlisi

Fixa't en:

- La disposició del text:
  - Si cada fragment és encapçalat per una data.
  - Si el text corresponent a cada data és molt extens o poc.
- El llenguatge:
  - Si és espontani i informal o formal.
  - Si està narrat en primera o en segona persona.
  - Si està narrat en passat o en present.
- Altres elements personals que acompanyen el text:
  - Si hi ha fotografies o altres documents.
  - Si hi ha dibuixos.

1 ●●○ **Ho has entès?**
Què en sabem, del viatge de l'Imma?

Quina part de la seva experiència a Tòquio coneixem?

○ L'inici del viatge.
○ Els darrers dies del viatge.
○ Tots els dies que dura el viatge.

En el blog de l'Imma, de quin apartat formaria part, aquest diari de viatge?

○ Escapades de cap de setmana.
○ Grans viatges. Més enllà d'Europa.
○ Voltant per Europa.

2 ●●○ **Vertader o fals?**
En els diaris personals és habitual escriure opinions i sensacions. Quines ha experimentat l'Imma? Digues si les afirmacions són certes o falses:

a. L'ha sorprès que hi hagués poca gent a l'aeroport.
b. No s'ha sentit gens còmoda al barri on hi ha l'hotel.
c. Li ha semblat molt interessant l'Edo-Tokyo Museum.
d. S'ha sentit satisfeta per com de bé fa servir els palets.
e. Encara no sap definir què li transmeten els contrastos de la ciutat.

3 ●●● **Amb les teves paraules!**
Després de llegir les dues entrades del diari de viatges, com resumiries els primers dies al Japó de l'Imma?

4 ●●○ Sopa japonesa!

Com que l'Imma parla del Japó, hi ha moltes paraules relacionades amb la seva cultura i els seus indrets. T'hi has fixat? Cerca en la sopa de lletres les paraules del text a les quals fan referència aquestes definicions:

1. Nom propi de l'aeroport de Tòquio on ha arribat l'Imma.
2. Gènere de dibuixos animats d'origen japonès.
3. Nom de la cruïlla per la qual passen més persones del món.
4. Plat de cuina japonesa elaborat amb trossos de peix, marisc i verdures, arrebossats i fregits; en van sopar el dia 25.
5. Nom de l'illa artificial i molt moderna a la qual s'arriba travessant el Rainbow Bridge.

S	O	M	I	G	T	A	F	E	L	U	J	I
U	N	U	V	O	M	I	N	S	O	H	U	M
E	N	A	A	N	V	E	W	H	N	N	N	D
A	N	X	R	N	O	D	A	I	B	A	N	A
F	L	U	P	I	N	N	N	B	N	N	N	K
R	A	N	I	V	T	N	N	U	N	N	N	E
O	C	I	M	R	U	A	S	Y	N	N	N	H
E	V	U	R	O	B	N	J	A	I	B	E	R
A	N	V	E	W	O	I	L	U	M	C	I	O
U	V	O	X	I	A	M	U	R	A	N	I	V
E	P	A	F	E	I	E	K	O	W	D	T	I
N	S	A	R	U	P	M	E	T	H	N	U	F

5 ●○○ Quan i on?

En un diari de viatges, a més dels pensaments i les sensacions, també se solen anotar moltes dades objectives per documentar els llocs visitats. T'has fixat en les dates i els noms propis que hi apareixen? A veure si no et fas un embolic:

Dates

- Dia de visita a l'Edo-Tokyo Museum
- Dia de partida de Catalunya
- Dia d'arribada al Japó

- 23 de juliol
- 24 de juliol
- 25 de juliol

Noms propis

- Hotel a Tòquio
- Temple d'Asakusa
- Línia de tren de l'aeroport
- Línia de tren sense conductor

- Yurikamome
- Marutani
- Senso-ji
- Yamanote

6 ●●○ T'hi has fixat?

Heu pogut identificar totes les característiques del diari personal en aquest diari de viatges? Aquests fragments del text segur que us ajuden a fer-ho:

I a l'hora de dinar, una altra sorpresa: hi ha una màquina amb uns dibuixos de plats, compres el plat i seus, dones el tiquet al cambrer i te'l porta. A nosaltres ens ha resultat bé, tot i que hem de millorar el nostre ús dels palets.

a. El llenguatge és informal / formal.

Hem arribat a Tòquio i hem agafat la línia Yamanote direcció a Ueno fins a Okachimachi, on, per trobar l'hotel, hem fet, per variar, una ruta turística pel barri.

b. Està narrat en primera / tercera persona.

c. Es fa servir el passat / futur per explicar les experiències que ha viscut durant el dia.

No sé quina és exactament la sensació que em fa.

d. Es fa servir el present / passat per explicar què sent en el moment que està escrivint el text.

El diari personal

Recordes que, segons la intenció de la narració, hi ha diversos tipus de textos narratius? Entre aquests, els textos narratius quotidians, com poden ser una carta o un diari personal.

Què és un diari personal?

El **diari personal** o **dietari** és un tipus de text narratiu, escrit en primera persona, en què algú escriu els principals fets de cada dia o les reflexions i les impressions que té. El punt de vista és personal i, per tant, el relat és subjectiu.

Tot i que en principi un dietari no està destinat a ser llegit per ningú —és d'ús privat—, alguns autors han volgut publicar-los i compartir-los perquè el públic els pugui llegir.

Característiques d'un diari personal

Fixa't en les característiques que té un diari personal:

Contingut

Records, emocions, sentiments, opinions...

Àmbit

Personal i familiar, esdeveniments quotidians.

Estructura

Fragments introduïts per la data d'escriptura.

Llenguatge

A B
C D

Llenguatge familiar i col·loquial.

Estil

Escrits, que poden tenir suport gràfic: fotografies, dibuixos, entrades, tiquets...

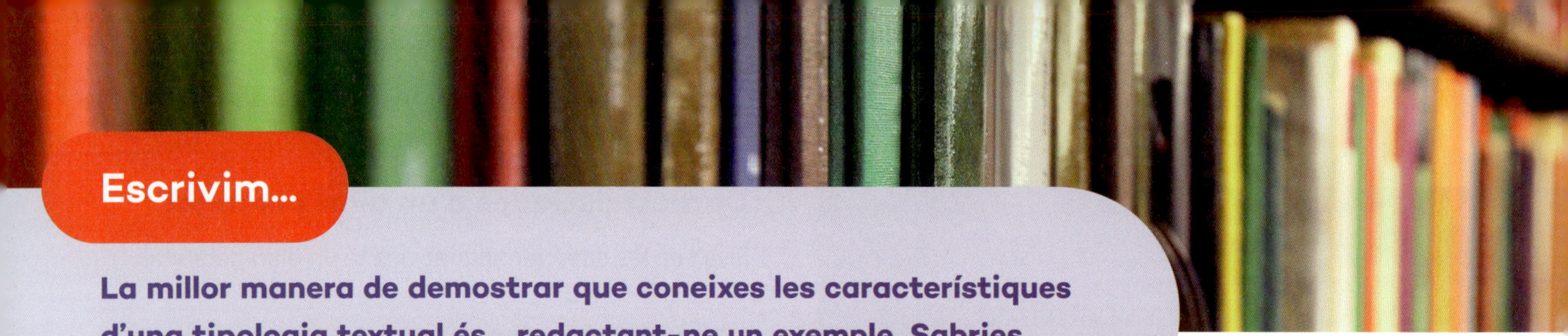

Escrivim...

La millor manera de demostrar que coneixes les característiques d'una tipologia textual és... redactant-ne un exemple. Sabries escriure un diari personal? Posa't a prova amb aquest taller!

Prepara i planifica

1 I a tu, t'agradaria escriure un diari personal?

Pensa que no només es pot escriure durant un viatge, sinó que també ho pots fer en el teu dia a dia. Encara que et sembli que no passa res interessant... sempre hi ha alguna cosa per explicar! Si no ho creus, fixa't en aquestes opcions:

Diari personal íntim

Per escriure les activitats més rellevants que has fet durant el dia, entremesclant els fets amb les emocions que has experimentat.

Diari personal creatiu

Per escriure totes les idees que et passin pel cap durant el dia, encara que et sembli que no tenen gaire sentit.

Diari personal d'emocions

Per escriure les emocions que experimentes durant el dia i quina n'és la causa, quant de temps han durat i com han desaparegut o si no ho han fet.

Diari personal *morning pages*

Per escriure, quan et lleves, tots els pensaments que et vinguin al cap durant cinc minuts.

Planificar vol dir analitzar el que hem de fer. Organitzar-nos, generar idees... és el primer pas abans de posar-nos a escriure. Som-hi!

2 Sobre el diari personal que vols escriure

- Quin tipus de diari has triat? Per què? Què te n'ha cridat l'atenció?
- Expressar les reflexions i els sentiments propis és recomanable. T'hi atreveixes? **Escriu un diari** durant dos dies. Consulta les preguntes que et serviran de guia segons el diari que hagis triat:

Diari personal íntim
• Quines activitats has fet durant el dia? • Quina t'ha semblat més important? I més divertida? I més avorrida? Per què? • Com t'has sentit al llarg del dia?
Diari personal creatiu
• Has imaginat algun esdeveniment del futur? Quin? • Has pensat que alguna cosa del teu entorn quotidià podria ser diferent? Com? • T'ha inspirat algun objecte del teu entorn quotidià?
Diari personal d'emocions
• Com t'has sentit al llarg del dia? • Has experimentat diferents emocions o sempre la mateixa? Saps què les ha provocat? • Com has expressat exteriorment aquestes emocions?
Diari personal *morning pages*
• Com et sents quan t'acabes de despertar? • Recordes què has somiat? • Quines sensacions físiques notes? Estàs descansat? • Quins són els primers pensaments que et venen al cap?

Després d'escriure durant dos dies al teu diari, és l'hora de passar els teus escrits en net i posar en pràctica tot el que has après. Endavant!

Escriu i revisa

3 Ara és el teu torn!

Recordes en què t'havies de fixar a l'hora de llegir el diari de viatge de l'Imma? Torna a llegir les pautes d'anàlisi de la pàgina 87.

Escriu el teu diari a partir del que t'has anat apuntant en els darrers dos dies. Recorda: comença amb la data!

Ja has acabat? Torna a llegir el teu diari personal i repassa el que hi has escrit.

4 Com ha quedat el diari personal?

Rellegeix-lo i respon sí, no o es pot millorar:

- El llenguatge és informal?
- Està escrit en primera persona?
- Cada entrada comença amb la data?
- Les preguntes estan relacionades amb el tipus de diari personal que has triat?
- Hi ha alguna part que no s'entén?

Refés el teu diari personal per millorar els aspectes que ara has vist que no acaben d'estar prou bé.

Un diari personal és una cosa molt íntima; si no voleu compartir-lo no us amoïneu. Podeu llegir-lo en veu alta per a vosaltres mateixos. Així notareu millor si tot encaixa.

Finalment, comprova:

- ✔ El text està escrit en primera persona.
- ✔ S'indica la data a la qual fa referència cada entrada.
- ✔ El llenguatge utilitzat és col·loquial.
- ✔ El text conté informació relacionada amb el tipus de diari triat.

En línia

i parlem

Anys enrere, un diari personal sempre s'escrivia en paper... però tot canvia! Ara fins i tot en pots escriure un fent servir Twitter, tal com ho va fer l'Esteve Canet.

Escolta

1 Mira de quantes maneres ho pots fer!

Diaris **Ho has entès bé? Respon:**

- En què se centra el diari personal de l'Esteve Canet?
- Quin dels diaris no fa servir imatges?
- I quin es va crear amb la idea d'arribar a molta gent?

Parla

2 I tu, què en penses?

Hi ha diferents maneres de plasmar les nostres vivències i emocions, i hi ha gent a qui va millor expressar-se amb paraules i d'altres que s'estimen més fer-ho amb elements visuals, com dibuixos o pintures. I a tu, com et va millor? Enregistra't explicant-ho.

3 Que comenci el debat!

Parleu-ne entre tots:

- Què en penses, del fet de compartir el teu diari personal a través d'internet? I si fos un diari de viatges?
- T'agradaria llegir les experiències reals d'altres persones a la xarxa? Per què? Hi compartiries el teu diari personal?

4 Pluja d'idees!

Penseu els usos que pot tenir un diari personal. Segur que entre tots els que digueu n'hi ha algun que s'ajusta a la teva manera de fer.

En línia

La essa sorda i la essa sonora

Saps que hi ha dos mecanismes bàsics que ens permeten parlar? Un és la vibració de les cordes vocals, que dona lloc als sons sonors, i l'altre són les interrupcions de l'aire que surt dels pulmons, que dona lloc als sons sords. Segur que ja sabeu que en català hi ha el so de la essa sonora, com el zumzeig de l'abella [zzz], i el de la essa sorda, com el xiular de la serp [sss]. Posa la mà sobre les cordes vocals i prova de fer els dos sons. Notes la diferència?

El so de la essa sorda i de la essa sonora

Les grafies **s**, **ss**, **c**, **ç**, **sc** i **z** poden representar dos sons fricatius:

- Un de **sord**, perquè en el moment de produir-lo les cordes vocals no vibren. El representen les grafies **s**, **ss**, **c**, **ç** i **sc**: *sal, pissarra, ceba, feliç, adolescent*.
- Un de **sonor**, perquè en el moment de produir-lo les cordes vocals vibren. El representen les grafies **s** i **z**: *casa, enfonsament, zebra*.

No s'ha de confondre el so de la essa sorda amb el de la essa sonora. Són dos sons diferents que ens permeten diferenciar, quan parlem, paraules com *rosa*, *rossa*; *casa*, *caça*; *els astres*, *els sastres*...

Les grafies de la essa sorda

Per saber com s'escriu la **essa sorda**, cal recordar les normes següents:

S'ESCRIU		EXEMPLES
s	• A principi i a final de mot. • Entre vocal i consonant o entre consonant i vocal. • Entre vocals, després d'un prefix o en mots compostos.	• *savi, suc, fals...* • *astre, besnet, dansa, adversari...* • *sotasignat, ecosistema...*
ss	Entre vocals.	*tassa, pissarra...*
c	Davant **e**, **i** en qualsevol posició menys a final de mot.	*cera, ciri, encerclar, espècie...*
ç	• Davant **a**, **o**, **u** en qualsevol posició. • En els mots formats amb els sufixos **-ança**, **-ença**.	• *força, cançó, feliç...* • *enyorança, temença...*
sc	S'escriu **sc** en determinades paraules que cal recordar.	*ascensor, ascendir, escena, piscina*

? Podem escriure **ss** entre consonant i vocal? I **ç** davant de **e**?

Les grafies de la essa sonora

Per saber com s'escriu la **essa sonora**, cal recordar les normes següents:

S'ESCRIU		EXEMPLES
s	• Entre vocals. • En els derivats de **fons** i **dins** i en els mots formats amb el prefix **trans-**.	• *cosa, masia, roser...* • *enfonsar, endinsar, transalpí...*
z	• A començament de mot. • Darrere consonant. • Entre vocals en paraules d'origen grec.	• *zona, zero...* • *alzina, esmorzar...* • *amazona, bizantí...*

? Quines grafies poden representar el so de la essa sonora?

1 ●●● Quina lletra falta?

Saps com s'escriuen aquestes paraules? Completa aquests mots i demostra-ho:

ca__adora	medi__ina	ca__ament
cla__e	feli__itat	expedi__ió
__iutat	ma__over	co__tella
pa__ió	__ona	ca__ualitat

2 ●●● Essa sorda o essa sonora?

Classifica els mots de l'activitat anterior segons tinguin el so de la essa sorda o de la essa sonora.

Després de fixar-te en aquestes paraules, quines conclusions treus sobre les grafies de la essa sorda i la essa sonora?

3 ●●● Jo, tu, ell...

Com es conjuguen els verbs forçar i començar? Escriviu-ne el present d'indicatiu.

4 ●●● Quina no sona igual?

Sabeu distingir el so de la essa sorda del so de la essa sonora? Trobeu la paraula intrusa de cada grup:

Brussel·les • puça • closca • brisa

sobre • amazona • casa • pinzell

fossar • tòrcer • missa • casino

5 ●●● S, SS, C o Ç?

Quina lletra falta? Completa aquestes paraules amb s, ss, c i ç. Vigila l'alternança de grafies.

pla__a / pla__eta	ro__ / enro__ir
ro__a / ro__ada	famó__ / famo__a
arrò__ / arro__ada	feli__ / feli__itat
bra__ / bra__alet	interè__ / intere__ar
pa__ / pa__ada	ca__a / ca__era

6 ●●● DICTAT PREPARAT

Per escriure sense faltes és important fixar-nos molt bé en les paraules. Llegeix el text següent abans que te'l dictin i fes les activitats:

Àudio

Les mossegades causades per animals salvatges no són gaire freqüents al nostre país, però convé destacar les mossegades de serp. Cada any hi ha a Catalunya entre cent cinquanta i dues-centes mossegades de serps verinoses i, tot i això, encara hi ha gent que no sap que aquest perill existeix. És cert que al nostre país molt poques mossegades de serp són fatals, però la possibilitat que algunes ho siguin fa necessari que s'actuï correctament davant de qualsevol cas.

Les úniques serps perilloses a Catalunya, de mossegada que pot ser mortal, són els escurçons.

JOSEP DEL HOYO, *Primers auxilis II*. Enciclopèdia Catalana

a. Copia els mots que tinguin el so de la essa sorda escrit amb ss, c i ç.

b. Copia els mots que tinguin el so de la essa sonora.

c. Copia els mots que tinguin alguna altra dificultat ortogràfica per a tu.

d. Escriu una oració amb alguns dels mots

7 ●●● COMPAREM LLENGÜES!

Sabíeu que la ç és el resultat de l'evolució d'una forma de z usada en manuscrits castellans antics? Per això moltes paraules que en castellà s'escriuen amb z en català s'escriuen amb ç. Traduïu aquestes paraules i fixeu-vos-hi!

Del castellà al català:

plaza • descalzo • caza • feliz

Del català al castellà:

abraçada • esperança • capaç

Després de fixar-vos en aquests mots, quina conclusió traieu sobre l'escriptura de la ç?

En línia

Posa't a prova

Prova de competències

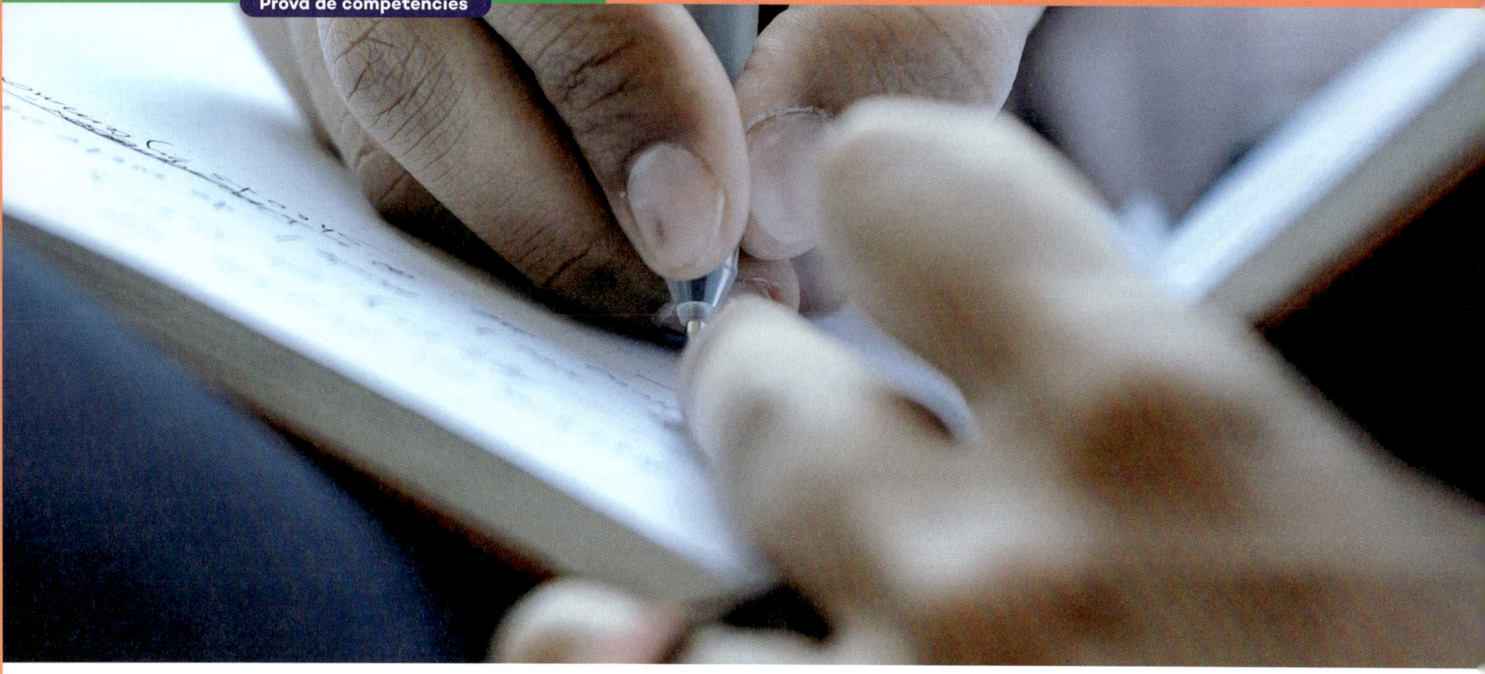

Dimarts, 10 de setembre de 1991

Hem dedicat una setmana a comprar-nos els llibres, els quaderns i els estris per escriure, a explicar-nos les nostres vacances al mar, a la muntanya, al camp, a l'estranger. Totes hem anat en algun lloc i tenim coses per explicar-nos.

Dijous, 19 de setembre de 1991

L'escola de música també ha començat. Hi ha classe de piano i solfeig dos cops per setmana. També han començat les classes de tenis, però aquesta vegada soc al grup dels grans. El dimecres hi ha curs d'anglès a casa de la tia Mika. I el dijous, coral. Tot això és obligatori. A més de les sis hores de classes diàries (excepte el divendres). Aguantaré? Crec que sí...

Dilluns, 23 de setembre de 1991

No sé si ja he parlat de la tecnologia. És una assignatura nova que es comença a sisè. Hi tenim de professora la Jasmina Turajlić, i A MI M'AGRADA MOLT. Hi aprenem coses sobre la fusta, la seva estructura, la seva utilització, no està gens malament. Aviat hi haurà treballs pràctics, és a dir, que construirem petits objectes de fusta o d'altres materials. Serà interessant.

Els orals d'història, geo i biologia ja són aquí. Cal posar fil a l'agulla.

Divendres, 27 de setembre de 1991

He tornat de l'escola una mica cansada. Ha estat una dura setmana. Demà és dissabte, i podré dormir tant com vulgui. VISCA EL DISSABTE! Demà al vespre, però, estic "segrestada" perquè és l'aniversari de la Ivana Varunek. Avui n'he rebut la "invitació". Si voleu saber com va anar, llegiu el pròxim número...

ZLATA FILIPOVIĆ, *El diari de Zlata*. Editorial Empúries

1 Segons el text, quina és la resposta correcta?

- **En aquest diari, la narradora parla sobre...**
  - ○ ...esdeveniments que li han ocorregut a una altra persona.
  - ○ ...fets inventats.
  - ○ ...la seva vida quotidiana.
  - ○ ...aventures que ha viscut.

- **Selecciona les característiques que té aquest diari:**
  - ○ El text està escrit en primera persona.
  - ○ El text està escrit en tercera persona.
  - ○ Tots els apartats del fragment es van escriure el mateix dia.
  - ○ L'autora utilitza un llenguatge formal i tècnic.
  - ○ L'autora utilitza un llenguatge proper i familiar.
  - ○ El fragment relata uns fets des d'un punt de vista objectiu.
  - ○ Cada apartat del fragment està encapçalat per una data.

- **En aquest diari, les versaletes es fan servir...**
  - ○ ...per mostrar que la narradora no diu una cosa seriosament, sinó que està fent broma (serien l'equivalent a picar l'ullet en una conversa espontània).
  - ○ ...per destacar la intensitat d'una frase (serien l'equivalent a alçar la veu en una conversa espontània).
  - ○ ...per mostrar que la narradora està enfadada (serien l'equivalent a fer gestos de desaprovació en una conversa espontània).
  - ○ ...per mostrar que la narradora troba molt divertit el que acaba d'escriure (serien l'equivalent a riure en una conversa espontània).

- **La narradora fa servir la segona persona del plural per dirigir-se...**
  - ○ ...al seu diari.
  - ○ ...a ella mateixa.
  - ○ ...a les seves amigues.
  - ○ ...als lectors del diari.

2 Saps identificar el so de la essa sonora? Selecciona la paraula que el té!

○ vacances ○ sisè ○ escola ○ classes

Quines grafies representen el so de essa sorda en aquestes oracions?

a. L'escola de música també ha començat.

b. Hi ha classe de piano i solfeig dos cops per setmana.

c. Avui n'he rebut la "invitació".

3 Continua el diari de la protagonista! Posa't a la seva pell i inventa't com va anar la festa d'aniversari de la Ivana Varunek.

Amb unes 150 paraules n'hi ha prou!

En línia

Què en sabem, ara?

Recordeu les preguntes del baròmetre d'aula?

Què passaria si les responguéssiu ara?
Segur que heu millorat!

Baròmetre d'aula

Valora't

En línia

Ja has arribat al final.
És el moment d'aturar-se i reflexionar.
Què contestaries a cada una d'aquestes preguntes?

Què has après?

- ○ Que hi ha estratègies que m'ajuden a expressar els meus sentiments i les meves vivències.
- ○ Que hi ha maneres de documentar el meu dia a dia.

Per exemple?

Com ho has après?

- ○ He treballat col·laborativament, he aportat coneixements i he après dels companys i les companyes.
- ○ He treballat concentrat, he parat atenció i no m'he distret.

Com?

Com podries millorar?

- ○ He d'aprendre a treballar millor en grup, he d'ajudar els companys i les companyes i he de participar en el procés de treball.
- ○ He d'evitar distraccions, he d'escoltar més i he de llegir atentament la informació.

Com?

Per a què et pot servir?

- ○ El treball en grup em serveix per aprendre a ser una persona col·laborativa en tots els àmbits de la meva vida.
- ○ Saber concentrar-me m'ajudarà a desenvolupar qualsevol tasca del meu dia a dia millor i amb menys temps.

Per exemple?

Què t'ha semblat la seqüència 6?

☆ ☆ ☆ ☆ ☆

SEQÜÈNCIA 7

Matemàtiques problemàtiques

Vols ser perfecte, com les matemàtiques?

3, 2, 1, acció!

Connectem

Hi ha qui detesta les matemàtiques, bàsicament perquè no acaba d'entendre res, i hi ha qui en fa el seu projecte de vida, com el matemàtic John Forbes Nash. Entremig, milions de persones que ni una cosa ni l'altra...

I tu, en quin grup et situes?

Vídeo

- És real, la història de John Forbes Nash que s'explica en la pel·lícula *Una ment meravellosa*?
- Coneixes alguna altra història que parli d'algú que viu amb passió les matemàtiques?

Què en sabem?

Baròmetre d'aula

1 Ets en una llibreria, a la secció de literatura juvenil. Els llibres estan ordenats alfabèticament i al prestatge de la S hi ha molts llibres d'un mateix escriptor. Qui pot ser?

- ○ Sierra i Fabra, Jordi.
- ○ Sagarra, Josep Maria de.
- ○ Burgas, Àngel.
- ○ Solà, Irene.

2 A quina subsecció trobaràs les seves obres?

- ○ Literatura estrangera.
- ○ Literatura en català.
- ○ Literatura llatinoamericana.
- ○ Literatura traduïda.

3 Hi ha un llibre que t'ha cridat l'atenció: *L'assassinat del professor de matemàtiques*. De què creus que va?

- ○ De la història d'amor entre dos professors de matemàtiques.
- ○ D'aventures de criatures fantàstiques que viuen en una realitat paral·lela.
- ○ D'una colla d'amics que ha de resoldre un crim a través d'enigmes matemàtics.
- ○ De com perceben la mort d'un professor els adolescents d'un institut.

4 Als protagonistes de la novel·la no els agraden gaire les matemàtiques. Què més creus que tenen en comú?

- ○ Són companys de feina en un institut.
- ○ Han participat en les olimpíades de matemàtiques de l'institut.
- ○ Van al mateix institut i són companys de classe.
- ○ Han tret molt bona nota del darrer examen de matemàtiques.

5 Et serà fàcil empatitzar-hi perquè segur que hi ha alguna assignatura que tampoc no t'agrada gaire. Saps què és l'empatia?

- ○ La capacitat d'endevinar el que sent o pensa la gent a través dels seus gestos.
- ○ Un sentiment que es produeix únicament quan has viscut exactament la mateixa situació que una altra persona.
- ○ La facultat de saber explicar el que sents o penses als altres.
- ○ La capacitat de posar-se en el lloc de l'altre per intentar entendre què sent.

6 Per què creus que quan un escriptor escriu una història està fent un exercici d'empatia?

- ○ Perquè intenta transmetre valors positius a la societat.
- ○ Perquè s'ha de posar en la pell d'un personatge i pensar i actuar com ell.
- ○ Perquè imagina i escriu situacions inventades, però basades en fets reals.
- ○ Perquè transforma en paraules les seves pròpies vivències i opinions.

7 L'autor ha escrit moltes altres obres! En quina la lletra destacada no sona com la primera de gelat?

- ○ *El cas del quadre desaparegut.*
- ○ *La generació rock.*
- ○ *Concert en sol major.*
- ○ *Temps de gebre.*

8 Amb quines lletres completaries la frase "La fundació Jordi Sierra i Fabra promou pro_ectes culturals per a _oves"?

- ○ j - j
- ○ g - j
- ○ j - g
- ○ g - g

L'Adela, en Lluc i en Nicolau són companys d'institut. A tots tres els uneix l'amistat i la convicció que, per més que s'hi esforcin, amb les matemàtiques no hi tenen res a fer...

Llegim

Àudio de la lectura

L'assassinat del professor de matemàtiques

Jordi Sierra i Fabra

De pedra. Era pitjor que no s'havia imaginat en el seu somni més pessimista. Va quedar de pedra.

L'Adela va aixecar els ulls de les preguntes. Només n'havia respost dues. Allò era un quatre. Va dirigir la mirada a en Nicolau, que estava assegut al seu costat, i després a en Lluc, darrere en Nicolau. Tots dos feien la mateixa cara d'angoixa, de mal de panxa recalcitrant, de mareig intens, la pell pàl·lida, congestió ocular, cara d'esglai, com si tot allò no fes per a ells. Contemplaven **abstrets** els seus exàmens.

Estaven **abstrets** perquè contemplaven els exàmens amb molta atenció o amb distància?

Potser esperaven un miracle.

En les novel·les policíaques sempre apareixia una pista d'última hora, una dada perduda que conduïa directament al culpable. En els llibres de ciència-ficció tot s'arreglava amb una batalla galàctica o amb una invasió d'**alienígenes** bons. En els relats fantàstics, el mag de torn o l'heroi de sempre ho solucionava tot quan més perdut semblava. En els còmics no fallava mai. I en els videojocs sempre hi havia un camí, o tres vides amb les quals s'hi podia accedir o qualsevol altre invent, **drecera** o truc per acabar la partida.

Els **alienígenes** són extraterrestres.

Una **drecera** és el camí més curt per arribar a un lloc o per aconseguir una cosa.

Només a la vida real, i més encara a la dura realitat de les matemàtiques, quan un no sabia resoldre un problema, no en sabia i prou. No calia donar-hi més voltes.

L'Adela va sospirar. Va deixar de contemplar els seus dos amics i va aixecar el cap. Es va trobar amb els ulls d'en **Felip Romero**. Allò la va fer empal·lidir. Si pogués resoldre un altre problema. Només un.

Qui és en **Felip Romero**?

—Cinc minuts —va avisar el professor de matemàtiques.

Cinc minuts. O cent, tant era.

Va llegir l'enunciat d'un dels problemes. O estava en blanc o no l'entenia, o bé ho intentava i es perdia...

—Maleït siga! —va rondinar.

La Margarida Martorell i en Bernabé Martí es van aixecar per entregar els seus exàmens. Els primers. Com sempre. Els sobraven cinc minuts i a sobre segur que tindrien les notes més altes. Quina sort! És clar que el pare de la Margarida era físic nuclear. Segur que això hi tenia alguna cosa a veure, almenys pel que feia als **gens**. En Bernabé, en canvi, era així d'intel·ligent. Una **llumenera**.

El seu únic i llunyà consol era que fins i tot a **Einstein** li havien costat les matemàtiques.

Van passar els minuts finals.

—Au, recolliu els exàmens —va anunciar en Felip Romero.

Tots es van començar a aixecar, llevat d'un parell d'alumnes, que van continuar escrivint molt de pressa, i ells tres. En Nicolau i en Lluc la van mirar. No calia dir res. Si almenys un d'ells aconseguís aprovar...

—Au, vinga —els va apressar el professor.

Van ser els últims a aixecar-se de la cadira, van caminar fins a la **tarima** i la taula i van dipositar els exàmens a sobre de la pila de fulls escrits. Van **defugir els ulls** del mestre, però van notar com els clavava la mirada. En sortir de la classe no es van aturar a enfrontar-se a les preguntes dels altres, que discutien sobre el tercer problema o sobre el resultat del quart, alguns fent bots d'alegria per l'èxit i d'altres lamentant l'error comès en adonar-se massa tard d'un detall que se'ls havia escapat. Cap d'ells no va parlar fins que no van ser a baix i cap d'ells no va fer la bestiesa de preguntar: "Com us ha anat?"

—Ostres! —L'Adela es va deixar vèncer pels nervis.

—En blanc, he quedat en blanc amb el maleït tercer problema. I em sembla que el sabia resoldre, però...!

—A mi m'ha passat el mateix —va dir en Lluc a en Nicolau—. Si és que no puc. Jo del dos i dos no passo, i m'importa un rave que siguin quatre o vint-i-dos. Per a què serveixen els trencats a la vida real? Que algú m'ho expliqui!

—O saber quant fa el radi de la circumferència? —va refermar en Nicolau categòricament.

—Hem suspès, això és segur. —L'Adela va tocar el costat feble.

—Ens espera un estiu genial —es va estremir en Lluc.

—I al setembre tornarem a estar igual. —En Nicolau es va deixar vèncer per l'abatiment.

—Tota la vida intentant aprovar aquest examen!

Els **gens** són petits elements que formen part d'un cromosoma i que fan que algunes característiques dels pares passin als fills, com, per exemple, el color dels ulls o dels cabells.

Què vol dir que algú és una **llumenera**?

Has sentit a parlar mai d'**Einstein**? Qui era?

Què és una **tarima**? Per a què serveix? Actualment a les aules encara hi ha tarimes?

Què vol dir **defugir els ulls**?

Qui ho ha escrit?

Què en saps, de Jordi Sierra i Fabra?

Jordi Sierra i Fabra ha escrit molts i molts llibres per a joves. N'has llegit algun?

Investiga sobre aquest autor i pren-ne nota!
Per fer-ho, pots completar una fitxa com aquesta:

JORDI SIERRA I FABRA	
Lloc de naixement	
Any de naixement	
Nombre aproximat d'obres publicades	
Tipus de novel·la en què s'ha especialitzat	
Gèneres que ha conreat	
Tema que l'apassiona i del qual és especialista	
Nom i objectiu de la fundació que ha creat	

www

Feu una presentació a la classe sobre l'autor. Podeu buscar i llegir fragments d'altres novel·les seves per il·lustrar la informació.

Si vols saber més sobre Jordi Sierra i Fabra, mira aquest vídeo en què ell mateix explica com va ser la seva infantesa i joventut.

Vídeo

- El vídeo t'ha fet recordar la lectura? Hi has trobat punts en comú? Quins?

Què has entès?

1 ●●○ **Cinc preguntes bàsiques**
Ja saps de què va la història? Contesta les preguntes següents sobre la lectura:

a. Qui són els protagonistes d'aquesta història?

b. Per què va quedar de pedra l'Adela?

c. Quins alumnes van ser els últims a entregar l'examen al professor?

d. Com els va anar l'examen?

e. Per què era un consol saber que a Einstein li havien costat les matemàtiques?

2 ●●○ **Ho has entès?**
Tria l'opció correcta en cada cas:

En el text, la frase "Potser esperaven un miracle"...
- ○ ...té un sentit literal.
- ○ ...té un to irònic.
- ○ ...no té sentit.

En Lluc, quan diu que els espera un estiu genial...
- ○ ...està content perquè l'examen ja ha passat.
- ○ ...s'està lamentant de tot el contrari.
- ○ ...s'estremeix de fred.

Els protagonistes odien les matemàtiques. Ells pensen...
- ○ ...que són unes llumeneres i que aprovaran l'examen.
- ○ ...que, amb aquesta assignatura, mai no se'n sortiran.
- ○ ...que el professor els té mania.

3 ●●○ **Hi estàs d'acord?**

Esteu d'acord amb aquest fragment de la lectura? Expliqueu per què:

Només a la vida real, i més encara a la dura realitat de les matemàtiques, quan un no sabia resoldre un problema, no en sabia i prou. No calia donar-hi més voltes.

4 ●●○ **I tu, com ho fas?**

I tu, com ho fas quan no te'n surts amb alguna cosa? Contesta les preguntes:

a. Quan no entens alguna cosa o no et surt, demanes ajuda?

b. Demanar ajuda és positiu o negatiu? Per què?

c. Quan un examen et va molt malament, quin pensament tens? Tria una d'aquestes opcions o afegeix-ne una de nova:
   - ○ Amb aquesta assignatura no hi tinc res a fer.
   - ○ L'examen era massa difícil! Quina injustícia!
   - ○ La propera vegada m'esforçaré més i ho faré millor.

d. Quan una assignatura et costa, quina actitud tens? Creus que hauries de canviar la teva actitud?

e. L'actitud dels protagonistes de la lectura envers les matemàtiques et sembla positiva? Per què?

Com està escrit?

5 ●●○ **Quin és l'argument?**

Quin és l'argument de la lectura? Explica'l breument.

6 ●●○ **T'hi has fixat?**

Tria l'opció correcta en cada cas:

En Felip Romero és un personatge...

○ ...protagonista. ○ ...secundari.

El narrador del text que has llegit...

○ ...explica la història en primera persona (és un personatge de la història).

○ ...explica la història en tercera persona (no és un personatge de la història).

Els fets de la lectura tenen lloc...

○ ...a casa de l'Adela.

○ ...a casa d'en Lluc.

○ ...en un centre d'educació secundària.

Aquesta història és escrita en temps...

○ ...passat. ○ ...present. ○ ...futur.

7 ●●○ **Cert o fals?**

Ara, llegeix aquest fragment i digues si les afirmacions són certes o falses:

—A mi m'ha passat el mateix —**va dir en Lluc a en Nicolau**—. Si és que no puc. Jo del dos i dos no passo, i m'importa un rave que siguin quatre o vint-i-dos. Per a què serveixen els trencats a la vida real? Que algú m'ho expliqui!

—O saber quant fa el radi de la circumferència? —**va refermar en Nicolau categòricament**.

—Hem suspès, això és segur. —**L'Adela va tocar el costat feble**.

—Ens espera un estiu genial —**es va estremir en Lluc**.

a. El fragment és una descripció.

b. El fragment és un diàleg.

c. Les paraules destacades les diu el narrador.

d. Les intervencions dels personatges estan en el mateix temps verbal que les del narrador.

e. Les intervencions del narrador estan en passat perquè explica uns fets que ja han succeït.

8 ●●○ **Què en penses?**

T'ha agradat el text que has llegit? Explica-ho raonadament.

En línia

Bibliotube

***L'assassinat del professor de matemàtiques* és una novel·la capaç de fer que fins i tot els que s'entrebanquen amb les matemàtiques les acabin trobant interessants!**

Reflexions literàries

Per què és interessant aquest llibre?

- **Perquè et farà redescobrir una nova manera d'entendre les matemàtiques.**

  Si ets dels que pensa que les matemàtiques no són per a tothom o que són massa difícils, potser et convé llegir el llibre sencer. Jordi Sierra i Fabra es proposa fer-nos canviar d'opinió sobre el fet que les matemàtiques poden semblar avorrides i complicades.

- **Perquè combina lletres i nombres.**

  I si ets dels que adoren les matemàtiques, prepara't! Perquè aquest llibre, a més d'explicar una història, també ensenya petits trucs, enigmes i jocs d'enginy, que demostren la part més divertida de les matemàtiques. Així doncs, quan el comencis a llegir, tingues a punt un bolígraf i un full, perquè et moriràs de ganes de resoldre els enigmes que planteja als protagonistes!

- **Perquè és un cant a l'amistat.**

  Sovint els llibres tenen un protagonista, que és el personatge principal; però, en aquest cas, el protagonista no és un, sinó que són tres, i, a més a més, bons amics: l'Adela, en Nicolau i en Lluc. Tots tres tenen en comú el fet que no suporten les matemàtiques, perquè no entenen de què els poden servir a la vida. El fet que els protagonistes siguin tres amics ajuda que la novel·la sigui molt més dinàmica i divertida.

**A la vida, s'han de prendre moltes decisions.
Per exemple: humanitats o ciències?
Tu quina prens? Ets de ciències o de lletres?**

A la colla d'amics protagonistes de *L'assassinat del professor de matemàtiques* els uneix l'aversió per les matemàtiques. Què us uneix a tu i als teus amics?

L'empatia

Saps què és l'empatia?

L'empatia és la capacitat de posar-se en el lloc de l'altre per intentar entendre què sent o què pensa.

Per exemple, si veus una persona que està sola o seriosa, que té problemes... seràs capaç d'entendre que potser se sent trista.

Com podem treballar l'empatia i escriure de manera empàtica?

L'escriptura s'assembla molt a fer d'actor en una obra de teatre o en una pel·lícula, ja que en tots dos casos cal posar-se en la pell d'un personatge i pensar, parlar, vestir-se i actuar com ell.

La majoria de vegades el personatge que interpretem o sobre el qual escrivim no té res a veure amb la nostra personalitat, i és la capacitat d'entendre'l i de posar-nos en la seva pell el que ens fa empàtics.

Un dels trucs clau a l'hora de crear empatia cap a un personatge que no té res a veure amb nosaltres és intentar trobar quina part de nosaltres o quin record de la nostra vida s'assembla al personatge o al moment vital pel qual està passant.

Partir de sensacions i records propis farà que puguis entendre molt millor el personatge i que puguis escriure sobre ell de manera més creïble.

En el cas de *L'assassinat del professor de matemàtiques*, l'empatia amb els personatges es genera perquè tots nosaltres, en algun moment de la vida, hem fet algun examen i en acabar hem pensat que no ens ha anat gens bé.

Sigues empàtic! Posa't a la pell d'un personatge

Escriptura creativa

En línia

Prepara

Quin personatge t'agrada més?

Hi tens alguna cosa en comú? Pensa-hi!

Ara, intenta definir una mica el seu perfil. Fes volar la imaginació i deixa pas a la fantasia!

- Quina edat té?
- Com és, físicament?
- Què destacaries de la seva personalitat?
- Quins defectes té? Quines virtuts?
- Li ha passat alguna cosa estranya en el passat?
- Té alguna afició especial?

Escriu

Com seria un dia sencer del personatge que has escollit? Descriu-lo.

Del text que has redactat, podries dir què és ficció i què comparteixes amb el personatge? Subratlla tot allò que comparteixes amb ell.

Revisa

Ara, revisa el text! Que no hi hagi faltes d'ortografia i que estigui ben puntuat i redactat.

Per acabar, feu una lectura anònima a la classe de tots els personatges que heu creat. Intenteu endevinar qui ha creat cadascun dels personatges per algun tret que el delati.

Reflexionem sobre la llengua

Les grafies g/j, x/ix, tx/ig

És veritat que un so es pot representar amb grafies diferents? I tant! Per exemple, en els mots gimnàs i jardí! O en les terminacions de les paraules despatx i raig.

Apa, res, és qüestió de recordar alguna norma per saber quina grafia has de fer servir!

Les grafies g/j

Les grafies **g** i **j** representen en alguns casos el mateix so sonor.

	S'ESCRIU	EXEMPLES
g	Davant **e**, **i**. Excepte: • Els grups **-jecc-** i **-ject-**. • El verb **jeure**. • Paraules que cal recordar.	***g**est, bur**g**ès, **g**imnàs, mà**g**ic...* • *in**j**ecció, in**j**ectar* • *jo **j**ec, tu **j**eus, ell/ella **j**eu...* • ***j**erarquia, **j**eroglífic, **J**esús, **j**ersei...*
j	Davant **a**, **o**, **u**.	***j**ardí, **j**ove, ma**j**úscula...*

Les grafies x/ix

Les grafies **x** i **ix** corresponen al so de la lletra **xeix**: ***x**in**x**eta*, *ca**ix**a*.

	S'ESCRIU	EXEMPLES
x	• A començament de mot. • Després de consonant. • Darrere **i**. • Darrere **u** semivocal (diftong).	• ***X**avier, **X**ina, **x**uclar...* • *mar**x**ar, pun**x**a...* • *Fli**x**, mi**x**eta, gui**x**...* • *disbau**x**a, rau**x**a...*
ix	Darrere **a**, **e**, **o**, **u**.	*ca**ix**a, que**ix**al, co**ix**, bru**ix**a...*

Pel que fa a la **pronúncia**, en català occidental, i en algunes zones del català oriental, a principi de mot i després de consonant la **x** es pronuncia com la grafia **tx** de ***tx**ec* o de *ba**tx**illerat*. Una altra remarca del català occidental que cal tenir en compte és que la **i** del grup **ix** es pronuncia; per tant, **ix** en el català occidental no és un dígraf.

Les grafies tx/ig

Les grafies **tx** i **ig** tenen el mateix so: *despa**tx***, *bo**ig***.

	S'ESCRIU	EXEMPLES
tx	• A principi i enmig de mot. • A fi de mot si els derivats tenen el mateix so.	• ***tx**ec; du**tx**a, fi**tx**a...* • *carju**tx** (cartu**tx**era), despa**tx** (despa**tx**ar)...*
ig	A fi de mot si els derivats s'escriuen amb **g**, **j**, **tg** o **tj**.	*passe**ig** (passe**j**ar); lle**ig** (lle**tj**a, lle**tg**esa)...*

? Si el derivat és **batejar**, el mot primitiu s'escriu amb **tx** o amb **ig**?

1 Com es conjuguen?

Com es conjuga el present d'indicatiu dels verbs menjar i fugir? Escriu-lo.

Després de fixar-te en el que has escrit, quines conclusions treus sobre l'escriptura de g i j davant de vocals?

2 I en el teu parlar?

Digues si les grafies destacades sonen igual o no, segons el teu parlar:

patge / girar · caixa / xocolata · granja / ferotge · txec / panxa · cuixa / xàfec · guix / faixa · passeig / caputxa · fetge / fitxa

3 Quina és la intrusa?

Pronuncia aquestes paraules en veu alta i assenyala la paraula intrusa de cada grup:

xaval • calaix • cotxe

injecció • julivert • gat

caputxa • fetge • txec • passeig

4 Derivats!

Escriu derivats d'aquests mots:

cartutx · bateig · aireig · balanceig · empatx · capritx

5 Què hi falta?

Completa les oracions amb x, ix, g, j, tx, ig:

a. Al restaurant del passe___ serve___en esque___ada.

b. Vi___ila no m'esqui___is ___ugant amb la bro___a.

c. Tinc el pro___ecte d'anar a estiue___ar a la Garro___a.

d. Quin mare___ quan ve___ el balance___ de la barca!

6 DICTAT PREPARAT

Per escriure sense faltes és important fixar-nos molt bé en les paraules. Llegeix el text següent abans que te'l dictin i fes les activitats:

Àudio

Per demostrar-los què era capaç de fer, em vaig treure la samarreta i em vaig ensorrar de cap al safareig. L'aigua era tan freda que em va fer tremolar com una fulla d'arbre, però no vaig deixar ni un racó del cos, de cintura en amunt, sense que se m'hi clavessin les fines punxes d'aquelles gotes glaçades. Les dents em petaven com unes castanyoles quan em vaig asseure per calçar-me i en Sam em va llançar al vol el mateix tros de manta que havia fet servir ell per eixugar-se. Feia l'olor d'aquella aigua de colònia que l'avi i jo ens escampàvem pel clatell quan anàvem al rodeo de Socorro.

Vam esmorzar tots tres: les mongetes que havien sobrat del sopar i unes bones llenques de cansalada fregida amb unes galetes més dures que una sola de sabata.

JOAQUIM CARBÓ,
L'home que es va aturar davant de casa. La Galera

a. Busca en el text totes les formes verbals en primera persona del singular del passat perifràstic i copia-les.

b. Troba la paraula del text que acaba en -ig i que es refereix al lloc on antigament es rentava la roba.

c. Copia les paraules del text que s'escriuen amb x i indica quines tenen el so de xeix.

d. Copia les paraules del text que s'escriuen amb ç.

7 COMPAREM LLENGÜES!

Saps què és la che? És el dígraf del castellà (ch) que representa el so [tʃ]. Com traduiries aquestes paraules amb ch del castellà al català?

alcachofa · flecha · peluche · enchufe · cachalote · chupete · coche · brocheta · chimenea

En línia

L'assassinat del professor de matemàtiques

Jordi Sierra i Fabra

—Adela, Lluc, Nicolau, quedeu-vos un moment, si us plau.

Els tres nois al·ludits primer van obrir els ulls i després es van mirar els uns als altres. Es van quedar aixafats al seient, com si el tinguessin enganxat al cul amb cola de contacte. La resta dels alumnes es van evaporar en pocs segons. Alguns els van llançar mirades d'ànim i de solidaritat, d'altres, de befa sorneguera.

—Us ha tocat —va murmurar un dels més empipadors.

L'Adela, en Lluc i en Nicolau es van quedar sols. Sols amb en Felip Romero, el professor de matemàtiques. "Flip" per als amics, a més de "profe" o "el de mates", que és com l'anomenaven habitualment.

El mestre no es va posar dret immediatament. Tampoc no va començar a parlar-los de seguida. Va continuar assegut, estudiant alguna cosa amb molta atenció. El silenci es va fer omnipresent a mesura que el temps transcorria. Més enllà, darrere les finestres, la gresca que feien els que ja eren al pati pujava en espiral fins on es trobaven ells.

L'Adela es va remoure inquieta. La cadira on seia va gemegar lleument.

Era una noia alta i espigada, d'ulls vius i amb uns cabells llargs que li arribaven a la meitat de l'esquena. Duia roba informal, com la major part de nois i noies. La seva preocupació no era inferior a la dels altres dos. Van tornar a mirar-se. En Lluc va arquejar les celles. En Nicolau va fer cara de circumstàncies. En Lluc era el més alt de tots tres, sec com un gaig, amb la cara pigada i un somriure molt expressiu. En Nicolau era tot el contrari: baixet i rabassut, amb els cabells força llargs i una mirada penetrant.

1 Segons el text, quina és la resposta correcta?

- **Quan el professor els diu que es quedin un moment amb ell, en Lluc, l'Adela i en Nicolau se senten...**
  - ○ ...contents i emocionats.
  - ○ ...nerviosos i inquiets.
  - ○ ...enfadats i irritats.
  - ○ ...encuriosits i intrigats.

- **Què fa, el professor, quan la resta de companys han sortit de classe?**
  - ○ Renya en Lluc, l'Adela i en Nicolau.
  - ○ S'aixeca de la cadira.
  - ○ Comença a parlar immediatament.
  - ○ Es queda una estona en silenci.

- **D'acord amb el fragment, quin o quins dels tres amics tenen pigues?**
  - ○ En Lluc i l'Adela.
  - ○ Només en Lluc.
  - ○ Només l'Adela.
  - ○ Tots tres.

- **Quina de les afirmacions següents és certa?**
  - ○ L'Adela va vestida amb roba elegant.
  - ○ En Nicolau no és més alt que l'Adela.
  - ○ En Nicolau i en Lluc s'assemblen.
  - ○ L'Adela està menys preocupada que en Lluc i en Nicolau.

- **Quan descriu en Lluc, el narrador diu que és "sec com un gaig". Què vol dir, sec, en aquest context?**
  - ○ Prim.
  - ○ Desagradable o esquerp.
  - ○ Que no beu gaire aigua.
  - ○ Alt.

2 Fixa't en aquestes paraules del text. En quina parella de mots les grafies destacades no sonen igual?

○ a**ix**afat / engan**x**at ○ ga**ig** / espi**g**ada ○ se**g**ons / sorne**gu**era ○ **g**emegar / ma**j**or

Escriu el present d'indicatiu del verb arquejar.

3 En aquest fragment, és ben evident que els protagonistes no ho estan passant gens bé. Sort que el seu professor és molt empàtic. Què creus que els diu perquè se sentin millor? Inventa't un diàleg entre en Felip Romero i en Lluc, en Nicolau i l'Adela.

Amb unes 150 paraules n'hi ha prou!

Què en sabem, ara?

Recordeu les preguntes del baròmetre d'aula?

Què passaria si les responguéssiu ara?
Segur que heu millorat!

Baròmetre d'aula

Valora't

En línia

**Ja has arribat al final.
És el moment d'aturar-se i reflexionar.
Què contestaries a cada una d'aquestes preguntes?**

Què has après?

- ○ Que hi ha estratègies per escriure de manera empàtica.
- ○ Que Jordi Sierra i Fabra ha escrit molts llibres.

Per exemple?

Com ho has après?

- ○ He seguit processos creatius guiats.
- ○ He organitzat bé les tasques i les he acabat totes a temps.

Com?

Com podries millorar?

- ○ He d'intentar seguir els passos indicats per escriure un text.
- ○ He d'aprendre a calcular el temps que necessito per fer cada tasca.

Com?

Per a què et pot servir?

- ○ Si aprenc a seguir processos per obtenir un resultat, podré aprendre moltes coses noves amb facilitat.
- ○ Saber gestionar el temps m'ajudarà a tenir més estones lliures.

Per exemple?

Què t'ha semblat la seqüència 7?

SEQÜÈNCIA 8

Aquest és el lloc

Has trobat un lloc on t'agradaria passar la vida?

Connectem

Hi ha tants gustos com persones. Hi ha gent a qui li agrada viure en una gran ciutat i n'hi ha que es perdrien en una illa deserta. Entremig, tots els paisatges del món! Què ho deu fer, que un paisatge ens enamori i un altre ens deixi indiferents? Els artistes han reproduït els paisatges que els han fascinat i ho han fet després d'observar-los durant hores i hores.

I tu, com vas d'observació? I de paciència...?

Busca en el quadre aquests animals.
Posa en marxa el rellotge!

mussol · tortuga · lloro · camell · cérvol · cigne

- Pots trobar algun dels elements del quadre a prop de casa?
- Coneixes bé els paisatges de Catalunya?
- Quins parcs naturals coneixes? Hi trobaries algun d'aquests animals?

Què en sabem?

Baròmetre d'aula

1 **Teniu un joc de taula que consisteix a endevinar imatges. L'única norma és que no es pot dir el nom dels objectes que hi apareixen; només es pot explicar com són. Com us ho fareu?**

- Narrant, explicant una història inventada protagonitzada per uns personatges en un espai i un lloc concrets.
- Descrivint, explicant amb detall i precisió com és algun lloc, persona o cosa.
- Enumerant, fent una llista de tots els elements que apareixen en les imatges.
- Dialogant, establint una conversa amb els companys sobre la partida.

2 **Quin tipus de paraules utilitzarà més el membre de l'equip que hagi d'explicar com són els paisatges, els personatges i els objectes que apareixen en les imatges?**

- Preposicions.
- Substantius.
- Adverbis.
- Adjectius.

3 **Quan hi jugueu, quin tipus de descripcions podreu fer, segons el punt de vista utilitzat?**

- Descripció real i inventada.
- Descripció objectiva i subjectiva.
- Descripció general i detallada.
- Descripció cronològica i atemporal.

4 **És el teu torn! Has d'intentar que els altres endevinin les imatges de llocs, perquè valen més punts. Què podràs percebre a través del sentit de la vista?**

- L'olor del paisatge.
- Els colors del paisatge.
- La temperatura del lloc.
- El país al qual pertany.

5 **La finalitat del joc és que els membres de cada equip...**

- ...es puguin fer una representació mental d'allò que se'ls explica i endevinin les imatges.
- ...aconsegueixin arribar al lloc que se'ls explica i puguin fer la mateixa fotografia.
- ...coneguin tota la història sobre els llocs de les imatges i siguin capaços d'explicar-la amb mímica.
- ...percebin amb els cinc sentits el que se'ls explica i es traslladin sensorialment al lloc de les imatges.

6 **En quin d'aquests textos també podràs trobar l'explicació detallada de com és un espai concret?**

- En una guia de viatges.
- En una recepta de cuina.
- En un manual tècnic.
- En una entrevista.

7 **Jugant, endevinant, guanyant... Què tenen en comú totes aquestes paraules, a part que acaben en -nt?**

- Són infinitius.
- Són participis.
- Són gerundis.
- Són conjugacions.

8 **Hi ha moltes altres paraules que acaben en -t, per exemple, paret. Saps per què s'escriu amb t final i no amb d?**

- Perquè és una excepció a la regla.
- Perquè les paraules de la mateixa família s'escriuen amb d (paredar).
- Perquè va darrere vocal àtona a final de paraula.
- Perquè va darrere vocal tònica a final de paraula.

8 racons on enamorar-se del delta de l'Ebre

Us proposem vuit indrets per gaudir al màxim del parc natural del delta de l'Ebre

Platges solitàries, barraques tradicionals, flamencs alçant el vol a les llacunes, pobles de casetes blanques on sembla que el temps s'hagi aturat. Són estampes habituals i evocadores a l'abast de tothom qui es passegi pel territori que forma aquest parc natural de gran i singular riquesa paisatgística. Des de l'Ampolla, Deltebre, Sant Jaume d'Enveja, Poblenou del Delta o Sant Carles de la Ràpita és senzill endinsar-se per les carreteres locals i les pistes que solquen els camps d'arrossars i voregen aiguamolls i llargues platges de dunes i canyissars. De ben segur que us enamorareu d'aquests vuit racons i en descobrireu molts d'altres.

El far del Fangar

La punta del Fangar és un dels espais naturals més singulars de Catalunya. El seu aspecte, gairebé desèrtic, amb el far vermell i blanc, solitari, envoltat d'extensos sorrals, el converteix en un escenari màgic. Des de la platja de la Marquesa fins al far hi ha quatre quilòmetres que cal recórrer a peu travessant tota la península entre dunes de sorra fina i daurada.

Les llacunes de la Tancada i l'Encanyissada

Són l'ànima del delta. Hi nien i s'hi aturen diverses espècies d'ocells i configuren un paisatge peculiar, que canvia amb la llum del sol i forma grans miralls d'aigua envoltats de canyissars. Podeu llogar uns binocles per contemplar els ocells des dels diferents observatoris que hi ha a tocar de les llacunes.

La platja del Trabucador

Aquesta llarga platja de dunes és sempre un lloc bonic i especial per fer-hi una passejada o contemplar flamencs. És també un espai molt freqüentat per aficionats del surf de vela i el surf d'estel, que omplen el mar i el cel de colors llampants. L'indret us semblarà el paradís a mitja tarda, quan la llum del sol esdevé daurada i finalment tenyeix de tons vermells el cel i el mar.

Poblenou del Delta

Cases blanques de poca alçària i palmeres són les protagonistes al Poblenou del Delta, un petit poble situat enmig dels camps d'arrossars. Destaquen l'església, els carrers enjardinats i els restaurants, hotels i cases rurals, situats a les típiques cases del poble, d'estil colonial.

Les muscleres

Visitar-les us permetrà recórrer la zona d'una altra manera, descobrir els secrets del cultiu de les ostres i els musclos i... tastar-los! Algunes ofereixen degustacions i dinars a base de musclos, ostres i arrossos i altres menjars típics. Hi podreu arribar amb una embarcació pròpia o llogada o amb les "golondrines" o vaixells turístics.

La platja de Riumar

Encara queden platges gairebé verges al delta de l'Ebre. Una d'aquestes és la de Riumar, una llarga llengua de sorra on es pot gaudir d'una platja de sorra fina, d'aigües poc profundes i sense massificacions enmig d'un atractiu paratge natural protagonitzat per dunes i canyissars.

El Garxal

És el nom d'una de les llacunes del Delta, però també d'una zona i d'un far, on hi ha un dels millors miradors de la desembocadura de l'Ebre. A prop de l'inici del recorregut hi ha el Muntell de les Verges, una duna de cinc metres d'alçària des d'on es pot veure la famosa illa de Buda.

La bassa de les Olles

És la llacuna més petita del delta de l'Ebre i l'antiga desembocadura del riu. Hi podreu veure pontones, que són les típiques barques de pescadors del delta, o usar els observatoris per veure ocells de diferents espècies.

Cecília Lorenzo,
Descobrir, 10/4/2021 (adaptació).

Ens comuniquem

La descripció d'espais

En el nostre dia a dia passem per molts espais diferents, alguns són exteriors, com el parc o el carrer on vivim, i d'altres són interiors, com la classe de l'institut o la nostra habitació. Sigui com sigui, hi ha diferents maneres d'explicar com és un lloc: podem fer-ne una foto i ensenyar-la, però també podem descriure'l amb paraules. Quan vols conèixer un lloc concret o triar un lloc per visitar, les descripcions et poden ser de gran ajuda.

Pautes d'anàlisi

Fixa't en:

- El tipus de descripció:
  - Segons el tema: si es descriu un espai, una persona...
  - Segons el punt de vista: si és objectiva o subjectiva.
- La presentació dels elements en l'espai:
  - Del més general al més concret, o a la inversa.
  - De dalt a baix, d'esquerra a dreta, del més llunyà al més proper...
  - La presència dels sentits: els colors, les olors, el tacte i les sensacions.
- El llenguatge:
  - Els adjectius que qualifiquen cada substantiu.
  - Els connectors: adverbis (*dins*, *davant*, *enllà*...), expressions de lloc (*més endavant*, *a dalt de tot*...).
  - Les comparacions.

1 ●●○ **Tres preguntes bàsiques**

Ja saps com és el delta de l'Ebre? Tria la resposta correcta:

Quin tipus de paisatge pots trobar al delta de l'Ebre?

○ Muntanyes, llacs, rius i valls.
○ Platges, aiguamolls, canyissars i arrossars.
○ Camps, boscos, turons i hortes.

Com són els pobles del delta de l'Ebre?

○ Moderns i punters en tecnologia.
○ Grans i rics.
○ Tradicionals i senzills.

El delta de l'Ebre és una bona elecció si busques...

○ ...naturalesa i tranquil·litat.
○ ...practicar esports de muntanya.
○ ...l'agitació de la gran ciutat.

2 ●●○ **On es pot fer?**

Si fossis al delta, on aniries a fer aquestes activitats?

- Visitar un mirador de la desembocadura de l'Ebre.
- Observar ocells amb binocles en un observatori.
- Banyar-te al mar en aigües poc profundes.
- Visitar un far en un entorn desèrtic.
- Practicar surf de vela.
- Veure pontones, les típiques barques de pescadors.
- Visitar un poblet amb cases d'estil colonial.
- Fer un dinar de musclos i ostres.

- La punta del Fangar
- La platja de Riumar
- Poblenou del Delta
- La platja del Trabucador
- El Garxal
- La bassa de les Olles
- Les muscleres
- Les llacunes de la Tancada i l'Encanyissada

3 ●○○ Sopa del delta

Els adjectius són essencials en els textos descriptius. Busca en la sopa de lletres nou adjectius que surten en el text:

1. Dit del lloc on algú es troba tot sol. El far del Fangar ho és.
2. Que té una extensió considerable. Els sorrals del delta ho són.
3. Que presenta característiques de desert. El paisatge de la punta del Fangar ho sembla.
4. Que té molta distància de la superfície fins al fons. Les aigües de la platja de Riumar no ho són gaire.
5. No comú, que es distingeix per alguna qualitat individual. La platja del Trabucador ho és.
6. Que produeix uns efectes extraordinaris, meravellosos. L'escenari de la punta del Fangar ho és.
7. Que té el poder d'atreure. El paratge de la platja de Riumar ho és.
8. Relatiu o pertanyent al turisme. Els vaixells i els fullets ho poden ser.
9. Que és molt coneguda, que té fama. L'illa de Buda ho és.

O	M	X	A	T	R	A	C	T	I	U	P	A
H	S	S	X	M	O	F	E	V	O	P	E	S
A	X	O	X	A	S	A	N	D	E	R	O	R
B	X	S	L	G	X	M	I	E	L	O	V	T
U	X	N	D	I	S	O	M	S	O	F	A	C
V	X	E	I	C	T	S	L	E	V	U	I	N
O	X	T	A	U	C	A	X	R	A	N	E	X
W	U	X	P	E	J	N	R	T	M	D	A	F
D	A	E	G	E	F	I	U	I	J	E	I	N
A	T	U	R	I	S	T	I	C	S	S	U	Q
H	E	J	E	S	P	E	C	I	A	L	U	B
B	H	E	K	U	N	A	S	O	M	E	L	A

4 ●●○ Tot de colors!

Els colors sempre són molt presents en les descripcions d'espais. Troba en el text tres exemples que hi facin referència i copia'ls.

5 ●●○ Com s'estructura?

T'has fixat com es presenta la informació en el text? Indica l'opció certa:

- ○ De nord a sud; primer es descriuen els territoris del delta que hi ha més al nord.
- ○ Del més llunyà al més proper; primer es descriuen els elements que estan més apartats en cada fotografia.
- ○ D'esquerra a dreta; primer es descriuen els elements que hi ha a l'esquerra de cada fotografia.
- ○ Del més general al més concret; primer es fa una panoràmica general del paisatge de la zona i després es descriu cada un dels racons escollits.

6 ●●● Objectiu o subjectiu?

La descripció dels vuit racons del delta de l'Ebre combina elements objectius i subjectius. Cerqueu algun exemple de cada en el text.

- **Descripció objectiva:** s'informa de manera imparcial d'allò que es percep amb els sentits.
- **Descripció subjectiva:** es pretén convèncer el lector perquè visiti la zona; per tant, s'hi afegeixen matisos personals.

La descripció d'espais

Els textos descriptius expliquen amb detall i precisió com són els objectes, els llocs, els paisatges, els ambients, els animals, les persones...

El text descriptiu

Les descripcions no acostumen a presentar-se aïllades, sinó que solen formar part de textos narratius i expositius. Podem trobar descripcions en textos literaris, com les novel·les i els contes, però també en notícies, reportatges, guies de viatges, fullets turístics, etc.

La finalitat d'aquest tipus de text és informar els lectors perquè puguin fer-se una representació mental d'allò que s'explica oralment o per escrit.

Tipus de descripcions

Hi ha molts tipus de descripcions, que es classifiquen segons el tema i el punt de vista de la persona que les fa.

Segons el **tema**, hi ha descripcions d'objectes, espais, ambients, èpoques, sentiments, éssers vius, etc.

Segons el **punt de vista** adoptat, una descripció pot ser:

- **Objectiva:** fa una explicació detallada del que es percep amb els sentits, sense expressar emocions ni valoracions personals. Té una intenció informativa.
- **Subjectiva:** expressa les emocions i els sentiments de la persona que fa la descripció. Pretén provocar una emoció en el receptor.

Sovint, en una mateixa descripció hi pot haver elements objectius i elements subjectius.

Com són les descripcions d'espais?

Els fullets turístics, les guies de viatge, els diaris de viatges, els dietaris —o llibres en què s'escriu, per dies, els esdeveniments més importants—, les revistes de decoració, etc., són textos que contenen **descripcions d'espais** destinats a les persones que tenen interès per coneixe'ls.

A l'hora de fer la descripció dels espais cal:

1. **Triar l'espai.**
2. **Observar l'espai:**
   - l'entorn, l'ambient
   - els colors, la llum
   - les olors
   - els sons, el silenci
3. **Seleccionar l'ordre de presentació dels elements que conformen l'espai:**
   - del general al concret
   - d'esquerra a dreta
   - de dalt a baix
4. **Estructurar i ordenar el text fent servir:**
   - connectors
   - expressions de lloc (*dins, fora, davant, darrere, a dalt de tot, a baix*)
5. **Redactar el text fent servir:**
   - frases curtes
   - enumeracions
   - adjectius
   - comparacions
6. **Revisar el text:**
   - corregir els errors
   - esmenar allò que sigui millorable

Escrivim...

La millor manera de demostrar que coneixes les característiques d'una tipologia textual és... redactant-ne un exemple. Sabries descriure un espai? Posa't a prova amb aquest taller!

Finestra al mar

Finestra al llac

Finestra al camp

Finestra a la muntanya

Prepara i planifica

1 Quin d'aquests paisatges triaries?

El paisatge i l'entorn no només es poden habitar o recórrer, també ens poden aportar sensacions i emocions que ens ajudin a estar millor i a ser més feliços. De paisatges n'hi ha de molts tipus: de costa, d'interior, d'alta muntanya, de ciutat... Imagina que en obrir la finestra de la teva habitació et poguessis traslladar on volguessis.

Per escriure una bona descripció, primer has d'observar bé la imatge, fixar-te en els elements que hi apareixen, com els perceps amb els sentits, quines sensacions et transmeten... Després, has d'organitzar tota aquesta informació i planificar el text. Posa fil a l'agulla!

2 Sobre el paisatge que vols descriure

- Quin has triat? Per què? Què te n'ha cridat l'atenció?
- Cada tipus de paisatge té les seves particularitats, per això és important ser molt observador a l'hora de descriure'l. Com és el paisatge que has triat? **Descriu-lo**.
- **Completa una taula** com aquesta:

Elements naturals destacats		
Situació en la imatge		
Adjectius qualificatius		
Sentits	Colors	
	Olors	
	Sensacions	

Després de contemplar i analitzar el paisatge, és el moment de donar forma a la informació i escriure la teva descripció. Som-hi!

Escriu i revisa

3 Ara és el moment!

Recordes en què t'havies de fixar a l'hora de llegir les descripcions del delta de l'Ebre? Torna a llegir les pautes d'anàlisi de la pàgina 115.

Escriu la descripció del paisatge que veuries des de la finestra de la teva habitació somiada.

Fes-ho diferent: la comparació.

- La comparació consisteix a establir una relació de semblança entre un objecte real i un d'imaginari mitjançant el nexe **com**: *casetes blanques* ***com*** *l'escuma del mar*. Converteix algun dels adjectius que has fet servir en una comparació.

4 Com ha quedat la descripció?

Rellegeix-la i respon sí, no o es pot millorar:

- Has estructurat la informació?
- Has fet servir adjectius? I comparacions?
- Hi ha valoracions objectives? I subjectives?
- T'has deixat alguna cosa per descriure?

Refés la descripció per millorar els aspectes que has vist que no acaben d'estar prou bé.

Per millorar la descripció, pots llegir-la a un company o una companya, que haurà d'endevinar el paisatge que has triat.

Finalment, comprova:

- ✔ Si la descripció dels elements naturals segueix un ordre lògic.
- ✔ Si es fan servir connectors.
- ✔ Si es fan servir adjectius i comparacions per explicar com són els elements naturals.
- ✔ Si hi ha valoracions subjectives.

En línia

i parlem

Sabeu què és l'audiodescripció? Una tècnica que facilita a les persones amb discapacitat visual l'accés a les imatges mitjançant la descripció oral.

Escolta

1 Mireu l'inici d'aquest capítol de la sèrie *Merlí* amb l'audiodescripció activada

Què en saps, de l'audiodescripció? Respon:

- L'audiodescripció descriu...
  - ○ ...tots els objectes que apareixen en l'escena.
  - ○ ...els elements i les accions més rellevants.
  - ○ ...només l'aspecte físic dels personatges.
- L'audiodescripció és...
  - ○ ...un sistema inclusiu de suport a la comunicació.
  - ○ ...una narració visual inclusiva sense so.
  - ○ ...una descripció extensa de l'escenografia.

Parla

2 T'ha estat fàcil?

Mira l'inici d'un altre capítol de *Merlí* amb l'audiodescripció activada i els ulls tapats i explica si t'ha estat fàcil seguir la història. Enregistra la teva experiència!

3 Que comenci el debat!

Parleu-ne entre tots:

- Per què és necessària l'audiodescripció?
- Creus que és prou coneguda, aquesta tècnica?
- A qui penses que pot beneficiar?

4 Entre tots!

Trieu un capítol d'un dels programes o sèries amb audiodescripció de TV3 i intenteu fer-ne l'audiodescripció d'algunes escenes.

En línia

Reflexionem sobre la llengua

Les grafies p/b, t/d, c/g i b/v

Què tenen en comú les lletres p, b, t, d, c i g? Doncs que totes representen sons oclusius, és a dir, que quan els pronunciem interrompem completament el corrent de l'aire. No t'ho creus? Intenta dir Barcelona sense tancar la boca per dir la b i veuràs com no pots.

I parlant de la b... És veritat que un so pot tenir grafies diferents? Fixa't com pronuncies vaixell i boca. Ja ho tens més clar?

Les grafies p/b, t/d, c/g

L'escriptura de les consonants **p**/**b**, **t**/**d**, **c**/**g** acostuma a presentar dificultats a final de síl·laba o de mot perquè o bé no es pronuncien o bé es confonen, excepte en algunes varietats del català.

Fixa't com s'escriuen les paraules següents i comprova la pronúncia de les consonants destacades:

ta**p** • àra**b**	ami**c** • càsti**g**
sor**t** • sor**d**	pare**t** • fre**d**
estir**p** • cor**b**	mar**c** • llar**g**

Les normes de p/b, t/d, c/g a final de mot

Per saber quan s'escriuen aquestes grafies, et caldrà recordar les normes següents:

S'ESCRIU		EXEMPLES
p, **t** o **c**	A final de paraula, darrere vocal tònica o diftong.	*ce**p**, pare**t**, ami**c**, pi**t**, bui**t**...*
p o **b** **t** o **d** **c** o **g**	• Darrere vocal àtona segons la grafia de la paraula derivada. • Darrere consonant segons la grafia de la paraula derivada.	• *ràpi**d*** ▸ *rapi**d**esa* *càsti**g*** ▸ *casti**g**ar* • *ver**d*** ▸ *ver**d**ura* *san**g*** ▸ *san**g**onera*

Recorda!

- Els gerundis sempre acaben en **-nt**: *parla**nt**, beve**nt**, pati**nt***.
- Els participis sempre acaben en **-t**: *parla**t**, begu**t**, pati**t***.
- Hi ha paraules en què les consonants **-p**, **-b**, **-t** i **-d** a final de mot no es pronuncien. Per saber com s'han d'escriure, cal fixar-se en els seus derivats: *cam**p*** (*cam**p**estre*), *tom**b*** (*tom**b**ar*), *san**t*** (*san**t**oral*), *profun**d*** (*profun**d**itat*)...
- En alguns indrets del País Valencià i de les Illes Balears, els sons [p] i [t] a final de mot sí que es pronuncien.

Són excepcions a les normes anteriors:

- Els noms femenins acabats en **-etud** i **-itud**, que s'escriuen amb **-d**: *solitu**d**, quietu**d***.
- La primera persona del present d'indicatiu d'alguns verbs de la segona conjugació, que acaba en **-c**: *pren**c**, ven**c***.
- Les paraules **adob**, **fred**, **pedagog**, **aràbic**, **fàstic**, **préssec**, **càrrec**...

? Si el derivat **gormanda** s'escriu amb **d**, quina lletra falta a **gorman_**?

Les grafies b/v

La consonant **b**, fins i tot entremig de mot, es pronuncia igual que la consonant **v** en bona part del domini lingüístic català (exceptuant-ne el valencià, el balear i l'alguerès).

Hi ha, però, algunes normes ortogràfiques per saber escriure aquestes grafies:

	S'ESCRIU	EXEMPLES	EXCEPCIONS
b	• Davant **l** i **r**. • Darrere **m**. • Alternant amb **p** en paraules de la mateixa família.	• ***bl**au, co**bl**a, **br**usa, a**br**açar* • *co**mb**oi, e**mb**olicar, va**mb**a* • *ca**p** ▸ ca**b**ut* *llo**p** ▸ llo**b**a*	• *circu**mv**al·lació, tra**mv**ia*
v	• Darrere **n**. • En les terminacions de l'imperfet d'indicatiu dels verbs de la primera conjugació. • Alternant amb **u** en paraules de la mateixa família.	• *ca**nv**iar, e**nv**estir* • *canta**va**, menja**ves**, acabà**vem**, saltà**veu**, arriba**ven*** • *bla**v**a ▸ bla**u**, ne**v**ada ▸ ne**u***	

? Podem escriure **v** davant de **l**? I darrere de **m**?

Hi ha paraules que per influència del castellà o del francès de vegades s'escriuen malament; per això cal recordar-les:

S'ESCRIUEN AMB V			S'ESCRIUEN AMB B		
ad**v**ocat	a**v**ortar	go**v**ern	a**b**ans	**b**olcar	cor**b**a
ca**v**all	ga**v**ardina	ba**v**a	**b**asc	aca**b**ar	arri**b**ar
ha**v**er	sa**v**i	nú**v**ol	mò**b**il	em**b**enar	tre**b**allar
apro**v**ar	alco**v**a	ra**v**e	**b**af	tro**b**ador	cal**b**

Recorda

- A final de mot, darrere vocal tònica o diftong, s'escriu **p**, **t** o **c**, mentre que darrere vocal àtona o consonant s'escriu **p** o **b**, **t** o **d**, **c** o **g**, segons la grafia del derivat.
- S'escriu **b**: davant **l** i **r**, darrere **m** i alternant amb **p**.
- S'escriu **v**: darrere **n**, en les terminacions de l'imperfet d'indicatiu de la primera conjugació i alternant amb **u**.

Reflexionem sobre la llengua

1 ●●● Quina és la norma?

Coneixes les normes ortogràfiques? Respon aquestes preguntes:

a. Per què pop, xarop i esclop s'escriuen amb p final?

b. Per què tard, verd i sord s'escriuen amb d final?

2 ●●● Troba la intrusa

Quina és la paraula intrusa de cada sèrie? Tria la resposta correcta i justifica la teva elecció:

a. jugant, fent, infant, rient

b. explicat, sortit, cantat, escarabat

3 ●●● Saps les formes verbals?

Quin és el participi i el gerundi dels infinitius següents? Escriu-los:

parlar · dormir · mirar · témer · partir · actuar

4 ●●● Per què s'escriuen així?

Coneixeu gaires mots que acabin en una consonant oclusiva? Fixeu-vos en aquests i feu les activitats que hi ha a continuació:

príncep · xarop · esplèndid · rígid · estatut · cunyat · afalac · nàufrag · líquid · buit · feixuc · humit · galop · antic · geòleg · joventut · neguit · gelat

a. Són mots aguts o plans? Classifica'ls.

b. Escriu un derivat de cadascun dels mots plans.

c. Classifica els mots aguts segons acabin en p, t o c.

d. Ja has après la norma de les consonants p/b, t/d, c/g a final de síl·laba o mot? Explica-la.

5 ●●● Quina lletra falta?

Saps com s'escriuen aquestes paraules? Completa-les amb la grafia adequada:

p/b: pa_ · ta_ · co_ · tu_

t/d: pare_ · fre_ · nor_ · bor_

c/g: ar_ · gro_ · ma_ · esca_

6 ●●● Descobreix paraules

A quina paraula fa referència cada definició? Una pista! Totes acaben en una consonant oclusiva:

a. _ _ _ _: Tros de terreny preparat per jugar a algun esport.

b. _ _ _ _ _ _: Persona que es dedica a estudiar els éssers vius.

c. _ _ _ _ _: Fill d'un germà o d'una germana.

d. _ _ _ _: Persona amb qui tens amistat.

e. _ _ _ _: Llengua parlada a Aràbia i en alguns països del nord d'Àfrica i del sud-oest d'Àsia.

f. _ _ _ _: Que no hi sent o hi sent molt poc.

7 ●●● Va de verbs...!

Sabeu conjugar un verb? Completeu una taula com la de sota amb les formes verbals corresponents:

botar			
	treballa		
		espavilava	
			va trobar

8 ●●● Signifiquen el mateix?

Saps què signifiquen aquestes paraules? Escriu una oració amb cada parella de paraules en què quedi clar el seu significat:

bena • vena · sort • sord · beu • veu · vuit • buit · bel • vel · bola • vola

9 Com es conjuga?

Com es conjuga la primera persona de l'imperfet d'indicatiu? Escriu la dels verbs següents:

comprar · estudiar · beure · pensar · embenar · parlar

10 Paraules incompletes!

Aquestes paraules s'escriuen amb b o amb v? Completa-les amb la lletra adequada:

_lanquejar	_olcar	tre_alladors
can_i	ga_ardina	_rossa
fi_ra	_asc	tram_ia
fe_le	_otànic	aca_ar
re_re	ca_all	mò_il

11 Amb B o amb V?

Fixa't en les paraules de la mateixa família i completa amb b o v:

tou ▸ to_a · esto_ar

llop ▸ llo_a · llo_ató

suau ▸ sua_itat · sua_itzar

sap ▸ sa_er · sa_erut

Després de fixar-te en aquestes paraules, quines conclusions en treus? Completa:

La u alterna amb la _ en paraules de la mateixa família i la p alterna amb la _.

12 Falten lletres!

Com completaries els buits d'aquestes oracions? Escriu b o v, segons pertoqui:

a. Els o_rers de la fà_rica _an signar un con_eni.

b. El meu a_i no s'o_lida de quan encara hi ha_ia tram_ies a la seva po_lació.

c. Quan _aig ser dalt del ca_all es va em_alar com una fletxa.

13 DICTAT PREPARAT

Per escriure sense faltes és important fixar-nos molt bé en les paraules. Llegeix el text següent abans que te'l dictin i fes les activitats:

Àudio

Ara, per primera vegada, experimentava el goig de l'exploració. L'illa era inhabitada; als meus companys de navegació els havia deixat enrere, i al meu davant no hi havia altra vida que la dels animals muts i les aus. Vaig fer giragonses entre els arbres. Aquí i allà hi havia plantes en flor, per a mi desconegudes; vaig veure, ací i allà, serps, i fins una va alçar el cap des d'un cantell de roca i em xuclà amb un soroll semblant al d'una baldufa. Poc em suposava que era un enemic mortal i que el sorollet era el famós cascavell.

R. L. Stevenson, *L'illa del tresor*. La Galera

a. Copia totes les paraules que s'escriuen amb b o v. Subratlla les que t'han semblat més difícils.

b. De les paraules que has copiat, quines són formes verbals de l'imperfet?

14 COMPAREM LLENGÜES!

Com traduiríeu aquestes paraules? Completeu la taula amb les paraules adequades:

CASTELLÀ	CATALÀ
salud	
	felicitat
	veritat
ciudad	
amistad	
	curiositat
	creativitat

Després de fixar-vos en aquestes paraules, quina conclusió en traieu? Completeu:

En castellà el més freqüent és que a final de paraula, darrere de vocal tònica, els mots acabin en _, i en català, en canvi, que ho facin en _.

En línia

La Menorca amagada sota l'aigua

Una passejada entre pops i estrelles de mar per les profunditats de l'illa.

Hi ha guies clàssiques i específiques, sobre la Menorca talaiòtica o el camí de cavalls, però és complicat de fer una guia de la Menorca submarina, més enllà d'aconsellar immersions en una banda o una altra per la bellesa del fons marí. I, malgrat tot, sota l'aigua també hi ha camins i coves, roques que reconeixes un any rere l'altre, un tros de xarxa de pescador de color blau que ha quedat enganxada i et serveix de punt de referència, un túnel subterrani que de petit et feia por i un bon dia vas decidir que ja podies creuar... Per a la resta, treure el cap de l'aigua i mirar la costa de tant en tant és la millor brúixola.

A banda de la calma, Menorca també és coneguda per la diversitat i la riquesa geològica. Com passa a la superfície, els fons marins són també ben diversos. La zona de tramuntana és molt més salvatge i rocosa, amb petites cales de sorra gruixuda i abundància de conglomerats, gresos, margues i calcàries. Per una altra banda, a la zona de migjorn hi predomina la famosa pedra de marès i el fons marí és més sorrenc, amb platges més llargues d'arena fina. Des del punt de vista del busseig, doncs, si el vent ho permet i amb les excepcions que calgui, l'opció és clara: el nord és molt més interessant que el sud.

El nord, a més, té un avantatge addicional quant a la fauna marina i l'espectacle fantàstic que consisteix a observar els peixos: la reserva marina. Des de l'any 1999, gran part de la costa de tramuntana és una zona protegida, des de la Mola de Fornells fins al cap Gros, passant per l'illa dels Porros i el cap de Cavalleria. És una àrea molt extensa, de 5.119 hectàrees, amb diversos nivells de protecció i un resultat evident des del primer moment que t'hi capbusses: hi ha molts peixos. Encara més interessant per als bussejadors: com que no se senten amenaçats, s'han tornat confiats, i és possible acostar-s'hi i contemplar-los amb tota tranquil·litat.

Martí Estruch Axmacher,
Vilaweb, 5/8/2021 (adaptació).

1 Segons el text, quina és la resposta correcta?

- **En quin ordre es presenten els elements d'aquesta descripció?**
  - ○ Primer es presenten els elements de l'esquerra i després els de la dreta.
  - ○ Primer es presenten els elements més llunyans i després els més propers.
  - ○ Primer es presenten els elements més propers i després els més llunyans.
  - ○ Primer es presenten els elements més generals i després els més concrets.

- **Torna a llegir el fragment següent:**

> La zona de tramuntana és molt més salvatge i rocosa, amb petites cales de sorra gruixuda i abundància de conglomerats, gresos, margues i calcàries. Per una altra banda, a la zona de migjorn hi predomina la famosa pedra de marès i el fons marí és més sorrenc, amb platges més llargues d'arena fina.

Aquest passatge...
- ○ ...està escrit des d'un punt de vista subjectiu.
- ○ ...està escrit des d'un punt de vista objectiu.
- ○ ...combina elements objectius i elements subjectius.

- **En aquesta descripció, hi ha referències espacials que, per a algú no familiaritzat amb l'illa de Menorca, poden ser difícils d'interpretar. L'autor parla, per exemple, de la zona de tramuntana i la zona de migjorn. On són, aquestes zones?**
  - ○ La zona de tramuntana és a l'est i la de migjorn és a l'oest.
  - ○ La zona de migjorn és a l'est i la de tramuntana és a l'oest.
  - ○ La zona de tramuntana és al nord i la de migjorn és al sud.
  - ○ La zona de migjorn és al nord i la de tramuntana és al sud.

2 Per què aquestes paraules s'escriuen amb -t final? Completa:

malgrat • complicat • passant • tant

S'escriu -t...

- ...a final de paraula, darrere de vocal tònica o diftong: ____, ____.
- ...a final de paraula, darrere de consonant, quan el derivat porta -t: ____.
- ...en els gerundis: ____.

Amb quina lletra s'escriuen les paraules següents? Busca en el text un derivat que t'ho indiqui i completa-les:

llar__ • talaiòti__ • ro__ • peti__ • to__

Recordes les normes ortogràfiques de les grafies b i v? Demostra que sí i explica per què s'escriuen amb b les paraules brúixola, també i blau.

3 Menorca és un destí d'estiueig, però no és pas l'únic! On acostumes a passar les vacances, tu? Descriu breument el lloc on estiueges.

Amb unes 150 paraules n'hi ha prou!

En línia

Què en sabem, ara?

Recordeu les preguntes del baròmetre d'aula?

Què passaria si les responguéssiu ara?
Segur que heu millorat!

Baròmetre d'aula

Valora't

En línia

Ja has arribat al final.
És el moment d'aturar-se i reflexionar.
Què contestaries a cada una d'aquestes preguntes?

Què has après?

- ○ Que hi ha estratègies per explicar com és el meu voltant.
- ○ Que els conceptes que ja sabia es poden aplicar a nous àmbits.

Per exemple?

Com ho has après?

- ○ He participat en les activitats, he contestat les preguntes i he ajudat els companys i les companyes.
- ○ He treballat de manera ordenada, he aprofitat el temps i m'he organitzat les tasques.

Com?

Com podries millorar?

- ○ Puc intentar ser més actiu a classe, estar més atent i no tenir vergonya de participar en les diferents activitats.
- ○ He d'organitzar-me millor el temps i seguir l'ordre indicat de treball.

Com?

Per a què et pot servir?

- ○ Participar en les diferents activitats em serveix per millorar les meves habilitats socials.
- ○ Si aprenc a optimitzar millor el temps, també seré més eficient en altres tasques de la meva vida diària.

Per exemple?

Què t'ha semblat la seqüència 8?

★ ★ ★ ★ ★

SEQÜÈNCIA 9

Salvatge!

Si et diuen salvatge, no cal que t'ofenguis!

3, 2, 1, acció!

Connectem

Has sentit a parlar d'algú que hagi estat criat com un animal salvatge? El cas més famós és el de Mowgli, el protagonista d'*El llibre de la selva*, de Rudyard Kipling. Acabes de descobrir que la història no és de Disney? Felicitats! Però no ens perdem. Es pot sobreviure enmig de la natura? Per si de cas, mai no sobra saber alguns trucs!

Com ens pot ajudar una brúixola a orientar-nos?

Vídeo

- Creus que la proposta que es fa per orientar-se és útil? Per què?
- L'has fet servir mai o has vist algú que la fes servir? Explica-ho!

Què en sabem?

Baròmetre d'aula

1 **Nit de cinema a casa! Mirarem la pel·lícula de dibuixos animats d'*El llibre de la selva*. S'hi tracta el tema...**

- ○ ...de l'adult que voldria ser un nen.
- ○ ...del ninot que cobra vida.
- ○ ...del nen salvatge.
- ○ ...del nen i la gran ciutat.

2 **Si t'agrada aquest tema, segur que t'interessarà el llibre *He jugat amb els llops*, de Gabriel Janer Manila. El protagonista deu ser un nen que...**

- ○ ...viatja a la selva amb la seva família.
- ○ ...lluita per conservar el medi ambient.
- ○ ...creix entre animals, lluny de la civilització.
- ○ ...té una relació especial amb les seves mascotes.

3 **El protagonista de la novel·la està inspirat en un jove que va existir. Per tant... quina afirmació és certa?**

- ○ Està basada en *El llibre de la selva* de Rudyard Kipling.
- ○ Està basada en fets reals.
- ○ Relata els fets d'una pel·lícula d'animació.
- ○ És escrita pel metge que va educar el nen salvatge.

4 **En el llibre, el protagonista explica la seva pròpia història. Què et permetrà conèixer l'ús d'aquest punt de vista?**

- ○ L'opinió objectiva sobre els esdeveniments que hi transcorren.
- ○ La manera com perceben els personatges secundaris el protagonista.
- ○ Els seus pensaments, sensacions...
- ○ Els pensaments i les emocions de tots els personatges de la història.

5 **L'obra de Janer Manila és molt creïble. Què creus que va haver de fer l'autor per aconseguir-ho?**

- ○ Fer revisar el text a un notari.
- ○ Informar-se molt bé abans d'escriure-la.
- ○ Fer escriure el text a un narrador.
- ○ Estudiar totes les normes ortogràfiques i gramaticals.

6 **Moltes vegades els llibres i les pel·lícules serveixen per fer-nos de mirall. Què creus que vol dir això?**

- ○ Que ens expliquen com podem ser bons escriptors.
- ○ Que ens mostren els aspectes més bonics de la societat.
- ○ Que ens ensenyen com hem de viure.
- ○ Que ens ajuden a entendre'ns millor a nosaltres i a entendre el món.

7 **Què devia sentir el nen salvatge en conèixer els primers humans? Por, incertesa... Què són aquestes paraules?**

- ○ Noms comuns comptables.
- ○ Noms comuns abstractes.
- ○ Noms comuns col·lectius.
- ○ Noms propis.

8 **Hi ha especialistes que s'encarreguen d'estudiar les paraules. Saps què estudien els lingüistes especialitzats en morfologia?**

- ○ La forma o estructura interna de les paraules.
- ○ La unió de mots per formar sintagmes i oracions.
- ○ La producció i la percepció dels sons d'una paraula.
- ○ L'escriptura correcta dels mots i d'altres signes gràfics.

Aquesta novel·la està basada en la història real d'en Marcos, un nen que als set anys es va quedar sol i abandonat a la muntanya amb l'única companyia dels animals i dels llops; i així va viure durant més de deu anys. En el fragment que llegiràs, en Marcos ha tornat amb els humans...

Llegim

Àudio de la lectura

He jugat amb els llops

Gabriel Janer Manila

Em varen fer seure a la seva taula. No sabia menjar com menjaven ells. A vegades els feia gràcia que no sabés agafar la cullera, ni el ganivet, ni la **forqueta**. Menjava amb les mans, agafava el plat i me'l portava a la boca. No els necessitava, els estris que posaven a la taula. I potser pensaven: "Menja com els animals, aquest **al·lot** és un salvatge."

A Mallorca, la forquilla es diu **forqueta**.

A Mallorca, un nen és un **al·lot**.

Aquell jove estudiant va fer el que va saber per ensenyar-me les maneres de viure entre les persones; però a mi em costava molt aprendre-les. Ens passejàvem pel poble, saludàvem la gent, em mostrava el nom de cada cosa. Fou com si **tornàs** a aprendre a parlar. Entenia què em deien, però m'havia oblidat de com havia de dir les paraules. Lentament, vaig saber que les coses tenien un nom.

Tornàs és la forma de l'imperfet de subjuntiu pròpia del parlar balear.

Àguila, llop, alzina, aigua, neu, flor, muntanya, roca, pluja, conill, estepa, guineu, foc, cérvol, colobra, arboça, penya, cova, senglar, llobató... Era el meu món i, no obstant això, no en coneixia els noms. Es pot viure en un món sense que sàpigues els noms de les coses que l'habiten? No sé si els havia sabut mai. Potser només me n'havia oblidat; però ara em semblaven **nous de trinca**. Cada cosa tenia un nom, cada color, cada fulla dels arbres. A poc a poc vaig aprendre a posar noms a la història que havia viscut. I descobria que les paraules em podien servir per recontar-la.

Per què, a en Marcos, els noms de les coses li semblaven **nous de trinca**?

L'he tornada a contar moltes vegades. Molts es pensen que és una invenció del meu cap, que me l'he inventat, la història. I **no m'han cregut**. Aquell jove m'ensenyà que la paraula *flor* podia servir per anomenar totes les flors: les grogues, les blanques, les vermelles. Que rere la paraula *cérvol* s'amaguen tots els cérvols. I rere la paraula *foc*, tot el foc de la terra.

Què **no han cregut**?

En Joan em mostrava les mans i deia:

—Mira les mans.

Rere d'ell no em costava de dir:

—Les mans.

—Els ulls, l'arbre, els estels, la boira.

—Els ulls, l'arbre...

També s'ocupà d'ensenyar-me altres coses que no eren a la vall. Un dia em posà a les mans un aparell de ràdio. No podia entendre què feia tanta gent allà dintre. Tots parlaven alhora, i feien música, i discutien, i cantaven. Què feia, aquella gent tancada allà dintre? Què feia...? Els feia riure que em pensàs que la màquina era plena de gent. Obriren l'aparell: desmuntaren la peça que servia de tapa, però només vaig veure filferros enrotllats en espiral.

Un altre dia em va dir:

—Anirem a una casa que t'agradarà.

Em portà a la casa d'un seu oncle. Tenien molts d'ocells, però els tenien tancats en una gàbia. No en sabia els noms, però els coneixia. Potser, amb algun d'aquells ocells que ara tenien en captivitat ens havíem vist abans al bosc. Em vaig posar a plorar. No m'agradava veure'ls tancats i els hauria obert la porta de la gàbia. No ho consentiren.

A mi m'agradava que la gent del poble em tingués per un al·lot viu d'enteniment i deixondit. **M'agradava que diguessin**:

Quina opinió d'ell volia que tingués la gent del poble?

—Ha estat tirat en un barranc, però és llest.

—És espavilat. Mira'l: és capaç de fer música amb quatre pals.

—Vivia com un salvatge, en un lloc perdut enmig del bosc, però és intel·ligent.

—Quasi no parla però ho entén tot.

—Ningú no l'ha estimat.

—Ha viscut entre animals, lluny, a la muntanya.

—A vegades li duien menjar i l'hi llançaven com es fa amb els **cans**.

—Diuen que dormia enfilat en un arbre, com els ocells.

—Quan el trobaren anava vestit amb una pell i duia unes **varques** que ell mateix havia ajuntat amb suro i filferros.

Els **cans** són gossos.

La **varca** o avarca és la sandàlia pròpia de les illes Balears.

M'ensenyaren a caminar sense que fes servir els braços. No ho havia fet mai per terra plana. Alçava el cap i veia els carrers llargs i blancs. Sobre la blancor de les cases, els homes i les dones. Elles portaven roba negra. Ells tenien les ombres mortes, de tan resignades.

Llegim

Qui ho ha escrit?

Què en saps, de Gabriel Janer Manila?

Gabriel Janer Manila és un escriptor i gestor cultural mallorquí.

Investiga sobre Gabriel Janer Manila i respon:

- On va néixer?
- Sobre quin tema s'ha especialitzat?
- Quines novel·les ha escrit que t'hagin cridat l'atenció?

www

Feu una presentació a la classe sobre l'autor. Podeu buscar i llegir fragments d'altres novel·les seves per il·lustrar la informació.

Si vols sentir com l'autor parla de la seva novel·la, mira aquest vídeo.

Vídeo

- Quin és el drama humà al qual es refereix? Hi estàs d'acord?

Què has entès?

1 ●●○ Sis preguntes bàsiques

Ho has entès? Respon les preguntes següents:

a. Qui és el narrador del text?

b. Qui són "ells"?

c. Per què el protagonista menjava amb les mans?

d. Què pensaven les altres persones que seien a la taula?

e. Quin coneixement de la llengua tenia el protagonista?

f. De quina manera va anar recuperant les paraules, el protagonista?

2 ●○○ De què tracta?

Quin és el tema de la lectura? Indica la resposta correcta:

- ○ El noi que no sabia menjar.
- ○ El noi salvatge.
- ○ El pastor de cabres.
- ○ El bosc i l'entorn natural.
- ○ El nom de les coses.

3 ●○○ Caminava com tu?

Com caminava en Marcos abans que tornés amb els humans? Com ho sabem?

4 ●●○ Què vol dir?

Què significa aquesta frase del text? Comenteu-ho amb la classe:

Aquell jove estudiant va fer el que va saber per ensenyar-me les maneres de viure entre les persones.

Ara, escriu el que significa amb les teves paraules.

5 ●●○ Paraules salvatges!

Què en saps, del món d'en Marcos? Coneixes el significat d'aquests mots que en formen part?

àguila · llop · alzina · aigua · neu · flor · muntanya · roca · pluja · conill · estepa · guineu · foc · cérvol · colobra · arboça · penya · cova · senglar · llobató

Hi ha alguna paraula que desconeixes? Busca-la en el diccionari i explica'n el significat.

6 ●●○ Troba la intrusa!

Quina és la paraula intrusa de cada grup? Identifica-la:

cérvol • alzina • riu • garatge • flor
muntanya • roca • esquirol

ocells • gàbia • captivitat • llibertat
volar • nedar • niu

groc • tortell • vermell • gris • blau
negre • verd • carbassa

llest • espavilat • deixondit • viu
eixerit • ensopit • diligent • intel·ligent

7 ●●○ Paraules amagades!

Resoleu aquests mots encreuats amb paraules del text:

HORITZONTALS

1. Línia corba que parteix d'un punt i dona voltes a alguna cosa allunyant-se'n cada vegada més.
2. Caixa feta amb llistons, filferros, etc., per tenir-hi tancats ocells, animals petits.
3. Germà del pare o de la mare.

VERTICALS

4. Fil d'acer de molta flexibilitat.
5. Utensilis.
6. Que viu en un estat de natura, no domesticat.
7. Desfer una cosa desajuntant-ne les parts.

8 ●○○ Els nens salvatges

Busca informació sobre els nens salvatges. Veuràs que són històries reals que la literatura també ha recollit.

- Quin llibre molt conegut que també ha estat portat al cinema recordes sobre un nen que va ser criat amb els llops?

Com està escrit?

9 ●●○ Com és el protagonista?

Fixeu-vos bé com és el protagonista. Què en sabem? Com ens ho explica? Què en diu, la gent del poble? Anoteu-ho en una taula com aquesta:

Com és?	Què en diu, la gent, del seu passat?	Què sap fer?	Què no sap fer?

10 ●●○ Resumint...

Explica breument com és en Marcos i quin és el seu origen i la seva evolució.

11 ●●○ Plorar i riure!

En la narració d'en Marcos hi ha un moment trist i un moment còmic. Quins són aquests dos passatges? Explica'ls!

12 ●○○ Tipus de text

Com definiries aquest text? Tria la resposta que et sembli més adequada:

○ de misteri ○ d'aventures ○ d'amor
○ de terror ○ biogràfic ○ de viatges

Bibliotube

***He jugat amb els llops* és una novel·la que ens ensenya a mirar el món que coneixem per primera vegada.**

Reflexions literàries

Per què és interessant aquest llibre?

- **Perquè està basat en fets reals.**

  Aquesta història està basada en el cas d'un home que es diu Marcos. Quan tenia set anys, es va quedar sol i abandonat a la muntanya i hi va viure durant més de 10 anys sense cap més companyia que els animals, especialment els llops, amb el quals es comunicava i amb qui es va fer molt amic. Quan el van trobar, fa prop de 60 anys, no parlava ni sabia caminar com les persones, i només udolava i mossegava com un llop. D'aquesta aventura se'n va fer una pel·lícula..

- **Perquè està explicat en primera persona.**

  Si bé la història ja és interessant, encara ho és més si ens l'explica el protagonista en primera persona. Perquè, com a lectors, no volem saber només què passa, sinó com passa, com ho viu el personatge: què pensa, com se sent, què desitja, què odia... Els lectors som extremament curiosos i ho volem saber tot i més!

- **Perquè ens recorda una de les novel·les infantils més importants.**

  El llibre de la selva de Rudyard Kipling. Les dues històries tenen en comú la figura del nen salvatge que conviu amb animals. La diferència és que en *El llibre de la selva* el nen és feliç vivint al bosc i els animals parlen i són els seus millors amics i en *He jugat amb els*

Si fossis un nen salvatge que s'ha criat lluny de la societat, què creus que t'impactaria més de la societat actual?

Si mai coneguessis un nen salvatge, què és el primer que t'agradaria ensenyar-li del nou món?

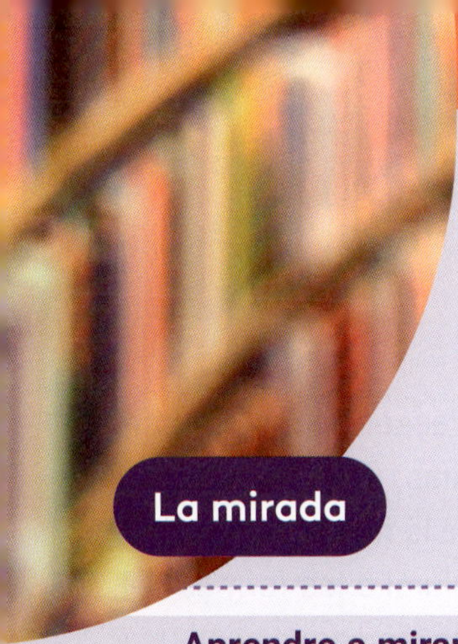

La mirada

Aprendre a mirar per escriure millor

Torna a llegir aquest fragment de la lectura:

Un dia em posà a les mans un aparell de ràdio. No podia entendre què feia tanta gent allà dintre. Tots parlaven alhora, i feien música, i discutien, i cantaven. Què feia, aquella gent tancada allà dintre? Què feia...? Els feia riure que em pensàs que la màquina era plena de gent. Obriren l'aparell: desmuntaren la peça que servia de tapa, però només vaig veure filferros enrotllats en espiral.

Tots sabem què és una ràdio, però de la manera com la descriu el protagonista sembla que la veiem per primera vegada. L'escriptura té el poder i la màgia de fer-nos veure el món com si fos la primera vegada i aquest fet ens ajuda a entendre les coses amb més profunditat.

I això per què és així? Doncs perquè, quan posem la mirada des de fora, sempre és més fàcil veure la realitat amb claredat. Per exemple, què és més fàcil, veure que algú porta la cara bruta o veure'ns a nosaltres mateixos amb la cara bruta? Si no tenim un mirall, és gairebé impossible veure'ns la pròpia cara. Aquesta és, doncs, una de les grans funcions dels llibres: fer-nos de mirall per entendre'ns millor a nosaltres i per entendre el món en general.

La documentació

Ara bé, no n'hi ha prou de mirar i observar. Per escriure, ens cal estar ben informats i és molt important documentar-se. Si busquem informació sobre allò que escrivim el nostre text resultarà molt més creïble i el lector tindrà la certesa que sabem de què estem parlant.

Documentar-nos, a més a més, ens permetrà poder incloure detalls precisos que ajudaran el lector a endinsar-se en la història i a aprendre coses que potser no sabia.

Descriu... un objecte com si no l'haguessis vist mai!

Escriptura creativa

En línia

Prepara

Javier Jaén és un poeta visual i artista gràfic que es dedica sobretot a il·lustrar revistes i portades de llibres i a fer campanyes de publicitat. La seva obra es caracteritza per expressar idees noves a través d'objectes o imatges quotidians que, fora del seu context, volen dir alguna cosa completament nova. Fixa't en aquests dos exemples:

- Quines idees us suggereixen les imatges manipulades de Javier Jaén?

Tria un d'aquests objectes:

Escriu

Imagina que no saps de què es tracta ni per a què serveix l'element que has triat i pensa uns quants usos diferents que podria tenir. Ara, descriu-lo!

Se t'acut un nom original per al teu objecte? Si pot ser, que tingui a veure amb el seu nou ús.

El resultat d'aquest exercici pot ser un text humorístic o surrealista!

Revisa

Ep! Ara toca revisar! Fixa't en...

- ✔ Els errors ortogràfics. Que no se t'escapi res!
- ✔ L'organització i el vocabulari del text. S'entén bé?

Reflexionem sobre la llengua

La classificació dels mots. El nom

Has sentit mai allò de "si no s'anomena no existeix"? I anomenar no és més que donar nom... Així que ja ho saps, per designar tot el que ens envolta fem servir noms, i com que la realitat és molt diversa, també ho són els tipus de noms!

La classificació dels mots

Els mots es classifiquen en categories lèxiques, o classes de mots, a partir de les seves propietats morfològiques, sintàctiques i semàntiques. La **morfologia** és la branca de la lingüística que estudia la forma i l'estructura interna de les paraules, com ara el singular i el plural o les formes del masculí i el femení; la **sintaxi** estudia la relació entre les paraules en una oració i la funció que hi fan, i la **semàntica** n'estudia el significat.

D'acord amb les seves propietats, els mots es classifiquen en deu classes: **nom** (*casa, Pau*), **adjectiu** (*nova, feliç*), **determinant** (*la, aquesta*), **quantificador** (*poca, cinc-cents*), **pronom** (*jo, mi*), **verb** (*anar, fer*), **adverbi** (*bé, ahir*), **preposició** (*a, per*), **conjunció** (*i, que*) i **interjecció** (*ep, caram*).

Si ens fixem en la morfologia, hi ha mots formats per una part invariable (**radical**, lexema o arrel) i una part variable (**desinència** o morfema) que en dona informació sobre el gènere, el nombre, el temps verbal... Fixa-t'hi:

RADICAL	DESINÈNCIA	EXEMPLES
nen-	-a, -s, -es	*nen**a**, nen**s**, nen**es***
mir-	-ar, -o, -es, -a, -em	*mir**ar**, mir**o**, mir**es**, mir**a**, mir**em***

Els noms, els adjectius, els verbs, alguns quantificadors i els determinants són **variables** perquè són formats per un radical i una desinència. D'altra banda, hi ha mots que no tenen cap desinència; per tant, són **invariables** (adverbis, preposicions, conjuncions i alguns quantificadors).

El nom

Un **nom** (o **substantiu**) és una categoria lèxica que designa una persona, animal, objecte o cosa. Des del punt de vista semàntic es classifiquen en dos grups i en diversos tipus:

CLASSE	TIPUS	EXEMPLES
Comú (no es refereix a cap individu o lloc determinat)	**comptable** - **no comptable** (segons si designa elements que es poden comptar o no)	*amic, arbre* - *aigua, oli*
	concret - **abstracte** (segons si es refereix o no a coses que es poden veure, tocar o olorar)	*casa, carrer* - *felicitat, simpatia*
	individual - **col·lectiu** (segons si designa un element sol o un conjunt d'elements)	*ovella* - *ramat* *abella* - *eixam* *arbre* - *bosc*
Propi (es refereix a un individu o lloc determinat)	de persona, geogràfic...	*Emma, Pau, Tarragona, Canigó, Ebre, França*

El gènere del nom

Normalment, els noms tenen un gènere fix, que pot ser **masculí** o **femení**: *el llibre, l'arbre, la cara, l'aigua*. En els noms que tenen dues formes pel que fa al gènere, en general, el masculí no té desinència de gènere; en canvi, el femení té la desinència de gènere -**a**: *llibreter, llibreter***a***; gat, gat***a**.

Consideracions que cal tenir en compte

- Generalment, el femení es forma afegint una -**a** a la forma masculina d'un mot: *gegant, gegant***a**.

  En algunes paraules, en afegir la -**a** es produeixen **canvis ortogràfics**: *here***u***, here***va***; boi***g***, bo***ja**. En altres paraules, a més d'afegir la -**a** s'afegeix un altre sufix: *gall, gall***in***a; déu, de***ess***a*. I, de vegades, el masculí i el femení tenen sufixos diferents (*ac***tor***, ac***triu**).
- Hi ha substantius que tenen **radicals diferents** per al masculí i per al femení: *marit, muller; cavall, euga; amo, mestressa*.
- I n'hi ha altres que són **invariables**, perquè tenen una **única forma per al masculí i per al femení** i es diferencien per l'article que els determina: *un artista, una artista; el captaire, la captaire*.

? Quina és la forma femenina d'aquests noms?
porc • llop • sogre • duc • heroi

El nombre del nom

El nombre dels noms pot ser **singular** o **plural**. En general, el plural es forma afegint la terminació -**s** al singular: *pont, pont***s***; abric, abric***s**.

Canvis ortogràfics que cal tenir en compte en la formació del plural

- Els singulars acabats en -**a** formen el plural en -**es**. En alguns casos, això provoca **canvis ortogràfics**: *o***c***a, o***ques***; pe***ç***a, pe***ces***; ai***gu***a, ai***güe***s; pla***tj***a, pla***tges**.
- Els singulars acabats en vocal tònica afegeixen una -**n**- davant de la -**s**: *mà, ma***ns***; balcó, balco***ns**.
- Els masculins singulars acabats en -**s**, -**ç**, -**x**, -**ix** i -**tx** fan el plural en -**os**: *mes, mes***os***; llaç, lla***ços***; annex, anne***xos***; feix, fei***xos***; esquit***x***, esqui***txos**.
- Els masculins singulars acabats en -**sc**, -**st**, -**xt**, -**ig** poden fer el plural en -**s** o en -**os** (plural més habitual): *disc, disc***s** o *disc***os***; test, test***s** o *test***os***; text, text***s** o *text***os***; desig, desig***s** o *desit***jos**.

Hi ha noms **invariables**, és a dir, que **tenen la mateixa forma per al singular que per al plural**: *termos, globus, llapis, cactus*...

? Quins d'aquests mots són invariables pel que fa al nombre?
armaris • crisis • virus • dosis

Recorda

- Segons el **significat**, els noms es classifiquen en **propis** o **comuns**, **comptables** o **no comptables**, **concrets** o **abstractes**, **individuals** o **col·lectius**.
- Segons la **forma**, són **variables** si tenen diferents terminacions de **gènere** i **nombre** o **invariables** si tenen la mateixa forma per al masculí i el femení o per al singular i el plural.

Reflexionem sobre la llengua

1 ●●● Tipus de paraules

Quin tipus de paraules són aquests mots? Classifica'ls en noms, adjectius o verbs:

tímid · volia · cansament · comencés · cor · muntanyós · especial · desaparició · arribaré

2 ●●● Radical o desinència?

Saps destriar la part invariable i la variable d'un nom? Indica el radical i la desinència de cadascun d'aquests noms:

porteres ▸ porter (radical) -es (desinència)

amics · taules · àvia · estrelles · mares · marits · gossa · gallina

3 ●●● Quins tipus de mots són?

Quina és la categoria gramatical de cadascun dels mots d'aquests sintagmes? Especifiqueu-la:

a. la casa vella

b. el jugador de futbol

c. tos forta

4 ●●● Variable o invariable?

Quina és la forma femenina d'aquests substantius? Escriu-la i digues si són variables o invariables:

ciutadà · amic · ceramista · forner · emperador · jutge · príncep · mestre · heroi · hereu · europeu · alcalde · dentista · cantaire · gimnasta

5 ●●● Amb les teves paraules!

Què vol dir que els noms següents són invariables? Explica-ho amb les teves paraules:

cactus · temps · llapis · tos

Ara, tria'n un i escriu una frase en què el verb estigui en singular i una en què estigui en plural per comprovar-ho.

6 ●●● Quin és el plural?

Sabies que quan escrius el plural d'un nom es poden produir canvis ortogràfics? Forma el plural dels noms següents i fixa-t'hi:

platja · feix · pastanaga · nas · pis · raça · aigua · ostra · oca · pes · pretext · pedaç

Ara, observa i escriu els canvis de grafies que es produeixen del singular al plural:

ja ▸ ____ ga ▸ ____ ça ▸ ____

gua ▸ ____ ca ▸ ____

7 ●●● Singular i plural

Saps el plural d'aquests noms? Escriu-lo:

raig · text · vesc · arbust

8 ●●● Un autobús i dos...

Quin és el plural d'aquests mots? Tria l'opció correcta:

a. autobús: autobusos • autobussos • autobús

b. raça: raçes • rasses • races

c. pluja: pluges • plujes • plugues

d. puré: purens • purés • puresos

e. marquès: marquesos • marquessos • marquès

f. llapis: llapiços • llapissos • llapis

g. cafè: cafens • cafès • cafesos

h. cas: cassos • casos • casons

9 ●●● De la mateixa família

Quines paraules pertanyen a la mateixa família? Relaciona cada nom de la columna de l'esquerra amb l'adjectiu de la mateixa família de la columna de la dreta:

joventut	mundial
infant	infantil
món	vital
vida	diürn
corba	curvilini
ribera	lineal
dia	juvenil
línia	riberenc

10 ●●● I en femení?

Com es forma el femení d'aquests mots? Completa els sintagmes de la columna de la dreta:

a. monjo budista	monja budista
b. campió olímpic	____ olímpica
c. llop ferotge	____ ferotge
d. déu pagà	____ pagana
e. alumne responsable	____ responsable
f. esclau egipci	____ egípcia
g. veí andalús	____ andalusa
h. ciclista veloç	____ veloç
i. pediatre amable	____ amable
j. vidu jove	____ jove

Ara, digues quin és el nom invariable de la llista.

11 ●●● On són els noms?

On s'amaguen els noms en aquest text? Llegiu-lo atentament i identifiqueu-los:

Un matí amb el pastor

Passeu un matí amb el pastor i descobriu el dia a dia d'un pastor, el seu ramat d'ovelles i cabres i el gos d'atura. Una divertida activitat que acosta els nens i les nenes a la natura i a la ramaderia, una feina mil·lenària.

Els nens i el pastor alimentaran el ramat d'ovelles i cabres i sortiran a pasturar als camps. Veuran quins animals es crien, què mengen, com són i com es comporten. Fins i tot podran agafar els més petits. Aprendran a munyir les cabres i també coneixeran una burreta. I tot amb la companyia del gos d'atura!

anoiaturisme.cat (adaptació)

Ara, fixa't en l'exemple i classifica els noms. Recorda que:

- Un nom pot ser comú o propi.
- Si és comú, pot ser concret o abstracte, individual o col·lectiu i comptable o no comptable.

matí: comú (abstracte, individual, no comptable).

12 ●●● COMPAREM LLENGÜES!

Traduïu les dues formes que poden tenir aquestes paraules angleses en català. Si cal, feu servir el diccionari multilingüe:

doctor architect judge
scientist friend cousin

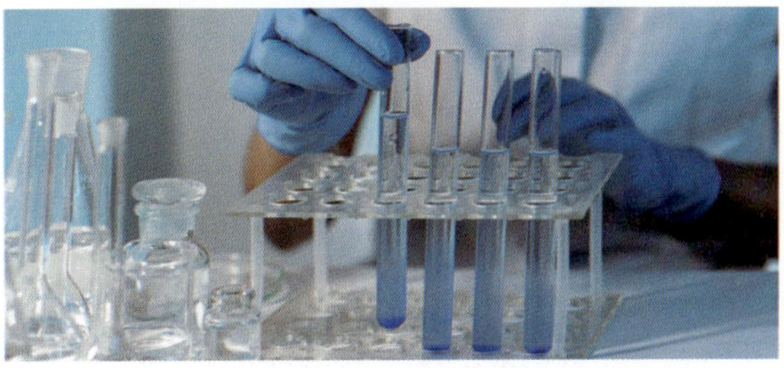

Després de fixar-vos en aquestes paraules, quines conclusions traieu sobre el gènere gramatical en anglès?

Posa't a prova

Prova de competències

He jugat amb els llops

Gabriel Janer Manila

Portava penjat un gla al coll. Vaig buidar-lo i vaig fer-ne un xiulet. Tenia un forat i, si hi bufava, treia un brunzit que em permetia cridar la colobra. Se'm va trencar i en vaig fer un de fusta. Vaig encalentir un ferro i, quan el vaig tenir roent, vaig foradar la fusta. El necessitava, perquè no sabia xiular per mi mateix. L'aire de la boca em sortia massa feble. Quan xiulava, es presentaven tots els animals, convençuts que els donaria menjar.

Eren els meus amics. Només que els cridàs, perquè estava en perill, acudien a auxiliar-me.

I, si matava un animal gros —un cérvol, per exemple—, agafava el ganivet, el trossejava, i els repartia aquella carn. En menjava tota la família.

Més que parlar, em comunicava amb els animals, perquè vaig aprendre d'imitar els seus crits, a força de repetir les coses que es deien. Amb ells m'entenia. Parlava a la meva manera. Moltes paraules em fugiren del cap. Era com si aquell temps en què sabia parlar s'hagués allunyat de mi. Els noms m'havien fugit de la memòria. Però cantava. M'agradava cantar. M'inventava les paraules i les músiques. Cantava a l'estil de les bèsties, com si s'alçàs un udol enmig dels boscos. Cridava. M'agradava cridar durant molt de temps, i era com si cantàs una cançó salvatge.

1 Segons el text, quina és la resposta correcta?

- **Quan el protagonista fa sonar el xiulet, els animals se li acosten perquè...**
  - ○ ...el volen protegir de la colobra.
  - ○ ...es pensen que té ganes de jugar.
  - ○ ...es pensen que els donarà menjar.
  - ○ ...saben que, si no fan cas del xiulet, després el protagonista els castigarà.

- **Una colobra és...**
  - ○ ...un tipus de serp.
  - ○ ...un tipus de llop.
  - ○ ...un tipus d'ocell.
  - ○ ...un tipus de peix.

- **El protagonista es comunica amb els animals...**
  - ○ ...dient-los paraules que havia après de petit.
  - ○ ...en silenci, ja que no sap parlar.
  - ○ ...imitant els sons que fan.
  - ○ ...amb gestos.

- **El protagonista...**
  - ○ ...canta les cançons que li havien ensenyat de petit.
  - ○ ...recorda algunes cançons, però mai no canta.
  - ○ ...no canta mai, perquè no coneix cap cançó.
  - ○ ...s'inventa cançons i les canta.

- **Tria l'afirmació falsa! El protagonista va construir un xiulet de fusta perquè...**
  - ○ ...el que tenia se li havia trencat.
  - ○ ...li agradava el so que feia.
  - ○ ...no sabia xiular tot sol.
  - ○ ...els animals el sentissin des de lluny i acudissin a la seva crida quan els necessités.

- **Quin adjectiu es pot aplicar al protagonista?**
  - ○ dormilega
  - ○ espavilat
  - ○ juganer
  - ○ antipàtic

2 Saps trobar els noms que hi ha en aquest fragment?

> Portava penjat un gla al coll. Vaig buidar-lo i vaig fer-ne un xiulet. Tenia un forat i, si hi bufava, treia un brunzit que em permetia cridar la colobra.

Quina d'aquestes frases és certa?

- ○ Animal és un nom femení.
- ○ Carn és un nom invariable.
- ○ Temps és un nom concret.
- ○ Perill és un nom abstracte.

3 Utilitzant elements que troba a la natura, el protagonista d'aquest fragment construeix una eina molt útil: un xiulet que li permet avisar els animals quan està en perill. Ara, imagina't que ets tu qui has de viure tot sol en un bosc. Quina altra eina t'inventaries per poder sobreviure? Descriu-la.

Amb unes 150 paraules n'hi ha prou!

En línia

Què en sabem, ara?

Recordeu les preguntes del baròmetre d'aula?

Què passaria si les responguéssiu ara?

Segur que heu millorat!

Baròmetre d'aula

Valora't

En línia

Ja has arribat al final.
És el moment d'aturar-se i reflexionar.
Què contestaries a cada una d'aquestes preguntes?

Què has après?

- ○ Que conèixer tècniques d'escriptura creativa m'ajuda a escriure millor.
- ○ Que hi ha temes recurrents en la literatura.

Per exemple?

Com ho has après?

- ○ He llegit el text amb atenció, m'he fixat en els detalls i n'he copsat el significat.
- ○ He treballat de manera creativa i he sabut donar forma a les meves idees.

Com?

Com podries millorar?

- ○ He d'intentar llegir el text de manera més conscient i prestar-hi més atenció.
- ○ He de deixar volar més la imaginació i inventar noves idees.

Com?

Per a què et pot servir?

- ○ Saber comprendre el que llegeixo em servirà en tots els àmbits de la meva vida.
- ○ Ser més creatiu m'ajudarà a saber trobar solucions a tot tipus de situacions.

Per exemple?

Què t'ha semblat la seqüència 9?

★ ★ ★ ★ ★

SEQÜÈNCIA 10

Superherois

Quins poders tenen?

Connectem

Poden volar, són forts, són valents, ajuden els altres... són superherois! Quantes vegades has desitjat tenir superpoders? Potser no cal volar, però sí ajudar la gent que tenim al voltant, fer que el món sigui més just. Segur que tens molt més poder del que et penses!

Amb quina frase de superheroi o superheroïna t'identifiques més?

"No sempre els més ràpids són els millors. El que és important és ser el darrer a mantenir-se dempeus."

Wolverine

"No hi ha cap problema a tenir por, sempre que no et deixis vèncer."

Capità Amèrica

"Estic disposada a lluitar per aquells que no poden lluitar per si mateixos."

Wonder Woman

- Quins superherois són els teus preferits? Quins poders tenen?
- A més de superpoders, tenen altres qualitats i elements que els fan únics. Com van vestits? Com parlen? Com actuen?
- Saps com se'n diu del text que caracteritza un personatge?

Què en sabem?

Baròmetre d'aula

1 El teu amic Pol és un gran retratista. Aviat és el teu aniversari i li has demanat que et faci un retrat. Com podem definir el regal que et farà?

- ○ És la il·lustració d'una escena narrativa que acompanya un text.
- ○ És el disseny gràfic de la imatge que representa una marca o una empresa.
- ○ És la representació gràfica d'un paisatge mitjançant una pintura o un dibuix.
- ○ És la representació d'una persona mitjançant una pintura o un dibuix.

2 Què haurà de tenir en compte en Pol per fer el teu retrat?

- ○ El teu aspecte físic i la teva manera de ser.
- ○ L'hora, el dia, el mes i l'any del teu naixement.
- ○ Els teus pensaments i opinions.
- ○ Les teves notes i els teus gustos.

3 On més pots trobar un retrat?

- ○ En una columna d'opinió, quan s'explica què es pensa sobre una situació d'actualitat.
- ○ En una entrevista, quan a l'inici s'explica qui és i com és l'entrevistat.
- ○ En una novel·la, quan s'explica com és l'espai on transcorre l'acció.
- ○ En una obra de teatre, quan s'indica el nom del personatge que parla.

4 Quan es fa una retrat, ja sigui gràfic o escrit, quin tipus de descripció es fa servir?

- ○ La descripció objectiva.
- ○ La descripció emocional.
- ○ La descripció subjectiva.
- ○ La descripció sincera.

5 Per fer un retrat pintat es fan servir els colors i els traços i per fer un retrat escrit es fan servir paraules. Quin tipus de paraules són més freqüents en els retrats?

- ○ Els adverbis de temps.
- ○ Les preposicions de lloc.
- ○ Els verbs de moviment.
- ○ Els adjectius qualificatius.

6 I si en Pol es fes un retrat d'ell mateix, què seria la seva creació?

- ○ Un autoretrat.
- ○ Una autodescripció.
- ○ Una autobiografia.
- ○ Una monografia.

7 A més de fer bons retrats, en Pol et cau molt bé perquè és molt i molt divertit. Quan dius que en Pol és simpatiquíssim, quin grau de l'adjectiu estàs fent servir?

- ○ El grau superlatiu.
- ○ El grau comparatiu.
- ○ El grau positiu.
- ○ El grau negatiu.

8 Quin d'aquests adjectius és invariable?

- ○ Valent.
- ○ Intel·ligent.
- ○ Lent.
- ○ Corpulent.

Els primers superherois

Voleu saber qui van ser els avantpassats de Superman i Batman?

El 1929, els Estats Units van caure en una gran crisi econòmica que va deixar moltíssimes famílies sense ni un ral. La vida era molt difícil i la gent volia distreure's sense gastar-se gaires diners. Per això es van fer molt populars les revistes barates i els còmics que sortien en els diaris. En aquelles històries, herois de fantasia solucionaven tots els problemes del món... i els dolents sempre perdien! Aquests són els avantpassats dels superherois que tots coneixem.

El Zorro

Aquest espadatxí emmascarat, tot vestit de negre i armat amb una espasa, protegia els camperols i els indígenes de les injustícies que cometien les autoritats corruptes. Amb la seva identitat secreta, va ser un dels primers herois de ficció moderns.

L'Ombra

En un món ple de criminals, la policia no dona l'abast... però no cal patir, l'Ombra està a l'aguait i ho sap tot! És un vigilant justicier tot vestit de negre, amb una llarga bufanda vermella que li tapa part de la cara, que surt de nit i s'enfronta amb mafiosos, científics bojos i espies que volen cometre maldats. Només alguns amics que l'ajuden coneixen la seva identitat secreta.

El Ratpenat Daurat

Ogon Batto (Ratpenat Daurat en japonès) és el primer superheroi amb poders sobrehumans. Pot volar, té una força descomunal i és invulnerable. Ah, sí, i en lloc de cap té una calavera! El seu enemic principal és el doctor Erich Nazo, un científic extraterrestre que vol dominar el món.

Mandrake el mag

Mandrake és un mag que hipnotitza els seus enemics per submergir-los en les il·lusions que ell crea. Aquest poder el fa servir contra gàngsters, extraterrestres i monstres d'altres dimensions. A més, pot tornar-se invisible, canviar de forma, levitar i teletransportar-se. Això sí que és màgia, i de la bona!

El Fantasma

Al país imaginari de Bangalla, a Àfrica, un home emmascarat s'enfronta amb els criminals. Molts pensen que és immortal, però no té superpoders i combat amb la força i la intel·ligència. L'ajuden el seu cavall blanc, l'Heroi, i un llop ensinistrat, en Diable. Va ser el primer heroi de ficció que portava un vestit ajustat de cos sencer, una característica que van copiar gairebé tots els superherois posteriors.

Arriba Superman!

El 1933, amb només dinou anys, Jerry Siegel i Joe Shuster van crear el seu superheroi. Superman venia del planeta Krypton i tenia una pila de superpoders, però s'amagava sota la identitat d'un periodista normal i corrent, Clark Kent. En Jerry i en Joe van intentar vendre el seu personatge a una pila de diaris i editorials, però durant cinc anys no en volia sentir a parlar ningú: "Un home que aixeca cotxes? Quina ximpleria!", els deien. Finalment, l'empresa DC Comics va fer sortir Superman... i se'n van vendre tots els exemplars!

I al darrere... Batman!

El gran èxit de Superman va fer que l'editorial encarregués el naixement d'un nou superheroi. L'escriptor Bob Kane i el dibuixant Bill Finger van idear un personatge que no tenia superpoders, però que dominava totes les arts de la lluita. Vestit amb una capa negra i una caputxa de ratpenat, Batman sortia cada nit als carrers de Gotham City per combatre els criminals. Va aparèixer per primer cop el 1939, i va ser rebut amb el mateix entusiasme que Superman. Així va néixer l'edat d'or dels còmics, quan desenes de superherois van sortir de sota les pedres. I la majoria han arribat amb bona salut fins als nostres dies!

Petit Sàpiens, núm. 8, juny del 2018 (adaptació).

Ens comuniquem

La descripció de persones

De persones n'hi ha de molts tipus. La diversitat tant pel que fa a l'aspecte físic com a la manera de ser és tan gran que podríem dir que cada un de nosaltres som únics. Passa el mateix amb els personatges de ficció: els protagonistes d'un llibre o d'una pel·lícula també tenen uns trets físics i de personalitat que els defineixen. Sovint, però, tenen trets en comú amb altres que els permeten identificar-se com a grup. És el cas dels superherois, que volen protegir i salvar el món.

Pautes d'anàlisi

Fixa't en:

- El tipus de descripció:
  - Segons el tema: si es descriu un espai, si es tracta d'un retrat...
  - Segons el punt de vista: si és objectiva o subjectiva.
- La descripció de l'aspecte físic:
  - Aspectes generals: edat, constitució, alçada...
  - Elements concrets: cabells, cara, boca...
  - La manera de vestir.
- La descripció de trets del caràcter:
  - La manera de comportar-se.
  - Les qualitats morals.
  - La professió o ocupació, les aficions...
- L'ordre dels elements que apareixen en la descripció.
- El llenguatge:
  - Els adjectius qualificatius.
  - Les comparacions.
  - La persona en què està escrita: tercera persona del singular (retrat) o primera persona del singular (autoretrat).

1 ●●○ **Qui és qui?**

Ja saps com són els primers superherois? Relaciona cada tret amb l'heroi corresponent:

a. Utilitza la hipnosi per combatre els seus enemics.
b. És originari del planeta Krypton.
c. El seu nom en japonès és Ogon Batto.
d. Porta una bufanda de color vermell.
e. És un espadatxí.
f. Va acompanyat d'un cavall i un llop.
g. Viu a Gotham City.

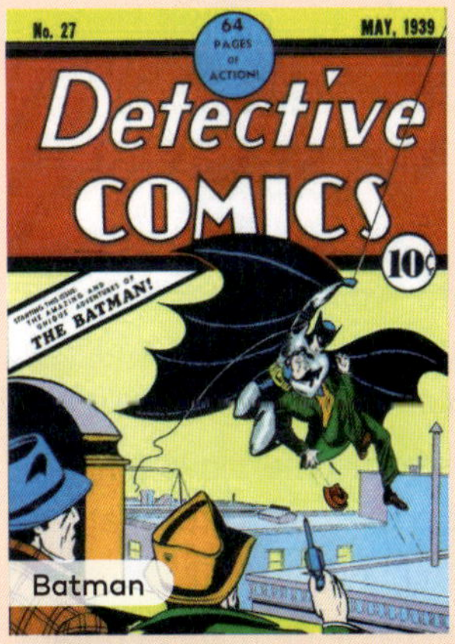

Batman

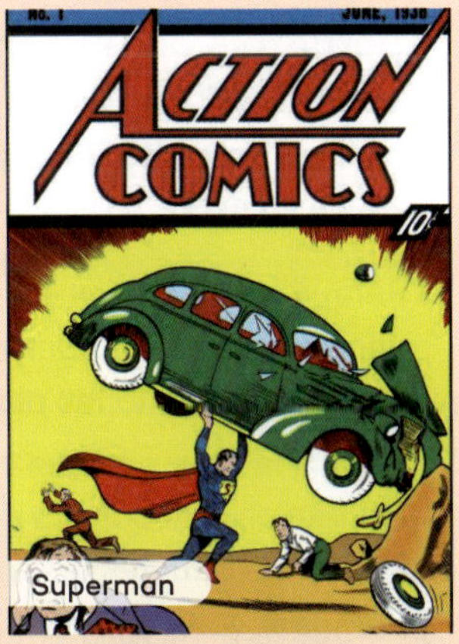

Superman

El Fantasma

Mandrake el mag

El Zorro

L'Ombra

El Ratpenat Daurat

2 ●●○ **Com són?**

Com eren els primers superherois? Completeu una taula com la de sota a partir de les dades del text. Fixeu-vos també en les il·lustracions de l'activitat anterior!

Aspecte físic	Missió	Qualitat o poder

3 ●○○ **El secret de l'èxit!**

Per què van triomfar els primers superherois en un context de crisi econòmica? Digues quina de les afirmacions següents és la correcta, segons el text:

- ○ Perquè la gent estava trista i volia disfressar-se de personatges imaginaris per passar-s'ho bé i entretenir-se amb les persones del seu entorn.
- ○ Perquè la gent gastava els pocs diners que tenia en menjar, i els còmics de superherois els regalaven amb els productes de la compra.
- ○ Perquè la gent volia entretenir-se de manera barata, i en aquestes històries el protagonista era un salvador que acabava amb les dificultats de la societat.

4 ●○○ **Què qualifiquen?**

Els adjectius qualificatius són molt presents en les descripcions. Recordes a què es refereixen aquests adjectius, en el text? Relaciona cada substantiu amb l'adjectiu adequat:

bufanda	vermella
identitat	bojos
autoritats	secreta
espies	imaginari
país	ajustat
científics	malvats
vestit	corruptes

- Sabries dir un sinònim de cada adjectiu?

5 ●○○ **Endevina adjectius!**

Quan descrivim persones fem servir molts adjectius. A quins adjectius del text fan referència les definicions següents?

1. *adj. masc. pl.* Dit dels poders que estan per damunt d'allò de què sembla capaç la natura humana. Alguns superherois tenen poders d'aquest tipus.
   _ O _ _ _ _ _ _ _ _ _
2. *adj. masc. sing.* Que porta la cara coberta amb una màscara. Molts herois van així.
   _ _ _ _ _ _ A _ _ _
3. *adj. sing.* Que no pot ésser danyat o ferit. L'Ogon Batto ho és.
   _ _ _ _ _ N _ _ _ _ _ _
4. *adj. sing.* Que és molt més gran del normal. La força del Ratpenat Daurat ho és.
   _ _ _ _ _ _ _ _ A _
5. *adj. sing.* Que no pot morir. El Fantasma no ho és.
   _ M _ _ _ _ _ _
6. *adj. fem. sing.* Que està ocult i que ningú no coneix. La identitat de molts superherois ho és.
   S _ _ _ _ _ _

6 ●●○ **T'hi has fixat?**

La descripció de personatges pot tractar molts aspectes diferents. Quina informació sobre els superherois no apareix en cap descripció del text?

- ○ manera de vestir
- ○ edat
- ○ aficions
- ○ qualitats morals
- ○ llargària dels cabells
- ○ color dels ulls
- ○ alçada
- ○ professió

7 ●●○ **Retrat o autoretrat?**

Saps la diferència entre un retrat i un autoretrat? Torna a llegir les descripcions dels personatges, fixa't en les formes verbals i tria l'opció correcta:

- ○ Les descripcions del text són retrats.
- ○ Les descripcions del text són autoretrats.

- Com ho has sabut?

En línia

La descripció de persones

Descriure és representar alguna cosa amb paraules. Per tant, la persona que escolta o llegeix una descripció s'ha de poder fer una imatge mental de l'objecte, element, persona, indret o entorn físic descrit.

El text descriptiu

El text descriptiu explica com són les coses, els llocs i les persones i en detalla les característiques, l'aspecte o les qualitats.

Quan volem explicar com és un **espai**, indret o paisatge ens fixem en la situació del lloc, la distribució dels elements en l'espai, les sensacions que ens produeix...

Quan volem explicar com és una **persona**, ens fixem en les seves característiques físiques i en la seva manera de ser.

Segons el punt de vista del narrador, les descripcions poden ser **objectives** o **subjectives**.

El retrat

La descripció de persones també rep el nom de **retrat**. El retrat és la reproducció de la imatge d'una persona per mitjà de paraules. És el que es coneix amb el nom de **descripció d'una persona**.

Un retrat ha de descriure:

L'aspecte físic de la persona	• Detalls que fan referència a l'aspecte general: l'edat, la constitució, l'alçada... • Elements concrets: els cabells, la cara, els ulls, la boca... • Manera de vestir: el tipus de roba, el calçat, els complements...
La manera de ser de la persona	• Trets del caràcter • Qualitats morals • Aficions • Relacions socials • Manera de comportar-se • Lloc on viu o treballa

El retrat és utilitzat sovint en els **mitjans de comunicació**, per exemple en entrevistes (com a informació prèvia i breu sobre la persona entrevistada) i en reportatges. En les **obres literàries**, sobretot en les novel·les, també hi podem trobar retrats.

Un **autoretrat** és el retrat d'una persona fet per ella mateixa.

Els retrats i autoretrats també poden ser pintures, dibuixos, fotografies... Aquí en tens alguns exemples:

Retrat del doctor Gachet (1890) i *Autoretrat amb l'orella tallada* (1889), obres de Vincent van Gogh

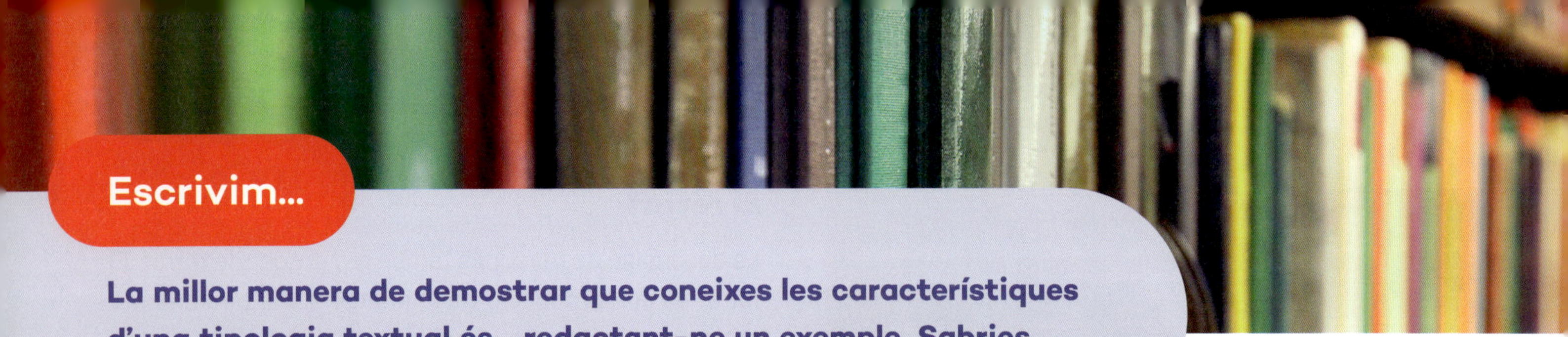

Escrivim...

La millor manera de demostrar que coneixes les característiques d'una tipologia textual és... redactant-ne un exemple. Sabries escriure un retrat? Posa't a prova amb aquest taller!

Prepara i planifica

1 Vols crear un superheroi o una superheroïna?

Els superherois o les superheroïnes són personatges de ficció que combaten el mal i que, generalment, tenen superpoders. Segur que en coneixeu un bon grapat: Spiderman, Hulk, Wonder Woman, Ironman, Capitana Marvel... Però no t'agradaria poder crear-ne un tu? Som-hi! Comença triant quina seria la seva missió:

Aturar el canvi climàtic

Lluitaria contra l'alteració del clima i les temperatures provocades per l'activitat humana i protegiria els ecosistemes i els éssers vius que l'habiten.

Protegir els animals

Ajudaria els animals en perill d'extinció i lluitaria contra les persones que els tracten malament i no els respecten.

Salvar persones de catàstrofes naturals

Ajudaria les persones que són en llocs on hi ha hagut una catàstrofe natural, com una inundació, un huracà, un terratrèmol... i les portaria a un lloc segur.

La teva missió

Ajudaria a fer del món un lloc millor gràcies a la meva missió personal, que consisteix a...

Abans de crear un personatge has de pensar en tots els detalls i per això és important generar idees i organitzar-les. Som-hi!

2 Sobre la missió que has escollit

- Quina has triat? Per què? Què te n'ha cridat l'atenció?
- Cada superheroi o superheroïna té les seves particularitats. Com serà el teu personatge? **Completa una taula** com aquesta:

Aspectes generals	nom	
	edat	
	origen	
	poder/habilitat	
	missió	
	enemics	
Aspecte físic	constitució	
	alçada	
	cabells	
	cara	
	vestimenta	
	altres	
Caràcter	manera de comportar-se	
	qualitats morals	
	professió o ocupació	
	aficions	
	altres	

Ara que ja has pensat tots els detalls, toca organitzar-los i escriure'ls. Què et sembla?

i parlem

Per descriure una persona, l'hem de conèixer bé i, si és algú famós, podem buscar entrevistes o qüestionaris. Saps qui és en Dani d'Els Amics de les Arts?

Escolta

1 Mira el qüestionari

Saps en què consisteix el qüestionari Manduka? Respon:

- En què se centra el qüestionari Manduka?
  - ○ En la moda i les tendències.
  - ○ En el cine i les sèries.
  - ○ En la gastronomia.
- Què permet conèixer millor del convidat?
  - ○ El lloc on viu.
  - ○ Els gustos.
  - ○ La professió.

Parla

2 I tu, què respondries?

Què contestaries al qüestionari Manduka? Enregistra les teves respostes.

3 Que comenci el debat!

Parleu-ne entre tots:

- Com ho fas per saber més coses sobre les persones a qui segueixes? Creus que tot el que veus d'elles a les xarxes socials és veritat?
- T'imagines com són pels seus actes o pel que expliquen d'elles mateixes?
- T'agrada llegir o mirar entrevistes que els fan?

4 Pluja d'idees!

Entre tots, penseu temes per fer un qüestionari i trieu-ne quatre. En grups, penseu les preguntes de què constarà. Finalment, podeu jugar a contestar-los!

En línia

Escriu i revisa

3 Ara et toca a tu!

Recordes en què t'havies de fixar a l'hora de llegir les descripcions dels superherois? Torna a llegir les pautes d'anàlisi de la pàgina 147.

Ha arribat l'hora de presentar el teu superheroi o la teva superheroïna! Descriu-lo.

Ara, fes un retrat artístic i dibuixa'l!

4 Com ha quedat la descripció?

Rellegeix-la i respon sí, no o es pot millorar:

- Hi ha informació sobre l'aspecte físic del personatge? I sobre la seva manera de ser?
- S'expliquen de manera clara els seus poders i la seva missió?
- Has fet servir adjectius i comparacions?
- Afegiries alguna dada important més?

Refés la descripció per millorar els aspectes que has vist que no acaben d'estar prou bé.

Una altra manera de millorar la descripció és comparar-la amb el retrat artístic que has fet. Llegeix-la a un company o una companya mentre li mostres el dibuix i demana-li si creu que encaixen.

Finalment, comprova:

- ✔ La descripció inclou elements de l'aspecte físic i trets del caràcter del personatge.
- ✔ Els elements que apareixen en la descripció segueixen un ordre lògic i entenedor.
- ✔ Els adjectius i les comparacions ajuden a saber com és el personatge.

En línia

Reflexionem sobre la llengua

L'adjectiu

L'adjectiu és important! Hi estàs d'acord? Fixa-t'hi: no és el mateix dir un home pobre que un pobre home, ni tampoc és el mateix imaginar-te un edifici alt d'una ciutat gran que un edifici altíssim d'una ciutat grandíssima. No et venen a la ment les mateixes imatges, oi?

Què és un adjectiu?

L'adjectiu és una paraula que **complementa el nom** i n'expressa una qualitat o una característica: *un prat* ***verd***, *una amiga* ***generosa***.

Des del punt de vista sintàctic, l'adjectiu acostuma a col·locar-se darrere del nom o darrere del verb (*la paret és* ***blanca***), però sempre fa referència al nom. Hi ha una sèrie d'adjectius, però, que canvien de significat segons estiguin situats davant o darrere el nom que acompanyen:

La nostra veïna era un dona ***gran***.
La nostra veïna era una ***gran*** *dona*.

Adjectius variables i invariables

Des del punt de vista morfològic, l'adjectiu concorda en gènere (masculí o femení) i en nombre (singular o plural) amb el nom amb què es relaciona: *un noi valent*, *una noi**a** valent**a***; *uns noi**s** valent**s***, *unes noi**es** valent**es***.

Si ens fixem en el gènere dels adjectius, distingim entre:

- Adjectius **variables**, que tenen una forma per al masculí i una altra per al femení: *cotxe net*, *moto net**a***; *carrer ampl**e***, *carretera ampl**a***.

  Canvis ortogràfics que cal tenir en compte:

  - Moltes vegades els adjectius variables presenten canvis ortogràfics en fer el femení:

    u ▸ **v**: *no**u**, no**v**a*　　**c** ▸ **g**: *gro**c**, gro**g**a*　　**t** ▸ **d**: *mu**t**, mu**d**a*

  - Els adjectius masculins que acaben en **-sc**, **-xt**, **-st** i **-ig** poden formar el plural de dues maneres, amb **-s** o amb **-os**: *fosc*, *fosc**s*** o *fosc**os***; *mixt*, *mixt**s*** o *mixt**os***; *llest*, *llest**s*** o *llest**os***; *lleig*, *lleig**s*** o *lletj**os***.

- Adjectius **invariables**, que tenen la mateixa forma per al masculí i per al femení: *noi jove*, *noia jove*; *noi agradable*, *noia agradable*.

  Són adjectius invariables, per exemple, *jove, àrab*, *breu*, *greu*, *agrícola*... i també els acabats en aquestes terminacions:

ADJECTIUS INVARIABLES acabats en...	
-al	*carbó mineral, aigua mineral*
-el	*amic fidel, amiga fidel*
-il	*exercici fàcil, pregunta fàcil*
-ant	*home elegant, dona elegant*
-ent	*conductor prudent, conductora prudent*
-ar	*viatge espectacular, excursió espectacular*
-or	*dia anterior, classe anterior*
-ble	*discurs interminable, història interminable*

Els adjectius acabats en **-aç**, **-iç**, **-oç** són invariables en singular però tenen dues formes en plural, la masculina i la femenina:

SINGULAR	PLURAL	
	masculí	femení
capaç	*capaços*	*capaces*
feliç	*feliços*	*felices*
veloç	*veloços*	*veloces*

Els graus de l'adjectiu

Des del punt de vista semàntic, l'adjectiu pot expressar una qualitat en diferents graus d'intensitat:

- En **grau positiu**, si el nom posseeix la qualitat o característica: *guant vermell, nen alt*.
- En **grau comparatiu**, quan es fa servir per comparar una qualitat entre dos éssers o objectes. Pot indicar:
  - **inferioritat**: *L'Iu és **menys alt que** en Pol*.
  - **igualtat**: *L'Iu és **tan alt com** en Pol*.
  - **superioritat**: *L'Iu és **més alt que** en Pol*.
- En **grau superlatiu**, quan la qualitat a què fa referència és expressada en grau màxim: *alt**íssim***, *fin**íssim***, *el més alt*, *el més fi*.

? Com són aquests adjectius en grau superlatiu?
trist • verd • lleuger • curt • simpàtica • avorrit

Adjectius i noms: altres funcions

Els adjectius poden fer la funció d'un **nom**. Això passa quan porten un determinant al davant (***el** blau*) o quan l'adjectiu fa les funcions que són pròpies d'un nom, com, per exemple, de subjecte. Fixa-t'hi:

Els jugadors italians i les jugadores gregues es van classificar.
nom adjectiu nom adjectiu
SUBJECTE

Italians i gregues es van classificar.
nom nom
SUBJECTE

De vegades, un **nom** pot ser complementat per un altre nom, de la mateixa manera que ho fa un adjectiu; en aquests casos, es diu que el segon nom està en **aposició** respecte del primer, que és el nucli del SN:

El riu Llobregat
nom (nucli) nom (aposició)
SN

Recorda

- L'adjectiu complementa el nom i n'expressa una qualitat o característica.
- Els adjectius poden ser **variables** si tenen una forma per al masculí i una altra per al femení (*home pobre, dona pobra*) o **invariables** si tenen la mateixa forma per al masculí i per al femení (*home amable, dona amable*).

1 ●●● Falten adjectius!

Escriu un adjectiu que qualifiqui cadascun dels noms següents:

muntanya carrers
mar pel·lícula personatges
llibre novel·la àvia

2 ●●● Variable o invariable?

Els adjectius següents són variables o invariables? Flexiona'ls i indica-ho:

llarg ample fred
impressionant cec eixerit
comú fondo

3 ●●● En femení

Quin és el femení d'aquests adjectius? Escriu-lo:

pobre agre maligne
neutre inepte espavilat
magnífic valent lleig negre

4 ●●● En plural

Quin és el plural d'aquests adjectius? Escriu-lo:

boig honest fresc fix atroç
lleig mixt roig feliç tenaç

5 ●●● Inventa oracions

Escriu oracions amb aquests adjectius:

breu àrab interminable
popular amable agrícola

Ara, observa i contesta: Els adjectius anteriors són variables o invariables?

6 ●●● I en singular?

Quin és l'adjectiu d'aquests sintagmes? Indica-ho i, després, passa al singular tot el sintagma:

a. anàlisis clíniques
b. veïnes xerraires
c. tardes plujoses
d. narracions mítiques
e. belgues simpàtiques
f. passejades tranquil·les

7 ●●● Adjectius que s'adapten

Adapteu l'adjectiu de la columna de l'esquerra al substantiu de la columna de la dreta. Fixeu-vos en l'exemple i recordeu que hi ha adjectius invariables!

a. il·luminació nocturna	trajecte nocturn
b. mirada cega	amor ____
c. error lleu	falta ____
d. colors originals	medalles ____
e. menjador immens	sala ____
f. cost reduït	proporcions ____
g. consum energètic	despeses ____
h. llum uniforme	esglaons ____
i. sèries lluminoses	objecte ____

8 ●●● L'adjectiu amagat

Resol els mots encreuats amb l'adjectiu a què es refereix cada una d'aquestes definicions i te'n sortirà un altre en les caselles destacades:

1. Aquell que no menja cap tipus de carn i s'alimenta de vegetals.
2. Del color del carbó, completament fosc.
3. De Balaguer.
4. El color del cel.
5. Aquell que porta vestits bonics, ben fets i ben combinats i que es mou i parla amb naturalitat i distinció.
6. Que és a la presó.

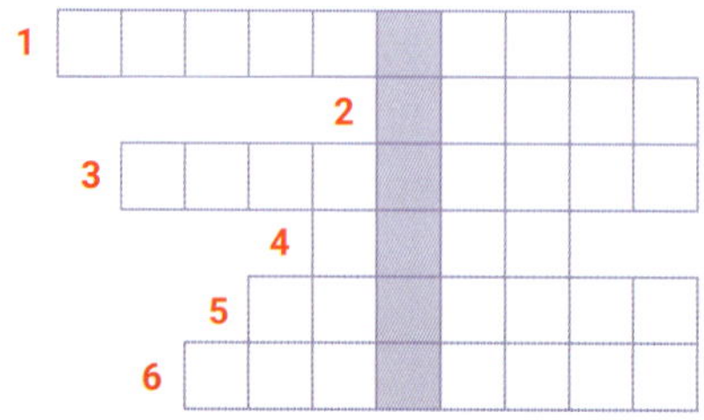

9 ••• On són els adjectius?

Quins mots del text següent són adjectius qualificatius? Identifiqueu-los i indiqueu-ne el gènere i el nombre:

Va aixecar-lo, però no més amunt de la seva espatlla, i es va quedar totalment immòbil durant aquells eterns quatre o cinc segons, observant la mortal serp negra que s'esmunyia veloç per la grava cap a ell. Aixecava el cap, petit i triangular, i vaig poder sentir el suau cruixit de la grava provocat pel lliscar del seu cos per damunt les pedretes soltes. Conservo aquella imatge de malson a la memòria: el sol del matí al jardí, l'enorme baobab al fons. Salimu amb els seus pantalons curts vells i la camisa caqui, descalç, que esperava, valent i sense moure ni un dit, amb el rasclet aixecat a les mans, i, a un costat, la llarga serp negra esmunyint-se per la grava en línia recta cap a ell, amb el seu cap petit i verinós, alçat, disposada a atacar.

Roald Dahl, *Sol pel món*. Editorial Empúries

10 ••• Un autoretrat

Escriu deu adjectius, en masculí i en femení, que indiquin maneres de ser positives i negatives i, després, cinc que es puguin fer servir en la descripció física d'una persona.

Finalment, tria els adjectius que t'escaiguin més de tots els que has escrit i redacta el teu autoretrat. Afegeix-hi tots els adjectius que calgui i fes servir comparacions.

11 ••• Igual que un nom

Sabies que de vegades els adjectius poden funcionar com un nom? Tria l'oració de cada parella en què passa això:

- ○ El verd del mar és cristal·lí.
- ○ La camisa verda està estripada.

- ○ Una noia gironina i espavilada va venir a casa.
- ○ La gironina és espavilada.

- ○ Van guanyar els bons.
- ○ Són uns bons jugadors.

- ○ El color blau del mar és impressionant avui.
- ○ El blau del mar és impressionant avui.

- ○ Alguns homes deshonestos van callar.
- ○ Els deshonestos van callar.

12 ••• On són les aposicions?

Quins noms fan d'aposició en els sintagmes nominals de les oracions següents? Identifica'ls:

a. El seu net Ovidi és un dels actors principals.
b. El riu Ebre desemboca a les Terres de l'Ebre.
c. El músic Mompou és molt conegut.
d. La casa Batlló és a Barcelona.

13 ••• COMPAREM LLENGÜES!

Com traduiríeu aquests mots a l'anglès? Si cal, feu servir el diccionari multilingüe:

petitíssim	rapidíssim	llarguíssim
vellíssim	baratíssim	curtíssim

Després de fixar-vos en aquestes paraules, quines conclusions traieu sobre la formació del superlatiu en català i en anglès?

Aquest truc només et servirà amb els adjectius d'una o dues síl·labes! Si en tenen més, hauràs d'afegir **the most** abans de l'adjectiu en grau positiu: ***The most important*** (**el més important**).

Posa't a prova

Prova de competències

Maria Aurèlia Capmany,

una personalitat que eclipsà la seva pròpia obra

Maria Aurèlia Capmany era influent, acollidora, emotiva, entranyable, propera, generosa, feminista i valenta.

L'actor Enric Majó, l'íntima amiga Maria Martínez, la directora teatral Magda Puyo i el realitzador de televisió Sergi Schaaff, moderats per la periodista Anna Guitart, van esclarint la personalitat de Maria Aurèlia Capmany en el segon dia del cicle "Capmany i Capmany. El compromís amb la cultura" a partir d'experiències viscudes amb l'escriptora, de manera que l'espectador se'n va poder fer una radiografia ben completa.

Per boca de Maria Martínez vam saber que era molt influent. "No era una dona guapa en el sentit estètic dels cànons, però tenia ganxo. Tenia uns ulls que miraven i brillaven molt, en els quals li veies la tristesa, l'alegria, la ràbia... l'hi veies tot. Era molt atractiva i sempre era el centre d'atenció, encara que no s'ho proposés. I això és una cosa que es té o no es té." Martínez reconegué sentir-se impressionada per aquesta seguretat que irradiava i que ella, segura de no voler repetir la vida de la seva mare, la va prendre com a model.

També la colpí la seva capacitat d'acolliment. "Casa seva era una casa oberta a tothom. A totes hores hi havia gent. Allí hi vaig conèixer, per exemple, el dramaturg Josep Maria Muñoz o l'escriptor Terenci Moix, a qui ella deia Ramonet." Aquesta inclinació per crear centres de reunió, juntament amb la seva propensió a dir les coses com les pensava, sense censura, contribuïa a crear debats. "La seva impertinència t'ajudava a dir les coses. Si et trobes davant una persona extremament educada, potser hi ha certes paraules que no dius per no ferir. En canvi, el seu model de conversa era molt interessant, et feia pensar."

CRISTINA CAPDEVILA, *Núvol*, 25/11/2018 (adaptació).

1 Segons el text, quina és la resposta correcta?

- **Aquest text correspon a un retrat perquè...**
  - ○ ...descriu l'espai on va viure Maria Aurèlia Capmany.
  - ○ ...descriu una persona utilitzant la primera persona del singular.
  - ○ ...descriu una persona utilitzant la tercera persona del singular.
  - ○ ...descriu la trajectòria professional de Maria Aurèlia Capmany.
- **Quin ordre se segueix per fer el retrat?**
  - ○ Primer es resumeix la biografia de Maria Aurèlia Capmany i després se'n descriu l'aspecte físic.
  - ○ Primer s'explica el context en què va viure Maria Aurèlia Capmany i després se'n resumeix la biografia.
  - ○ Primer es parla del caràcter de Maria Aurèlia Capmany i després del seu aspecte físic.
  - ○ Primer es parla de l'aspecte físic de Maria Aurèlia Capmany i després del seu caràcter.
- **Torna a llegir el darrer paràgraf del retrat. En aquest fragment pots trobar informació sobre...**
  - ○ ...les aficions de Maria Aurèlia Capmany.
  - ○ ...les relacions socials de Maria Aurèlia Capmany.
  - ○ ...el lloc on vivia Maria Aurèlia Capmany.
  - ○ ...la manera de vestir de Maria Aurèlia Capmany.
- **Els fragments que apareixen entre cometes...**
  - ○ ...són citacions de textos de Maria Aurèlia Capmany.
  - ○ ...corresponen a passatges de la descripció que el narrador vol destacar.
  - ○ ...recullen anècdotes i opinions de persones properes a Maria Aurèlia Capmany.
  - ○ ...recullen l'opinió del narrador sobre Maria Aurèlia Capmany.

2 Troba els adjectius qualificatius que hi ha en aquest fragment:

> Si et trobes davant una persona extremament educada, potser hi ha certes paraules que no dius per no ferir. En canvi, el seu model de conversa era molt interessant, et feia pensar.

Fixa't en el subtítol del retrat. Quants adjectius que hi ha, oi? Copia'ls en una taula com aquesta i flexiona'ls:

Masculí singular	Femení singular	Masculí plural	Femení plural

3 Ara et toca a tu! Observa la foto de Maria Aurèlia Capmany i fes una descripció del seu aspecte físic.

Amb unes 150 paraules n'hi ha prou!

En línia

Què en sabem, ara?

Recordeu les preguntes del baròmetre d'aula?

Què passaria si les responguéssiu ara?
Segur que heu millorat!

Baròmetre d'aula

Valora't

En línia

Ja has arribat al final.
És el moment d'aturar-se i reflexionar.
Què contestaries a cada una d'aquestes preguntes?

Què has après?

- ○ Que hi ha estratègies per descriure com són les persones.
- ○ Que hi ha alguns superherois que desconeixia.

Per exemple?

Com ho has après?

- ○ He treballat amb il·lusió i ganes d'aprendre.
- ○ He planificat bé el temps i m'he organitzat les tasques.

Com?

Com podries millorar?

- ○ He d'intentar trobar una motivació que m'ajudi a participar més a classe.
- ○ He de millorar la meva organització i planificació.

Com?

Per a què et pot servir?

- ○ Tenir una motivació per aprendre m'ajudarà a ser més proactiu o proactiva en tots els àmbits.
- ○ Si aprenc a organitzar bé el meu temps, en podré treure més profit en la meva vida diària.

Per exemple?

Què t'ha semblat la seqüència 10?

★ ★ ★ ★ ★

SEQÜÈNCIA 11

La sípia de Darwin

De quin color són les sípies?

Connectem

Saps qui és Charles Darwin? Un geni! Va desenvolupar la teoria de l'evolució. Si no la coneixes, ja fas tard! Però ara ens volem fixar en una altra cosa. En la seva travessa de cinc anys a bord del Beagle, a Darwin li faltaven colors per descriure allò que veia: roques, animals, plantes mai vistes. Va descriure el color de la sípia com a vermell jacint i marró avellana. Perfecte!

I tu, com vas de colors?

Digues quins colors veus en la imatge. Fes-ho com ho va fer Charles Darwin:

- Els teus companys i companyes ho han fet igual que tu?

Què en sabem?

Baròmetre d'aula

1 **El nom de la protagonista de *L'evolució de la Calpurnia Tate* és ben curiós, i ella també ho és, de curiosa! Li encanta observar la natura amb el seu avi. A què creus que es vol dedicar de gran?**

- Vol ser científica.
- Vol ser escriptora.
- Vol ser metgessa.
- Vol ser mestressa de casa.

2 **I si et dic que la història transcorre a Texas l'any 1899, quina afirmació sobre la Calpurnia creus que és certa?**

- Continua la tradició de l'època, en què les dones no podien estudiar.
- Segueix les normes establertes, perquè és el que s'esperava d'una dona en aquella època.
- Trenca tòpics, perquè desenvolupa una professió que no era habitual per a les dones en aquella època.
- Segueix la moda de l'època, ja que desenvolupa una professió molt demandada entre les dones.

3 **En la història, apareix una sípia que va ser capturada per un biòleg i naturalista molt famós. Qui pot ser?**

- Leonardo da Vinci.
- Thomas Alva Edison.
- William Shakespeare.
- Charles Darwin.

4 **Saps què és un naturalista?**

- El propietari d'una casa rural.
- Una persona defensora de tot el que és natural.
- Un científic estudiós dels animals i les plantes.
- Un científic estudiós de la selva.

5 **En el llibre hi apareixen moltes dades científiques que fan referència a la natura. Com creus que l'autora, Jacqueline Kelly, va aconseguir que fos una història creïble?**

- Amb tècniques d'escriptura terapèutica.
- Inventant-se tota la informació que hi apareix.
- Partint del record que tenia dels seus coneixements escolars.
- Mitjançant un procés de documentació exhaustiu.

6 **El títol original del llibre és *The Evolution of Calpurnia Tate*; per tant, de quin tipus d'obra es tracta?**

- És un assaig de divulgació científica en anglès.
- És una novel·la juvenil traduïda al català.
- És una novel·la de misteri traduïda a l'anglès.
- És una novel·la infantil escrita en llengua catalana.

7 **El llibre té dues-centes setanta-dues pàgines. Quina categoria gramatical és la paraula destacada?**

- Un determinant.
- Un adjectiu.
- Un quantificador.
- Un nom.

8 **Una nena, la Calpurnia, el seu avi... Què són totes les paraules destacades?**

- Determinants.
- Quantificadors.
- Adjectius.
- Noms.

La protagonista de la novel·la és la Calpurnia Virginia Tate, l'única noia de set fills d'una família de Texas del final del segle XIX, a qui agrada observar la natura i capturar animalons sota el mestratge de l'avi, que se l'endú a les seves excursions per fer observacions científiques.

Llegim

Àudio de la lectura

L'evolució de la Calpurnia Tate

Jacqueline Kelly (adaptació)

Microscopi

L'escorça terrestre és un museu immens...
Charles R. Darwin

Què significa per a tu aquesta frase de Charles Darwin?

Quants milions d'anys devia tenir l'animal **petrificat** que sostenia a la mà? En quin antic mar havia nedat? Jo ni tan sols havia vist mai l'oceà; tan sols em podia imaginar les onades, el vent, la **salmorra**.

Què és aquest animal **petrificat**?

La **salmorra** és la sal que queda en evaporar-se l'aigua del mar.

—Com a agraïment, ell em va enviar la bèstia embotellada que pots veure al prestatge del costat de l'**armadillo**. És la meva possessió més preuada.

Quin animal és l'**armadillo**? Què en destacaries?

Vaig mirar el monstre que hi havia dins la garrafa de vidre gruixut, amb uns ulls esfereïdors i múltiples extremitats.

—És una *Sepia officinalis* que va capturar a prop del cap de Bona Esperança.

—Qui la va capturar?

—Estem parlant del senyor Darwin.

—De debò? —No m'ho puc creure—. Ell li va enviar això?

—I tant. Durant la seva vida va mantenir correspondència abundant amb molts **naturalistes** d'arreu del món i va intercanviar espècimens amb alguns de nosaltres.

Els **naturalistes** eren científics que estudiaven els animals i les plantes.

—Fa conya, avi.

—Calpurnia, jo no faig mai "conya". I, per una vegada, la teva mare i jo estem d'acord en un aspecte important: parlar en argot és un senyal de debilitat intel·lectual i de pobresa de vocabulari.

No m'ho acabava de creure. No solament teníem el llibre a casa, sinó també un monstre capturat pel mateix senyor Darwin. Vaig **fitar** aquella cosa i vaig provar de trobar algun sentit als molts braços i cames que tenia.

Fitar significa mirar.

—Què és?

—A tu què et sembla que és?

—Sembla la mare dient-me que busqui una paraula al diccionari quan no sé com s'escriu.

—Molt bé. Un altre punt d'acord.

Em vaig acostar al pot i vaig tractar de llegir la petita etiqueta de paper que penjava d'un cordill al voltant del coll de l'ampolla. La lletra era antiga i estava descolorida. No la podia llegir, però resultava emocionant saber que el senyor Darwin l'havia escrit de pròpia mà.

—La puc treure del pot? Costa de veure, tota atapeïda aquí dins.

—Té gairebé setanta anys i es conserva en **esperit de vi**. Temo que es desintegraria si la traguéssim.

L'**esperit de vi** és alcohol.

La vaig observar. Terra? Mar? O aire? Tot i que hi havia moltes extremitats, semblaven de goma i no prou sòlides per suportar pes, de manera que havia de ser un animal nedador. Mar, aleshores. Però no tenia aletes. Com podia nedar sense aletes? Hum, un problema. I tampoc no li veia **ganyes**. Un altre problema. Els ulls eren grossos com plats. Per què havien de ser tan grossos? Resposta: per veure-hi en la foscor, és clar. Devia viure en zones amb poca llum, la qual cosa significava aigües profundes. Vaig dir:

Quin sinònim de **ganya** coneixes?

—És una classe de peix, i viu prop del fons de l'oceà. Però no s'assembla a cap altre tipus de peix que hagi vist mai. No sé com es desplaça ni com respira.

—Fins ara ho has encertat tot. Seria injust esperar que en traguessis més deduccions, perquè, com tu dius, està atapeïda aquí dins. És una sèpia. La família és *Sepiida*, i el gènere, *Sepia*. Es desplaça xuclant aigua dins d'una cavitat de la seva capa i expulsant-la a través d'un sifó muscular.

Aquella cosa em fascinava. Era un tros d'història a més d'una raresa. Vaig tocar el vidre fred amb un dit.

Més tard vaig comentar a en Harry com m'havia semblat d'interessant aquella bèstia embotellada. Sorprès, va aixecar els ulls del llibre que llegia i va dir:

—Has estat a la biblioteca?

—Sí —vaig contestar—, m'hi ha convidat l'avi.

—Sembla que passes molt de temps amb ell.

—A vegades.

—De què parleu tu i el vell?

Em vaig posar en guàrdia. En Harry no em preocupava gaire, però i si els meus altres germans descobrien que l'avi era un tresor de dades estranyes i fascinadores? Ja no el tornaria a tenir per a mi sola.

—Doncs... de coses —vaig fer, i em vaig enrojolar.

Qui ho ha escrit?

Què en saps, de Jacqueline Kelly?

Jacqueline Kelly va obtenir un gran èxit amb *L'evolució de la Calpurnia Tate*, i això que era la seva primera novel·la!

Investiga sobre Jacqueline Kelly i respon:

- Qui és Jacqueline Kelly?
- D'on és? Quan va néixer?
- En quina llengua escriu?
- A què es dedica?

www

Feu una presentació a la classe sobre l'autora. Podeu buscar i llegir fragments de la mateixa novel·la per il·lustrar la informació.

Què has entès?

1 ●●○ **Algunes preguntes bàsiques**
Contesta les preguntes següents:

a. Amb qui manté la conversa la Calpurnia?

b. On són?

c. Quin animal és el monstre que hi ha dins la garrafa de vidre?

d. Amb quin científic molt conegut col·laborava l'avi de la Calpurnia?

e. D'on era la sípia?

f. Per què la Calpurnia no havia vist mai el mar?

g. Com es va conservar la sípia gairebé setanta anys?

2 ●○○ **Què significa?**
Has entès totes les paraules i expressions del text? Posa't a prova i tria l'opció correcta en cada cas:

L'etiqueta de paper penjava al voltant del coll de l'ampolla... A quina part de l'ampolla es refereix?

- ○ A la part que va des de l'eixamplament de l'ampolla fins al fons.
- ○ A la part inferior ampla i llarga que va des del cul fins a la part on s'estreny.
- ○ A la part superior estreta i llarga que va des del tap fins a la part on s'eixampla.

La Calpurnia, quan parla amb en Harry, diu que es posa en guàrdia perquè...

- ○ ...vigila que no hi hagi cap guàrdia per allà a prop.
- ○ ...no vol que els germans descobreixin que l'avi és un tresor.
- ○ ...no vol que en Harry descobreixi la seva relació amb l'avi.

3 ●●○ **Com un naturalista!**
Segons les explicacions de la Calpurnia quin d'aquests animals és la sípia?

4 ●●○ **Amb les teves paraules!**
Què és el sifó muscular? Per a què serveix? Busca la paraula sifó en el diccionari i explica-ho amb les teves paraules.

5 ●●○ Què passa primer?
En quin ordre passen aquests fets en el text? Ordena les frases:

a. La Calpurnia observa bé la sípia però no sap quin animal és.

b. L'avi explica a la Calpurnia com Darwin li va enviar la sípia.

c. La Calpurnia amaga a en Harry el seu entusiasme per l'avi.

d. La Calpurnia observa un fòssil que té el seu avi.

e. L'avi li acaba fent la descripció de la sípia i del seu comportament.

6 ●●○ Què hi diu, l'avi?
En quin moment l'avi increpa la Calpurnia? Per què ho fa? Què opina l'avi sobre aquesta manera de parlar de la Calpurnia? Explica-ho.

7 ●●○ Avi i neta!
Com és la relació entre la Calpurnia i el seu avi? Com el tracta: de tu o de vostè? Busca'n exemples en el text i escriu-los.

8 ●●○ I vosaltres?
I vosaltres, quina relació teniu amb els vostres avis o padrins? Parleu-ne:

- Com els hi parles, de tu o de vostè?
- Et parlen sobre els seus coneixements?
- T'expliquen històries de la seva vida passada?

9 ●●○ Qui era Darwin?
Què en saps, de Charles Darwin? Investiga i explica breument qui era i per què va ser molt important en el món científic.

Ara, fixa't en el títol de la novel·la i digues quina relació té amb Charles Darwin.

10 ●●○ Et passa el mateix?
Hi ha algun passatge del text amb el qual t'hagis sentit identificat o identificada? Amb quin? Per què? Explica-ho.

Com està escrit?

11 ●●○ Com està escrit?
Fixa't com està escrit el text i marca l'opció correcta en cada cas:

El text està escrit...
- ○ ...en primera persona.
- ○ ...en segona persona.
- ○ ...en tercera persona.

El narrador del text és...
- ○ ...intern.
- ○ ...exterior.
- ○ ...extern.

El personatge de Charles Darwin és...
- ○ ...real.
- ○ ...imaginari.
- ○ ...fantàstic.

Els altres personatges són...
- ○ ...reals.
- ○ ...imaginaris.
- ○ ...fantàstics.

12 ●●○ Com és la sípia?
Què heu après de la sípia llegint aquest fragment? Endreceu la informació i completeu una taula com aquesta:

Nom científic	
On viu?	
Com es desplaça?	
Quins elements físics la caracteritzen?	

13 ●●○ Converses!
Quantes converses diferents hi ha en la lectura? Entre qui són?

En línia

Escrivim

La protagonista de la novel·la *L'evolució de Calpurnia Tate* té exactament allò que necessita un bon escriptor: el do de la curiositat!

Reflexions literàries

Per què és interessant aquest llibre?

- **Perquè trenca tòpics.**

  La Calpurnia Virginia Tate és una nena de gairebé dotze anys que pertany a una família benestant de Texas. És l'única nena de set germans i el seu destí és convertir-se en una dona útil per a un futur matrimoni: ha d'aprendre a brodar, teixir, cuinar i tocar el piano. Ara bé, ella vol ser una dona diferent, i allò que de debò li agradaria és aventurar-se pel món i convertir-se en una científica.

- **Perquè té allò que cal tenir si vols ser escriptor o científic: CURIOSITAT.**

  La curiositat és el desig de saber més coses o d'investigar sobre fets que no coneixem. Sense curiositat no hi hauria evolució ni aprenentatge. Escriptors i científics tenen en comú la recerca d'informació, ja sigui per confirmar una nova teoria o per explicar una història.

Fixa't en aquest fragment de la novel·la, que és un exemple perfecte del que acabem de comentar:

"Un dia tindria tots els llibres del món, prestatgeries plenes. Viuria dalt d'una torre feta amb llibres. Passaria tot el dia llegint i menjant préssecs. I si mai un jove cavaller amb armadura gosava venir amb el seu corser blanc a demanar-me que li allargués una trena, el crivellaria amb pinyols de préssec fins que se'n tornés."

- Trenca el tòpic? Sí, perquè el tòpic fins ara era que els cavallers venen a salvar les noies.
- És curiosa? Sí, perquè els llibres són la millor manera de satisfer la curiositat, ja que són una font inesgotable de coneixement.

Et consideres una persona curiosa? Què t'interessa?

Has llegit mai un llibre perquè volies saber més coses sobre un tema?

La documentació

La importància de documentar-se

Ser escriptor, a vegades, s'assembla molt a ser investigador. Imagina't que vols escriure una història sobre un home que mor perquè l'enxampa un llamp. Molt bé! Però... què en saps, sobre els llamps? Si l'únic que en saps és que després d'un llamp ve un tro, que els veiem a les nits de tempesta i que emeten una llum en forma de ziga-zaga, prepara't per escriure una història força avorrida, perquè això ja ho sabem tots, i quan llegim, a part de passar-nos-ho bé, esperem que ens expliquin coses noves.

Així doncs... com cal documentar-se? Avui dia tenim una eina que temps enrere no existia i feia molt més complicada la tasca de documentació: internet! Per tant, ara més que mai, no tenim excusa. A internet podem trobar-hi informació sobre qualsevol tema. Ara bé, també podem recórrer a documentals, pel·lícules, documents històrics, testimonis, etc.

Què en saps, dels llamps?

Tornant als llamps... Mira tot el que hem trobat fent una recerca ràpida a internet:

- Les possibilitats que caigui un llamp i ens enxampi són d'1 entre 10.000.
- Els llamps són capaços d'alliberar una energia comparable a dos milions de tones de dinamita.
- En menys d'un segon, un llamp pot arribar als 28.000 °C, cinc vegades la temperatura del Sol!
- Un llamp mesura més o menys cinc quilòmetres de llarg i només un centímetre d'ample.
- El lloc més segur durant una tempesta elèctrica és l'interior del cotxe, això sí: amb les finestres tancades! En canvi, la cosa més perillosa que podem fer és banyar-nos al mar o en una piscina.

Interessant, oi? A més a més, ara segur que podràs fer que la història del teu personatge sigui molt més **interessant** i, sobretot, **creïble**.

Documenta't i crea... una història creïble!

Escriptura creativa

En línia

Prepara

Tria un lloc que et generi una profunda curiositat i busca'n una foto. Podria ser un lloc com... el planeta Mart!

Què hi podria passar, en aquest lloc? Imagina't una història.

Se t'acudeixen preguntes, sobre la teva història? Pensa'n tantes com puguis i contesta-les!

Documenta't! Busca a internet informació sobre el tema que has escollit.

Escriu

I si proves de mesclar de manera natural algunes de les informacions que has trobat amb la teva història? Endavant!

Revisa

A revisar!

- ✔ Vigila amb les faltes d'ortografia i la puntuació!
- ✔ S'entén bé? L'expressió del text i el vocabulari també són importants.

Reflexionem sobre la llengua

Els determinants
i els quantificadors

No és el mateix que un document tingui tres pàgines, que en tingui moltes, que en tingui algunes o que no en tingui cap, oi? Els quantificadors ens ajuden a expressar quantitats!

Els determinants

El **determinant** acompanya el nom i l'adjectiu en el sintagma nominal (SN). És una classe gramatical que acostuma a anar davant del nom i que el concreta, perquè n'indica el gènere, la proximitat o la pertinença. Així, segons la informació que aporten, els determinants es classifiquen en:

- **Articles**, que són els més habituals. Des del punt de vista morfològic, són variables, tenen gènere i nombre. Des del punt de vista semàntic, segons si es refereixen o no a un element conegut o concret, distingim entre articles **definits** (*el, la, l', els, les*) i articles **indefinits** (*un, una, uns, unes*).
- **Demostratius**, que indiquen la distància en l'espai o el temps entre allò que designa el nom i l'emissor o el receptor de l'acte comunicatiu. Indiquen **proximitat** (*aquest, aquestes*) o **llunyania** (*aquella, aquells*).
- **Possessius**, que indiquen pertinença o propietat d'algú o d'alguna cosa respecte al nom que determinen. Poden referir-se a:
  - l'emissor (primera persona gramatical): *meu, meva* o *meua* (jo).
  - el receptor (segona persona): *teu, teva* o *teua* (tu).
  - el que no és ni emissor ni receptor (tercera persona): *seu, seva* o *seua* (ell o ella).

  Hi ha dues classes de determinants possessius:
  - Els **tònics**, que solen dur l'article anteposat: *el teu gat, la seva mà*.
  - Els **àtons**, que no duen mai article i que s'acostumen a utilitzar amb noms de parentiu (*mon pare, sa germana*), en algun tractament (*Sa Excel·lència*), en expressions o frases fetes (*en ma vida, cada terra fa sa guerra*) i en el llenguatge poètic.

ELS DETERMINANTS		
TIPUS	SUBTIPUS I VALOR	EXEMPLES
Articles	definits	*el, la, l', els, les*
	indefinits	*un, una, uns, unes*
Demostratius	indiquen proximitat	*aquest, aquesta, aquests, aquestes*
	indiquen llunyania	*aquell, aquella, aquells, aquelles*
Possessius	tònics	*meu, meva/meua, meus, meves/meues* *teu, teva/teua, teus, teves/teues* *seu, seva/seua, seus, seves/seues*
	àtons	*mon, ma, mos, mes* *ton, ta, tos, tes* *son, sa, sos, ses*

? Són tònics o àtons, aquests possessius?
ta • teus • seues • mon • meus • sa • tos

Els quantificadors

Els **quantificadors** són les paraules que serveixen per mesurar o expressar quantitats. N'hi ha de diversos tipus d'acord amb la manera com es vol expressar la quantitat: exacta, ordenada, fraccionada, múltiple...

- **Numerals**, que expressen un nombre i es classifiquen en cinc grups:
  - **Cardinals**, que expressen una quantitat exacta: *dos, vint-i-cinc...*
  - **Ordinals**, que indiquen ordre de successió, de prioritat o de col·locació: *primer, segon...*
  - **Col·lectius**, que indiquen quantitats diverses: *parell, centenar...*
  - **Fraccionaris**, que indiquen les fraccions o parts d'una unitat: *mig, terç, centèsim...*
  - **Multiplicatius**, que expressen els múltiples: *doble, quàdruple...*
- **Quantitatius**, que expressen una quantitat imprecisa. Segons si tenen gènere i nombre, n'hi ha de tres tipus:
  - Els **variables**, que tenen les quatre formes, com *molt*, *poc*, *quant* o *tant*: *molt moviment, molta tela, molts moviments, moltes teles*, etc.
  - Els **semivariables**, que només admeten una forma per al singular i una altra per al plural: *gaire por, gaires amigues, gaires amics*.
  - Els **invariables**: *prou sucre, prou pomes; força gana, força pomes*.
- **Indefinits**, que indiquen un coneixement inconcret o imprecís del nom: *altre cop, alguna ciutat, cert poble, cap nena, cada nit, tot el dia...*
- **Interrogatius i exclamatius** (*quin, quina, que*), que s'utilitzen en oracions interrogatives i exclamatives: *Quin llibre? Quin llibre! Que bonica!*

ELS QUANTIFICADORS		
TIPUS	SUBTIPUS I VALOR	EXEMPLES
Numerals	cardinals	*un, dos, tres, vint-i-cinc*
	ordinals	*primer, segon, tercer*
	col·lectius	*parell, dotzena, centenar*
	fraccionaris	*mig, terç, centèsim*
	multiplicatius	*doble, triple, quàdruple*
Quantitatius	variables	*molt, poc, quant*
	semivariables	*gaire*
	invariables	*prou, força, massa*
Indefinits		*altre, algun, cap*
Interrogatius i exclamatius		*que, quin, quina, quins, quines*

Recorda

- Els **determinants** acompanyen el nom i l'adjectiu en el SN. Són determinants els articles, els demostratius i els possessius.
- Els **quantificadors** serveixen per mesurar o per expressar quantitats. Són quantificadors els numerals, els quantitatius, els indefinits i els interrogatius i exclamatius.

Reflexionem sobre la llengua

1 Quins són determinants?

Quins mots dels sintagmes següents són determinants? Identifica'ls:

a. un joc
b. la primavera
c. ma mare
d. aquella serralada
e. els meus bolígrafs
f. els amics

Després de fixar-te en aquestes paraules, quina conclusió en treus? Completa:

Els determinants acompanyen ____.

2 Els saps classificar?

De quin tipus són els determinants i els quantificadors d'aquests sintagmes? Indica-ho:

a. **la seva** bicicleta nova
b. **sa** mare
c. **les meues** amigues
d. **mon** germà gran
e. carrer del Castell, **2**, **2n 1a**
f. **un parell** d'amics
g. **mitja** poma

3 Determinants o quantificadors?

On són els determinants i els quantificadors? Identifica'ls:

a. Les meves germanes arribaran aviat.
b. No tenen prou capacitat.
c. Poca gent coneix el secret.
d. Tinc força gana.
e. Ja som massa persones.
f. Va venir una monitora nova.
g. Digues a aquelles participants que vinguin.
h. Els nostres equips s'estan entrenant.

4 A quin nom determinen?

Identifica els determinants de les oracions següents. Quin nom determinen? Escriu-lo:

a. Aquella camisa està estripada.
b. La Maria va compartir l'entrepà.
c. És aquella cantimplora d'allà dalt?
d. Aquests gossos em fan por.
e. Tenia el nas vermell.
f. Vaig despenjar el telèfon.
g. Aquest abric té una taca.

5 Possessius

On són els determinants possessius d'aquestes oracions? Identifica'ls:

a. Agafa la calculadora de la meva motxilla.
b. Aquesta és la vostra decisió.
c. La teva redacció és la millor.
d. Ton pare em va dir que no hi eres.
e. Mon pare i ta mare van anar junts a escola.

Ara, classifica'ls segons si són tònics o àtons.

6 Determinants o pronoms?

Els mots destacats de les oracions següents són determinants o pronoms? Indica-ho:

a. Les **meves** amigues no han vingut **aquest** cap de setmana.
b. No trobo **la** carpeta.
c. És la **teva** jaqueta?
d. És **una** noia molt eixerida!
e. **Aquest** també vindrà a la festa?
f. Demà anirem a comprar **aquells** que et vaig dir.
g. Vull veure **aquella** pel·lícula; **aquesta** no m'agrada gens.

Després de fixar-te en aquestes frases, quina conclusió en treus? Completa:

A diferència dels ____, que acompanyen el nom, els ____ el substitueixen.

7 ●●● Quantificadors en sèrie

Segueix l'exemple i completa les sèries següents amb els quantificadors indicats. Recorda que hi ha quantificadors invariables:

molt sou – **molta** por – **molts** sous – **moltes** pors

- **força** pa – ____ sopa – ____ pans – ____ sopes
- **massa** pèl – ____ llum – ____ pèls – ____ llums
- **prou** pebrot – ____ col – ____ pebrots – ____ cols
- **poc** color – ____ gana – ____ colors – ____ ganes

8 ●●● Quina és l'opció correcta?

Escull l'opció correcta en cada cas:

a. No sé si he comprat **bastants/bastantes** ametlles per fer el pastís.

b. No tinc **gaire/gaires** llibres.

c. Tens **prou/prous** diners per comprar-ho?

d. Ja fa **massa/masses** dies que em vas dir que ho faries i no ho has fet.

9 ●●● Quina hora és?

Escriu amb lletres l'hora que marca cada rellotge:

10 ●●● Saps l'adreça?

Escriviu amb lletres aquestes adreces i digueu quins quantificadors heu fet servir en cada cas:

a. C. dels Banys Vells, 152, 10è 4a

b. Av. de la Mare de Déu de Montserrat, 537, 7è 1a

c. C. de l'Orient, 17, 2n 3a

d. Pl. de Jaume I, 25, 4t 2a

11 ●●● Paraules amagades

Busqueu en aquesta sopa de lletres nou determinants i quantificadors:

L	I	J	A	G	A	D	B	A	M	O	O
T	X	G	E	N	S	H	A	G	U	S	Q
A	C	E	R	U	S	J	D	A	V	I	U
S	A	I	Q	U	A	Q	U	E	S	T	A
T	L	T	A	P	M	B	E	L	U	H	D
U	P	L	R	S	T	A	S	I	T	U	R
D	O	B	L	E	U	N	O	E	M	M	U
S	C	A	E	V	T	Y	R	E	A	I	P
N	A	O	S	U	N	Z	E	T	I	Q	L
I	N	T	E	R	E	S	E	A	N	T	E
G	A	O	C	D	U	I	I	B	O	P	P
G	A	O	C	D	X	R	I	B	N	P	I

Ara, escriviu una oració amb cada un dels determinants i quantificadors que heu trobat en la sopa de lletres.

12 ●●● COMPAREM LLENGÜES!

Com traduiríeu aquestes oracions del castellà al català?

a. María es una amiga de mi hermano.

b. Los poemas de Maria Mercè Marçal me inspiran.

c. Leonardo da Vinci es un personaje interesantísimo.

d. David es mi profesor de música.

e. Meritxell estuvo viviendo en Francia con Alba, su prima.

f. El cuadro de Joan Miró fue subastado por muchísimo dinero.

Després de fixar-vos en aquestes oracions, quina conclusió en traieu? Completeu:

En català, quan ens referim a una persona concreta, utilitzem ____, menys quan es tracta ____, que en prescindim. En castellà, en canvi, el nom de la persona ____.

Posa't a prova

Prova de competències

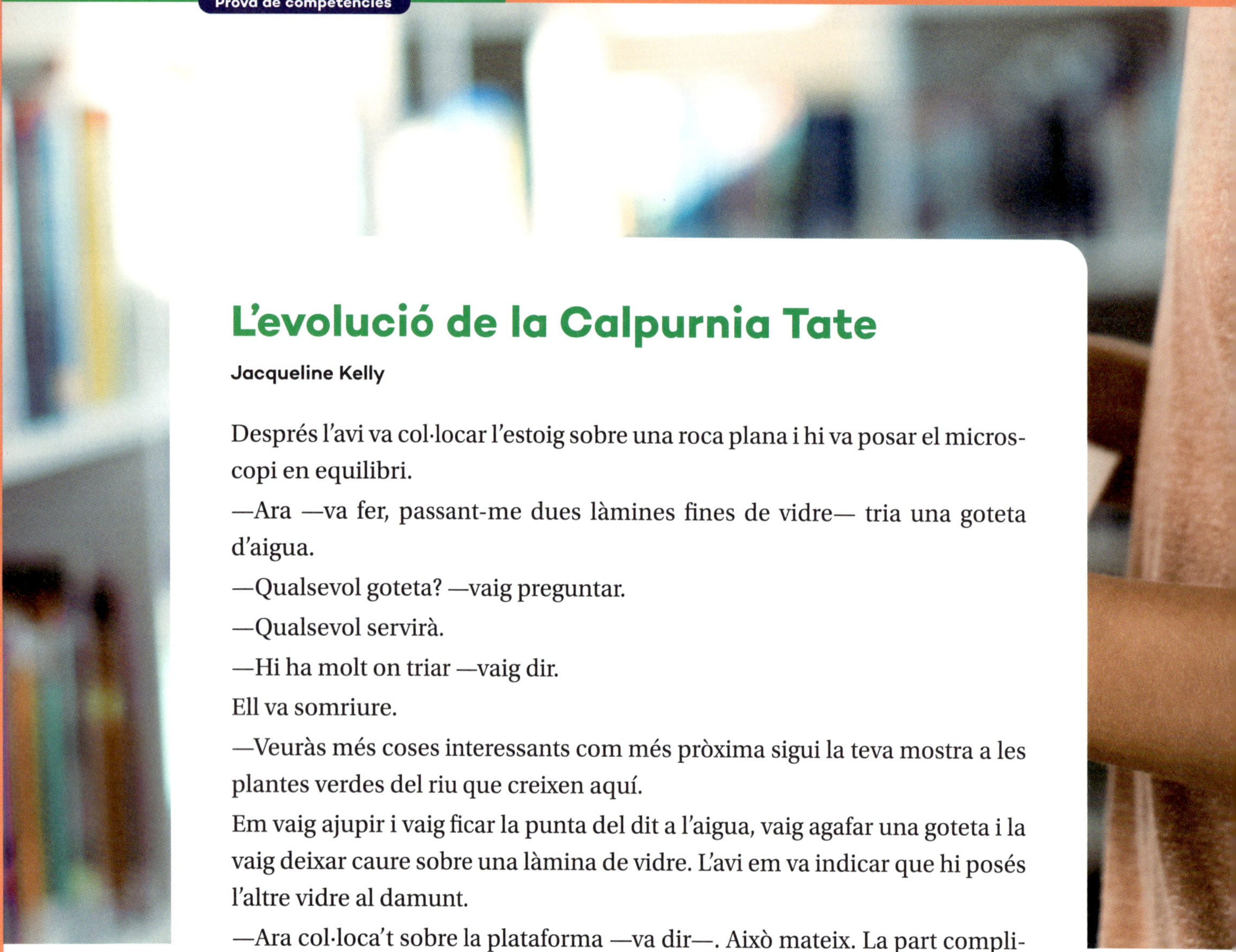

L'evolució de la Calpurnia Tate

Jacqueline Kelly

Després l'avi va col·locar l'estoig sobre una roca plana i hi va posar el microscopi en equilibri.

—Ara —va fer, passant-me dues làmines fines de vidre— tria una goteta d'aigua.

—Qualsevol goteta? —vaig preguntar.

—Qualsevol servirà.

—Hi ha molt on triar —vaig dir.

Ell va somriure.

—Veuràs més coses interessants com més pròxima sigui la teva mostra a les plantes verdes del riu que creixen aquí.

Em vaig ajupir i vaig ficar la punta del dit a l'aigua, vaig agafar una goteta i la vaig deixar caure sobre una làmina de vidre. L'avi em va indicar que hi posés l'altre vidre al damunt.

—Ara col·loca't sobre la plataforma —va dir—. Això mateix. La part complicada és fer girar aquest reflector perquè capti la llum del sol en l'angle òptim. Necessitaràs prou llum per il·luminar la teva mostra, però no tanta que en difumini els detalls.

Vaig moure el reflector i vaig enganxar l'ull al cilindre, convençuda que passaria alguna cosa memorable. Però el que vaig veure només es podria descriure com un camp de boira gris pàl·lid. Fou d'allò més decebedor.

—D'això, avi..., aquí no hi ha res.

—Agafa el botó d'enfocament, aquí —em va guiar la mà—, i fes-lo girar a poc a poc allunyant-lo de tu. No, no apartis els ulls. Continua mirant mentre el fas girar.

Era un exercici delicat.

—Tens prou llum? —va preguntar—. No t'oblidis del reflector.

Aleshores va succeir. Un món bellugadís i agitat de criatures enormes i ondulants va aparèixer davant dels meus ulls i em va clavar un esglai de mort.

1 Segons el text, quina és la resposta correcta?

- **La Calpurnia i el seu avi són...**
  - ○ ...al costat d'un riu.
  - ○ ...a la biblioteca de l'avi.
  - ○ ...en un laboratori.
  - ○ ...a dalt d'una muntanya.

- **La Calpurnia utilitza el microscopi per observar...**
  - ○ ...un insecte.
  - ○ ...una gota d'aigua.
  - ○ ...la fulla d'una planta.
  - ○ ...una mostra de terra.

- **El reflector del microscopi serveix per...**
  - ○ ...enfocar la imatge.
  - ○ ...captar la llum del sol i dirigir-la a la mostra.
  - ○ ...evitar que la mostra es mogui.
  - ○ ...protegir el microscopi i evitar que es trenqui si rep algun cop.

- **Què és un esglai?**
  - ○ Una sorpresa molt agradable.
  - ○ Un ensurt.
  - ○ Un descobriment inesperat.
  - ○ Una plantofada.

- **Quan mira per primera vegada a través del microscopi, la Calpurnia se sent...**
  - ○ ...impressionada. ○ ...sorpresa. ○ ...espantada. ○ ...desil·lusionada.

2 Subratlla els determinants que hi ha en aquestes frases del text:

a. Després l'avi va col·locar l'estoig sobre una roca plana i hi va posar el microscopi en equilibri.

b. La part complicada és fer girar aquest reflector perquè capti la llum [...].

c. Necessitaràs prou llum per il·luminar la teva mostra [...].

Identifica els determinants i els quantificadors que hi ha en aquests sintagmes del text i digues de quin tipus és cadascun:

a. dues làmines fines de vidre

b. en l'angle òptim

c. prou llum

d. el reflector

e. alguna cosa memorable

f. un camp de boira

3 Ara que ja sap utilitzar un microscopi, què creus que farà, la Calpurnia Tate? Inventa't quina és la següent mostra que voldrà observar i explica com és l'indret on haurà d'anar per aconseguir-la.

Amb unes 150 paraules n'hi ha prou!

Què en sabem, ara?

Recordeu les preguntes del baròmetre d'aula?

Què passaria si les responguéssiu ara?
Segur que heu millorat!

Baròmetre d'aula

Valora't

En línia

**Ja has arribat al final.
És el moment d'aturar-se i reflexionar.
Què contestaries a cada una d'aquestes preguntes?**

Què has après?

- ○ Que els continguts d'una novel·la es poden relacionar amb continguts que ja sabia.
- ○ Que per escriure textos creïbles cal documentar-se.

Per exemple?

Com ho has après?

- ○ He analitzat una obra i he aplicat el que he après en la creació d'un text creïble.
- ○ He consultat diferents fonts per documentar-me i n'he extret informació.

Com?

Com podries millorar?

- ○ He d'aprendre a extreure informació dels textos i saber-la relacionar amb els treballs que he de dur a terme.
- ○ He d'aprendre a buscar informació en fonts més diverses i he de tenir en compte la seva fiabilitat.

Com?

Per a què et pot servir?

- ○ La capacitat d'anàlisi m'ajudarà a aprendre de manera més significativa.
- ○ Saber informar-me de manera rigorosa m'ajudarà en el meu dia a dia.

Per exemple?

Què t'ha semblat la seqüència 11?

★ ★ ★ ★ ★

SEQÜÈNCIA 12

Parlar en silenci

Com es pot parlar des del silenci?

3, 2, 1, acció!

Connectem

T'havies plantejat que la parla no és l'única manera de comunicar-se? Sí? D'acord! Segur que has pensat en activitats com escriure, dibuixar, fer teatre... Però has pensat en la llengua de signes? És una llengua rica, amb gramàtica pròpia i que serveix per comunicar-se en silenci!

La vols aprendre?

Vídeo

- Què en saps, de la llengua de signes?
- Com se saluda en la llengua de signes? I com t'acomiades d'algú?

Què en sabem?

Baròmetre d'aula

1 **Una periodista et vol fer unes preguntes perquè vol escriure un reportatge sobre els adolescents catalans que apareixerà en un diari digital. Quin tipus de text escriurà?**

- ○ Un text narratiu de ficció.
- ○ Un text explicatiu periodístic.
- ○ Un text informatiu novel·lístic.
- ○ Un text comunicatiu d'opinió.

2 **Quina funció tindrà el text que publicarà aquesta periodista?**

- ○ Imaginar.
- ○ Opinar.
- ○ Entretenir.
- ○ Informar.

3 **Ja ha arribat el dia de la publicació! El professor us diu que podeu llegir-lo en la pàgina principal del diari, allà on diu "Com són els joves catalans d'avui?". Què és aquesta frase?**

- ○ És el resum.
- ○ És el subtítol.
- ○ És la conclusió.
- ○ És el títol.

4 **Quins recursos ha fet servir la periodista per estructurar el text?**

- ○ Fotografies i dibuixos.
- ○ Negretes, cursives i majúscules.
- ○ Exemples i testimonis.
- ○ Gràfics i titolets.

5 **Per resumir algunes de les conclusions a les quals ha arribat la reportera, ha fet servir una infografia, una tècnica...**

- ○ ...de creació d'imatges personalitzades.
- ○ ...d'escriptura de paraules abreviades.
- ○ ...d'organització de bases de dades.
- ○ ...de representació gràfica de dades.

6 **La reportera anava acompanyada d'un càmera, perquè també estan preparant un reportatge audiovisual. Què tenen en comú el reportatge escrit i l'audiovisual?**

- ○ S'hi utilitzen negretes, cursives i majúscules per organitzar la informació.
- ○ La informació és objectiva i precisa i està basada en fonts documentades.
- ○ Les imatges són el més important i gairebé no hi ha text escrit.
- ○ Són gèneres periodístics en què es dona l'opinió sobre un tema d'actualitat.

7 **El reportatge sobre els adolescents és molt llarg i s'hi fan servir moltes paraules. Saps quines són verbs?**

- ○ Oberts, respectuosos, actius...
- ○ Adolescent, diversitat, amics, internet...
- ○ Ser, créixer, viure, socialitzar, jugar...
- ○ Actualment, abans, ara, sempre, mai...

8 **Els verbs són formats pel radical i la desinència. Saps quin és el radical de la forma verbal parlaré?**

- ○ La part invariable, parl-.
- ○ La part variable, -aré.
- ○ La part invariable, pa-.
- ○ La part variable, parla-.

Les llengües de signes, un món per aprendre

Com les llengües parlades, les llengües de signes han evolucionat en funció de les comunitats geogràfiques on es troben. Així doncs, la llengua de signes catalana és diferent de l'espanyola, tot i que dins de la península Ibèrica la comunicació entre parlants de diferents territoris és possible, perquè hi ha moltes paraules semblants.

Mentre que, amb el llenguatge oral, la comunicació s'estableix mitjançant un canal auditiu, la llengua de signes ho fa per un canal visual i espacial i té una estructura gramatical pròpia que es caracteritza pel moviment d'una o dues mans, les seves orientacions, la ubicació espacial i els moviments no manuals, com els labials —verbals i orals—, facials, linguals, d'espatlles i de cap.

Diversitat i creixement global

Actualment, es calcula que hi ha més de 300 llengües de signes arreu del món. Les noves apareixen a través de la criollització (procés de formació d'una llengua pel contacte entre dues comunitats lingüístiques), però també en sorgeixen de noves per necessitat o són introduïdes a través d'una planificació lingüística.

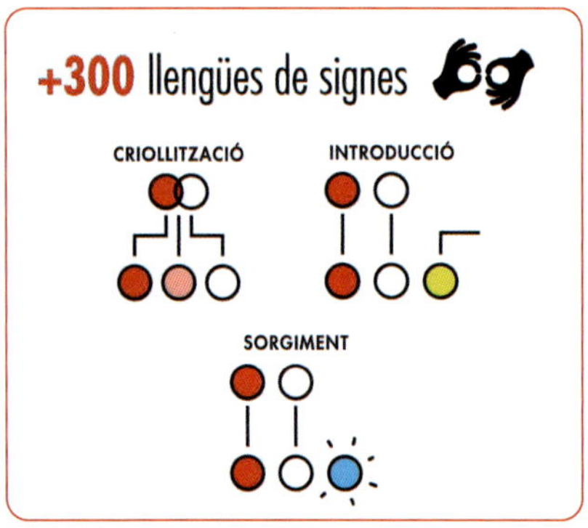

Tenir dos noms

Les persones que parlen una llengua de signes tenen dos noms: un d'oïdor i un de signat. Normalment, el nom en la llengua de signes és una configuració senzilla relacionada amb l'aspecte físic o amb algun tret característic de la persona.

Els usuaris

Més del 5% de la població mundial (és a dir, 466 milions de persones) té sordesa o pèrdua auditiva discapacitant, que és aquella que comporta la pèrdua superior a 40 decibels (dB) en el millor sentit auditiu en adults i una pèrdua auditiva superior a 30 dB en el cas de nens. Aproximadament un terç de les persones més grans de 65 anys es veuen afectades per la pèrdua auditiva discapacitant i s'estima que el 2050 seran més de 900 milions de persones (una de cada deu persones).

A banda dels usuaris amb sordesa o pèrdua auditiva, també són parlants de la llengua de signes molts oients que han viscut amb familiars o amics sords, els professionals que es dediquen a la traducció i a la docència i altres persones interessades a aprendre una llengua nova.

Les grans famílies de llengües de signes

A grans trets, les llengües de signes es poden dividir en vuit grans famílies. Les llengües de signes similars solen provenir de la mateixa família i es poden agrupar amb un cert marge dins d'uns grans grups que sovint n'han marcat l'origen. En part, això definirà la intel·ligibilitat entre les llengües (la possibilitat d'entendre's entre elles). La llengua de signes catalana es classifica en la família de la llengua de signes francesa, tot i que la relació que hi té actualment no és gaire evident.

On es pot aprendre la LSC?

La Direcció General de Política Lingüística ha editat un mapa de localització dels llocs on es pot aprendre i practicar la llengua de signes catalana (LSC) a Catalunya. Entre els serveis, la pàgina web també ofereix una extensa col·lecció de làmines elaborades amb el suport de la Federació de Persones Sordes de Catalunya (FESOCA) amb un vocabulari bàsic per començar a practicar.

EDUARD FORROLL I LAIA LABRÓ,
Ara, 1/2/2021

Ens comuniquem

El reportatge

Sovint, no en sabem prou, d'alguns temes importants. Per exemple, abans de llegir aquest text sabies quin percentatge de la població mundial pateix sordesa? I que existeix una llengua de signes catalana? Potser no ho sabies... No t'amoïnis, al món hi passen moltes coses i no arribem a tot. Els reportatges són una bona manera d'ampliar els nostres coneixements i aprofundir en temes que ens interessen.

Pautes d'anàlisi

Fixa't en:

- L'estructura del text:
  - La introducció.
  - El desenvolupament.
  - La conclusió (opcional).
- Els elements que ajuden a organitzar el text:
  - El títol.
  - Els subtítols.
  - Els apartats.
  - Els paràgrafs.
- Els elements gràfics:
  - El cos i la mida de les lletres.
  - Les paraules destacades.
  - Les fotografies i els dibuixos.
  - Les infografies.
  - Els mapes.
- Els exemples, que t'ajuden a entendre el text.

1 ●●○ **Tres preguntes bàsiques**
T'has fixat en el que t'havies de fixar? Contesta:

a. En quin diari ha estat publicat?
b. Sobre quin tema parla?
c. Quines són les parts del reportatge? Com les has identificat?

2 ●○○ **Fes de periodista!**
Quin d'aquests títols creus que podria ser el d'un nou subapartat d'aquest reportatge? Per què?

○ Els problemes d'audició en els joves
○ La llengua de signes catalana
○ La mímica com a recurs escènic

3 ●●○ **Què és el més important?**
Quines són les tres idees principals d'aquest reportatge?

○ Les llengües de signes són diferents segons el territori on es troben.
○ Hi ha més de 300 llengües de signes al món.
○ La família de llengua de signes més gran és la francesa.
○ En el llenguatge oral la comunicació s'estableix mitjançant el canal auditiu.
○ Gairebé 500 milions de persones al món tenen sordesa o pèrdua auditiva discapacitant.
○ Les persones sordes tenen dos noms diferents.
○ Els professionals de la traducció també poden saber llengua de signes.

4 ●●○ **Què signifiquen?**

Per entendre un text, cal comprendre'n les paraules, oi? Doncs som-hi! Relaciona cada paraula amb el seu significat:

auditiu · linguals · criollització · decibel · planificació lingüística · intel·ligibilitat

a. Qualitat de ser entès o comprès.

b. Conjunt d'intervencions organitzades per tal d'influir sobre la forma o les funcions de les varietats lingüístiques en un marc social determinat.

c. Relatiu o pertanyent al sentit de l'oïda o a l'òrgan de l'audició.

d. Relatiu o pertanyent a la llengua.

e. Procés de formació d'una llengua pel contacte entre dues comunitats lingüístiques una de les quals és normalment dominant.

f. Unitat de mesura relativa d'intensitat sonora.

5 ●●○ **Més recursos!**

No tota la informació és text! Quins altres recursos es fan servir?

taules · infografies · cursives · fotografies · majúscules

Per a què creus que serveixen aquests recursos?

○ Per ampliar la informació amb dades que no surten en el text.

○ Per aconseguir que la composició del reportatge sigui menys avorrida.

○ Per presentar la informació de manera resumida i visual.

6 ●●○ **Saps per què?**

Per què creieu que el tema d'aquest reportatge és d'interès general? Trieu les opcions adients:

Perquè tracta un tema **inclusiu/d'actualitat** i afavoreix la **marginació/visibilització** de les persones sordes. Només amb la **informació/desinformació** podem combatre la ignorància i contribuir a construir una societat més **igualitària/desigual** en drets i oportunitats.

7 ●●○ **Llegim imatges!**

Què representen les imatges següents? Fixa't en les infografies i explica-ho:

- I tu, com hauries representat els diferents conceptes?

En línia

El reportatge

Explicar és un acte de comunicació que consisteix a dir clarament com és una cosa, donar-la a conèixer amb tots els detalls i amb exemples a fi que sigui ben entesa.

El text explicatiu

Els **textos explicatius** o expositius pretenen informar de manera clara i precisa per ensenyar alguna cosa al receptor o destinatari, que pot tenir molts coneixements sobre el tema a què es fa referència, pocs o cap; per tant, té una funció **didàctica**.

Els textos explicatius presenten un tema i l'amplien o el desenvolupen amb idees i exemples. Són textos explicatius:

- Els reportatges, els documentals i els articles divulgatius de revistes.
- Els continguts dels manuals o llibres de text, una exposició oral, un treball de curs, els articles d'una enciclopèdia, les definicions d'un diccionari...
- Un tractat científic, un informe tècnic, una tesi doctoral...

Per escriure un bon text explicatiu cal documentar-se, cercar informació fiable i destriar-ne la més important. Una vegada es té la informació, s'ha d'organitzar de manera clara i ordenada perquè s'entengui bé.

Estructura i característiques del text explicatiu

Generalment, un text explicatiu s'estructura en tres parts:

- La **introducció**, en què es presenta el tema de què es parlarà.
- El **desenvolupament**, en què s'exposen les idees clares i organitzades.
- La **conclusió**, amb un resum de les idees principals.

D'altra banda, té algunes característiques pròpies: els **títols** i la subdivisió del text en **apartats**, els **exemples**, les **il·lustracions** (fotografies, dibuixos, esquemes, taules) i **altres recursos** (diferents tipus de lletra, etc.).

Què és un reportatge?

El **reportatge** és un text explicatiu. És un gènere periodístic d'informació o d'interpretació (que combina informació i opinió) que consisteix a relatar uns fets d'interès general. Fixa't en les seves característiques:

Pot contenir:

- fotografies
- il·lustracions
- gràfics
- infografies
- testimonis
- opinions

Pot tractar qualsevol tema:

- cultura
- problemes socials
- política
- economia
- esport
- viatges

S'estructura en diferents parts:

- **Titular:** es destaca tipogràficament.
- **Introducció:** segueix el titular i anuncia el tema de què es parlarà; pretén provocar la lectura.
- **Cos:** està organitzat en diferents apartats encapçalats per titolets.

Té diversos formats:

- Pot ser **escrit:** revistes, pàgines web, diaris...
- Pot ser **radiofònic:** programes de ràdio, podcasts...
- Pot ser **audiovisual:** programes de televisió, YouTube...

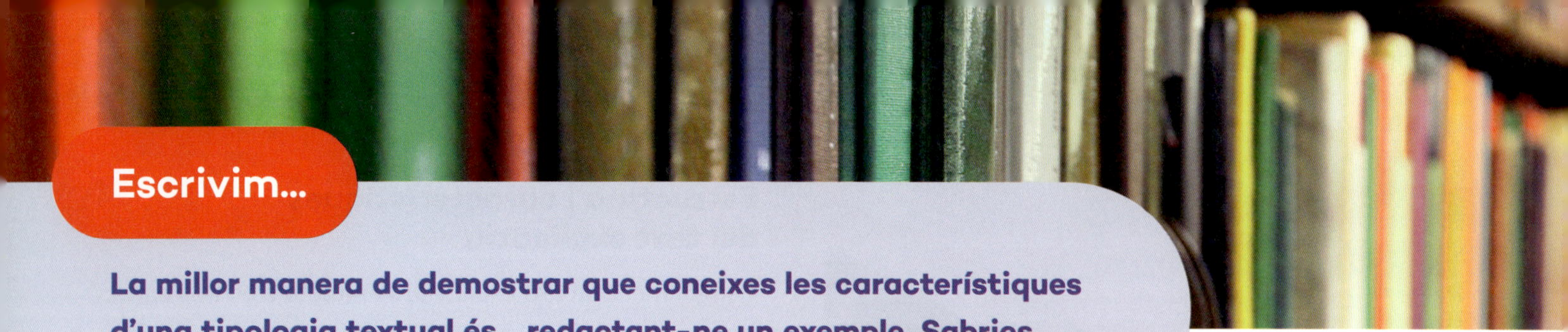

Escrivim...

La millor manera de demostrar que coneixes les característiques d'una tipologia textual és... redactant-ne un exemple. Sabries escriure un reportatge? Posa't a prova amb aquest taller!

Prepara i planifica

1 Sobre quin tema d'interès general t'agradaria investigar?

Hi ha molts tipus de llengües i llenguatges... així que ves-hi pensant.

Els idiomes inventats de la ficció

Moltes pel·lícules i sèries han desenvolupat un idioma propi. En són un exemple la llengua del poble Dothraki de la sèrie *Joc de trons*, el na'vi de la pel·lícula *Avatar*, la llengua dels elfs d'*El Senyor dels Anells*, el klingon de la sèrie *Star Trek*...

L'esperanto, la llengua internacional

L'esperanto és una llengua inventada amb la voluntat de ser una llengua per a la comunicació internacional. Per això es tracta d'una llengua molt fàcil d'aprendre, amb una gramàtica simple però que permet expressar tots els matisos.

El llenguatge dels emojis

Els emojis s'han convertit en el llenguatge més utilitzat al món. Prop de 3.000 milions de persones, a 212 països, fan servir emoticones gràfiques en les seves converses de missatgeria instantània i a les xarxes socials. Els emojis són el llenguatge corporal de l'era digital, una nova manera d'expressar-nos.

El sistema Braille

El 1815, Louis Braille va idear el seu sistema de lectura i escriptura tàctil. Amb només sis punts en relleu es poden aconseguir 64 combinacions diferents, que permeten a les persones cegues accedir a la informació escrita.

Planificar vol dir analitzar el que hem de fer, buscar informació, generar idees i organitzar-nos. Som-hi!

2 Sobre el tema que vols investigar

- Quin has triat? Per què? Què te n'ha cridat l'atenció?
- Cada tema està relacionat d'una manera diferent amb la manera com ens comuniquem. **Busca informació** sobre l'origen d'aquestes llengües o llenguatges i escriu-ne les nocions bàsiques que podrien ser subapartats del reportatge.
- A partir de la informació que tens, **respon les preguntes**:
  - Quin origen té?
  - Quina utilitat té?
  - Com és format?
  - Qui l'utilitza?
  - Quins altres aspectes en destacaries?

Arriba l'hora de la veritat! Després de buscar i seleccionar informació, passa a l'acció! Escriure és la manera de demostrar que has après com es fa. T'hi animes?

Escriu i revisa

3 A la una, a les dues... i a les tres!

Recordes en què t'havies de fixar a l'hora de llegir el reportatge sobre la llengua de signes? Torna a llegir les pautes d'anàlisi de la pàgina 179.

Escriu el reportatge, amb les parts corresponents: títol, introducció, desenvolupament i conclusió.

4 Com ha quedat el reportatge?

Rellegeix-lo i respon sí, no o es pot millorar:

- La informació és objectiva?
- Està organitzada de manera lògica i clara?
- Els subapartats són identificables?
- N'afegiries cap més? En sobra cap?

Refés el reportatge per millorar els aspectes que has vist que no acaben d'estar prou bé.

Una altra manera de millorar el reportatge és deixar que el llegeixi algun company o companya que hagi triat el mateix tema.

Finalment, comprova:

- ✔ El títol representa el tema sobre el qual has investigat.
- ✔ En la introducció es dona informació general sobre el tema.
- ✔ Els subapartats estan encapçalats per un títol i tracten temes rellevants.
- ✔ La conclusió resumeix les idees principals.
- ✔ Els recursos gràfics organitzen la informació i serveixen per destacar paraules i idees.

En línia

i parlem

Que els reportatges també poden ser audiovisuals segur que ja ho sabies, però has vist mai un reportatge explicat en la llengua de signes?

Escolta

1 Mira aquest reportatge

Com vas de comprensió oral? Comprova-ho:

- Quin tipus de comunicació és, la llengua de signes, a més de visual?
- Es pot expressar el mateix en català que en la llengua de signes catalana? Justifica-ho.

Ara, fixa't en la intèrpret del vídeo i intenta entendre alguna paraula de les que signa.

Parla

2 Pluja d'idees!

En quins contextos seria necessari que hi hagués intèrprets de la llengua de signes? Penseu-hi entre tots. Veureu com encara hi ha molta feina a fer.

3 Parleu-ne!

Sabies que hi ha cantants que incorporen intèrprets de la llengua de signes en les seves gires? Què et sembla aquesta pràctica?

Mireu un fragment de l'actuació del grup Roba Estesa i parleu-ne a classe.

4 I tu, què en penses?

Enregistra la teva opinió:

- T'agradaria aprendre la llengua de signes? Per què?
- Creus que és fàcil o difícil d'aprendre?

En línia

La conjugació verbal

Quina diferència hi ha entre una cosa regular i una d'irregular? Una pista! El prefix ir- de la paraula irregular indica negació. I si et dic que un verb regular és aquell que segueix les normes de conjugació, com deu ser un verb irregular?

El verb

El **verb** és una categoria gramatical que expressa una acció, un estat o un procés. És el nucli del sintagma verbal (SV) i és imprescindible perquè hi hagi una oració. Fixa-t'hi:

el noi (sintagma) *El noi* ***parla***. (oració) ***Parla***. (oració)

El verb sempre concorda en persona i nombre amb el subjecte: *ell* ***beu*** *aigua; ells* ***beuen*** *aigua*.

Des del punt de vista morfològic, el verb és format per dues parts:

- Una part **invariable** anomenada **radical** (o **arrel** o **lexema**), que aporta el significat: *cant-*, *arrib-*.
- Una part **variable**, la terminació, formada per una o més **desinències**, que conté tota la informació gramatical (temps, mode, gènere, persona i nombre). Fixa-t'hi:

RADICAL	DESINÈNCIES	EXEMPLES
cant-	-ar	*cant**ar***
	-o, -es, -a, -em	*cant**o**, cant**es**, cant**a**, cant**em***

? Quin és el radical del verb **dormir**?

Els tres models de conjugació

Els verbs catalans es classifiquen en tres conjugacions segons la terminació de l'infinitiu: primera (**-ar**: *cant**ar***), segona (**-er**, **-re**: *tém**er*** i *perd**re***) o tercera (**-ir**: *dorm**ir***, *serv**ir***). Segons si segueixen o no el seu model de conjugació, es classifiquen en dos grups:

- Els **verbs regulars**, que tenen el mateix radical en totes les formes verbals i presenten les mateixes desinències que els verbs models de la seva conjugació. Per exemple:

CONJUGACIÓ VERB REGULAR				
Radical	Desinència present	Desinència imperfet	Desinència futur	Desinència condicional
salt-	-o	-ava	-aré	-aria
salt-	-es	-aves	-aràs	-aries
salt-	-a	-ava	-arà	-aria
salt-	-em	-àvem	-arem	-aríem
salt-	-eu	-àveu	-areu	-aríeu
salt-	-en	-aven	-aran	-arien

• Els **verbs irregulars**, que presenten variacions en el radical o bé no es conjuguen igual que el verb model corresponent. Per exemple:

CONJUGACIÓ VERB IRREGULAR			
Present	**Imperfet**	**Futur**	**Condicional**
faig	feia	faré	faria
fas	feies	faràs	faries
fa	feia	farà	faria
fem	fèiem	farem	faríem
feu	fèieu	fareu	faríeu
fan	feien	faran	farien

El mode, el temps, la persona i el nombre

La conjugació verbal està organitzada en tres blocs, corresponents a cada **mode**. Dins de cada mode hi ha els diferents **temps**, i dins de cada **temps**, les diferents persones, amb el **nombre** corresponent:

• El **mode** indica l'actitud del parlant. Els verbs tenen tres modes:

- **Indicatiu**: quan el verb expressa alguna cosa amb existència "real".
- **Subjuntiu**: quan el verb indica desig, dubte, possibilitat; una cosa "irreal".
- **Imperatiu**: serveix per donar ordres, fer recomanacions, aconsellar, etc., i s'utilitza en oracions exhortatives.

• El **temps** indica quan passa allò que expressa el verb: en el **present** (*cant**o***), en el **passat** (*cant**ava***) o en el **futur** (*cant**aré***).

D'altra banda, els temps verbals poden ser **simples** (formats per un sol mot, com *canto* o *cantaven)* o **compostos** (formats per un auxiliar, **haver** o **anar**, i el participi o l'infinitiu del verb, com *hem cantat* o *vam cantar*).

• La **persona** i el **nombre** indiquen qui fa l'acció o experimenta alguna cosa (primera persona, segona persona...) i si és una persona o més d'una, és a dir, si el nombre és singular o plural: *cant**o***, primera persona del singular (**jo**); *cant**em***, primera persona del plural (**nosaltres**). Tanmateix, el verb té algunes formes que no tenen morfema de persona. Són les anomenades formes **no personals**:

- L'**infinitiu**: *cantar, témer, riure, venir...*
- El **gerundi**: *cantant, tement, rient, venint...*
- El **participi**: *cantat, cantada, cantats, cantades*.

? Quins d'aquests verbs estan en forma no personal?
anava • patint • arribo • cantar • seguint • vull

Recorda

• El **verb** és una categoria gramatical que expressa una acció, un estat o un procés. Les formes verbals tenen dues parts: el **radical** (o arrel o lexema) i la **desinència** (o morfemes).

• Els verbs es classifiquen en tres models de conjugació segons com acabi l'infinitiu (-**ar**, -**er**/-**re**, -**ir**). Però no tots els verbs segueixen el seu model. N'hi ha de **regulars** i d'**irregulars**.

• La conjugació verbal està organitzada en tres blocs, corresponents a cada **mode**: l'indicatiu, el subjuntiu i l'imperatiu.

• El verb també presenta formes **no personals**: l'infinitiu, el gerundi i el participi.

Reflexionem sobre la llengua

1 ●●● SN o oració?

Saps distingir una oració (O) d'un sintagma nominal (SN)? Indica què són aquests grups de mots:

a. El conductor del cotxe.
b. Plou.
c. Digues alguna cosa.
d. L'home dels cabells grisos.
e. Tu seu i calla.

Després de fixar-te en aquests grups de mots, quina conclusió en treus? Completa:

Les oracions es distingeixen dels SN perquè ____.

2 ●●● Quin és el radical?

Quin és el radical dels verbs següents? Identifica'l:

a. agrado • agradaré • agradat
b. dormo • dormiré • dormint
c. camino • caminaré • caminat
d. baixo • baixaré • baixat

3 ●●● 1a, 2a o 3a?

A quina conjugació pertanyen aquests infinitius? Classifica'ls:

perdre · patir · venir · saltar · esperar · córrer · pertànyer · traspassar · vendre · tenir

4 ●●● Regular o irregular?

Aquests verbs són regulars o irregulars? Fixa-t'hi bé i respon:

a. somiar: somiem • somiava • somiat
b. anar: vas • anava • aniré
c. córrer: corro • corrien • correguem
d. mirar: miro • miràvem • mirat
e. sentir: sentim • sentia • sentit

5 ●●● On és l'error?

La concordança entre el subjecte i el verb és molt important perquè una oració tingui sentit. On és l'error de cada una d'aquestes oracions? Identifica'l i escriu la frase corregida.

a. La Maria han tingut un nen aquesta matinada.
b. Les regles del joc i el text de la tapa indica que és per a quatre jugadors.
c. Ja ha arribat al Principat la flama del Canigó i els corredors.
d. M'agrada els moments d'esbarjo i distracció.

Després de fixar-te en aquestes oracions, quina conclusió treus sobre el subjecte i el verb?

6 ●●● Troba els verbs

On són els verbs? Identifica'ls:

a. M'imagino que m'enfilo per una muntanya.
b. Aquesta tarda sortirem a passejar per la ciutat.
c. Abans sempre enviàveu correus electrònics.
d. Poseu els llibres a la prestatgeria, sisplau.

Ara, separa el radical i la desinència de les formes verbals que has identificat.

7 ●●● Concordança, sempre!

Canvia la persona i el nombre del subjecte d'aquestes oracions pels que hi ha indicats entre parèntesis. Tingues en compte la concordança:

a. La meva amiga té catorze anys. (*tercera persona, plural*)
b. Compra cartolines. (*segona persona, plural*)
c. Llegeix el diari cada dia. (*primera persona, plural*)
d. Anirem a collir ametlles diumenge. (*segona persona, singular*)
e. Ells ho saben tot. (*tercera persona, singular*)

8 ●●● Simples o compostes?

Digues si les formes verbals següents són simples o compostes i quin temps (present, passat o futur) indiquen:

havíem mirat · pensàvem · sorprendré · he imprès · hauré anat · comprèn

9 ●●● Ho saps?

Quines són les formes no personals dels verbs? Per què les anomenem així?

10 ●●● Formes no personals

Quines són les formes no personals d'aquests verbs? Escriviu-les:

haguéssim rigut · cantaré · deia · veuré · cuso · saltàvem · perdríem · mirava

11 ●●● Persona, nombre, temps i mode

Seguiu l'exemple i completeu una taula com la de sota amb les formes verbals següents:

enfilo · sortirem · passegeu · enviàveu · poseu · entretenien · llegeixis

forma verbal	persona	nombre	temps	mode
imagino	primera	singular	present	indicatiu

12 ●●● Formes compostes

Quin temps verbal compost correspon a aquests temps simples del mode indicatiu?

present · imperfet · passat simple · futur · condicional

Escriu un exemple de cada una de les formes verbals anteriors.

13 ●●● Falten verbs!

Completa aquest text amb la forma adequada dels verbs següents:

viure · estar · decidir · trobar · ser · esperar · instal·lar · criticar · sortir · agradar · trobar · tornar

Aquell estiu la Penya dels Tigres no ____ de gaire bon humor. Tots tres ____ amb impaciència que arribés el moment de passar una setmana de vacances a la casa de pagès on ____ els avis d'en Pau. Però ara que hi ____, estaven molt decebuts. L'àvia d'en Pau ____ llogar-ne algunes habitacions, i a la masia s'hi ____ una família molt desagradable, els Vinyes.

El pare, en Jordi, era un rondinaire que no ____ mai res ben fet. La mare, la Marta, també ho ____ tot, i el fill, l'Ernest, era un maleducat; a més, li ____ empipar els animals. L'avi d'en Pau n'estava tan fart, de tota aquella colla, que ____ de casa de bon matí i no hi ____ fins ben tard, al vespre. L'àvia estava tot el dia enfeinada atenent els hostes i ja havia retret un parell de vegades als tres Tigres que sempre se'ls ____ pel mig.

THOMAS BREZINA, *Un cas per a tu i la Penya del Tigres. El casc de la calavera.* Editorial Cruïlla

14 ●●● COMPAREM LLENGÜES!

Quan s'estudia una llengua, el primer verb que se sol aprendre és el verb ser. Sabeu conjugar-lo en català, castellà i anglès?

Després de fixar-vos en aquestes formes verbals, quina conclusió traieu sobre el verb ser? És regular o irregular?

Posa't a prova

Prova de competències

Tatuatges: quan parla la pell

En revisem els significats espirituals i identitaris arreu del món

Una marca d'identitat

Des de 1861, als presoners russos deportats a Sibèria pel règim tsarista se'ls tatuava unes lletres a la cara i les mans en funció dels seus crims o de la pena imposada amb instruments de fusta amb mànec i una sèrie d'agulles, per exemple, una V per als bandolers, SP per als exiliats o una K per als destinats a treballs forçats. Com a resposta a aquesta pràctica degradant, els mateixos reclusos es tatuaven entre ells amb profusió, amb dissenys perfectament codificats que conformaven una targeta d'identificació criminal. S'hi feien constar les presons i els camps visitats, les especialitats criminals del portador, així com el nombre i la naturalesa de les condemnes (traduïdes, per exemple, en el nombre de cúpules d'una església ortodoxa sobre la pell).

Una qüestió de família

A Nova Zelanda, els temuts guerrers maoris, de ferocitat llegendària, utilitzaven un codi visual sagrat que els connectava amb el seu llinatge i que relligava els vius amb els ancestres, els déus i la mare Terra. El *ta moko* era l'art d'esculpir la pell amb escarificacions, és a dir, amb talls més que amb punxades, on després s'aplicava el pigment fet amb cendra i greix. El simbolisme dels dissenys, formes espirals simètriques —que els homes exhibien a la cara, les cuixes i els glutis, i les dones a la barbeta i els voltants de la boca—, estava estretament lligat a l'orgull de pertànyer a una nissaga que conservava uns valors hereditaris molt marcats.

Els tatuatges facials

A l'Amèrica precolombina, són nombrosos els exemples de cultures tatuades. La prova material més antiga és una màscara paleoesquimal del 1500 aC trobada a l'illa de Devon, al cercle polar àrtic, que presenta nombroses marques lineals com les que les dones inuits llueixen encara avui. A l'Amèrica del Nord, el tatuatge facial era abundant entre les tribus indígenes abans de l'arribada de l'home blanc, amb un ampli ventall de pràctiques rituals.

Àlex Novials, *Sàpiens* (adaptació).

1 Segons el text, quina és la resposta correcta?

- **El títol d'aquest reportatge...**
  - ○ ...pretén resumir amb poques paraules el contingut del text.
  - ○ ...és una citació d'un fragment del reportatge.
  - ○ ...pretén despertar l'interès del lector utilitzant una frase suggeridora.
  - ○ ...resumeix els principals usos que han tingut els tatuatges al llarg de la història.

- **Quin dels recursos següents es fa servir en aquest reportatge?**
  - ○ Exemples.
  - ○ Cursives.
  - ○ Fotografies.
  - ○ Infografies.

- **En quin apartat...**
  - ...es descriu una tècnica que es fa servir per tatuar la pell?
  - ...s'explica el significat que tenien alguns tatuatges?
  - ...es fa referència a un tatuatge molt antic?

- **Una escarificació és...**
  - ○ ...una civilització de Nova Zelanda.
  - ○ ...un tall.
  - ○ ...un tatuatge en forma d'espiral.
  - ○ ...una escultura.

2 Troba tots els verbs que apareixen en els fragments següents i digues a quina conjugació pertany cadascun:

Els mateixos reclusos es tatuaven entre ells amb profusió.

La prova material més antiga és una màscara paleoesquimal del 1500 aC.

Presenta nombroses marques lineals com les que les dones inuits llueixen encara avui.

Ja ho saps tot, sobre els verbs? Llegeix les afirmacions següents sobre alguns verbs del reportatge i tria la que és certa:

- ○ La forma exhibien correspon a la tercera persona del singular del verb exhibir.
- ○ Tatuaven és una forma composta del verb tatuar.
- ○ Aplicar és un verb irregular.
- ○ Visitats és una forma no personal del verb visitar.

3 Fixa't en el títol d'aquest reportatge. Per què creus que l'autor l'ha escollit? A què creus que es refereix quan diu que "la pell parla"? Explica-ho!

Amb unes 150 paraules n'hi ha prou!

En línia

Què en sabem, ara?

Recordeu les preguntes del baròmetre d'aula?

Què passaria si les responguéssiu ara?
Segur que heu millorat!

Baròmetre d'aula

Valora't

En línia

**Ja has arribat al final.
És el moment d'aturar-se i reflexionar.
Què contestaries a cada una d'aquestes preguntes?**

Què has après?

- ○ Que em puc comunicar de maneres que no coneixia.
- ○ Que hi ha llengües molt diverses i interessants.

Per exemple?

Com ho has après?

- ○ He participat en les activitats: he contestat les preguntes, he donat la meva opinió i he ajudat els companys i les companyes.
- ○ He buscat informació a internet, he consultat diferents pàgines web i n'he extret informació.

Com?

Com podries millorar?

- ○ Puc intentar ser més actiu o activa a classe.
- ○ He de fixar-me en la fiabilitat de les fonts que consulto i he d'aprendre a destriar la informació més rellevant.

Com?

Per a què et pot servir?

- ○ Participar en les activitats em serveix per millorar les meves habilitats socials i m'ajuda a relacionar-me millor amb la gent.
- ○ Saber identificar quines són les fonts fiables m'ajuda a estar ben informat en el meu dia a dia.

Per exemple?

Què t'ha semblat la seqüència 12?

☆ ☆ ☆ ☆ ☆

SEQÜÈNCIA 13

Totes som bruixes

Qui ho ha dit que les bruixes són dolentes?

Connectem

En la literatura, en el cinema... les bruixes sempre són dones que fan servir els seus poders especials per fer el mal. En temps de la Inquisició, les cremaven. Vols saber una gran veritat? Les bruixes eren dones empoderades que feien el que volien, i per això feien nosa. Que aixequi la mà qui vulgui ser bruixa!

Vols escoltar la cançó "Bruixes" de Ginestà i Gemma Polo?

- T'ha agradat la cançó? Per què?
- Com t'imagines les bruixes?

Què en sabem?

Baròmetre d'aula

1 Llibres sorpresa! A la llibreria del barri contestes un qüestionari sobre els teus gustos i t'envien una novel·la. Si respons que t'agraden la màgia i els mons imaginaris, de quin gènere serà?

- ○ Novel·la romàntica.
- ○ Novel·la detectivesca.
- ○ Novel·la fantàstica.
- ○ Novel·la històrica.

2 T'han enviat *Un mag de Terramar*, d'Ursula K. Le Guin. El protagonista és en Ged, un nen amb grans habilitats màgiques que estudia en una escola de màgia. Quin llibre et recorda?

- ○ *Joc de Trons.*
- ○ *Els jocs de la fam.*
- ○ *Harry Potter.*
- ○ *Crepuscle.*

3 Ursula K. Le Guin va escriure aquesta obra el 1968; per tant, podem dir que...

- ○ ...va inventar la literatura fantàstica protagonitzada per adolescents.
- ○ ...va consolidar les històries fantàstiques de mags i dracs.
- ○ ...va fer servir un recurs molt utilitzat en els llibres de fantasia.
- ○ ...va ser la pionera de la idea de l'escola de màgia.

4 En Ged viu en un món que és una gran massa d'aigua on només hi ha illes. Com descriuries l'espai de la novel·la?

- ○ És un indret real, que pots localitzar en un mapa de la Terra.
- ○ És un lloc real de l'espai, que no podem visitar perquè és molt lluny.
- ○ És un univers imaginari, copiat d'una pel·lícula.
- ○ És un món imaginari, creat per l'autora.

5 Ara que ja saps com és l'espai de la novel·la, pots endevinar a quina illa s'haurà criat en Ged?

- ○ A l'illa de Groenlàndia.
- ○ A l'illa de Gont.
- ○ A l'illa de la Gomera.
- ○ A les illes Galápagos.

6 Si t'agrada la fantasia... segur que ja saps com solen ser els protagonistes de les seves històries. Què creus que haurà de fer en Ged?

- ○ Viure un seguit d'aventures per aconseguir dur a terme una tasca difícil.
- ○ Aconseguir resoldre un misteri a través de les pistes que vagi trobant.
- ○ Viure una vida normal amb una situació dramàtica que acabarà malament.
- ○ Viatjar a través del país per conèixer diferents llocs.

7 Quina diferència hi ha entre llegir lentament o ràpidament? Doncs a més de la velocitat a la qual ho facis, la diferència és l'adverbi que fas servir! Quin tipus de paraula és un adverbi?

- ○ Una paraula variable.
- ○ Una paraula invariable.
- ○ Una paraula covariable.
- ○ Una paraula irregular.

8 Quina d'aquestes paraules és un adverbi?

- ○ Capsa.
- ○ Ros.
- ○ Molt.
- ○ Per.

Aquesta novel·la de ciència-ficció i fantasia és anterior a *Harry Potter*, va ser publicada per primer cop el 1968. El protagonista, en Ged, que de petit anomenaven Duny, es va criar a l'illa de Gont, terra de mags, i ben aviat va mostrar la seva gran habilitat per a les arts màgiques.

Llegim

Àudio de la lectura

Un mag de Terramar

Ursula K. Le Guin (adaptació)

Un **bronzer** és la persona que treballa el bronze.

Adust vol dir que és de geni eixut i aspre o que és una persona amable?

Rost vol dir que fa pendent.

Vociferar vol dir parlar fluixet o cridar?

El nom amb què l'anomenaven de petit, Duny, l'hi va posar la mare; el nom i la vida van ser les úniques coses que la mare li va poder donar, ja que va morir abans que ell arribés a l'any. El pare, el **bronzer** del poble, era un home **adust** i de poques paraules, i com que els sis germans d'en Duny eren força més grans que ell i van marxar de casa, no va quedar ningú que criés el nen amb tendresa. Va créixer salvatge, puixant com la mala herba, un noi alt, ràpid, escandalós, altiu i amb molt de caràcter. Junt amb els altres pocs xiquets del poble, pasturava cabres als prats **rostos** de sobre les fonts del riu.

Una germana de la seva difunta mare vivia al poble. La dona havia fet tot el necessari per a ell de nadó, però tenia obligacions pròpies i, tan bon punt en Duny va ser capaç de cuidar-se tot sol, va deixar d'ocupar-se'n. Però, un dia, quan el nen rondava els set anys, i era innocent i ho ignorava tot de les arts i els poders presents al món, va sentir com la seva tia cridava unes paraules a una cabra que s'havia enfilat al teulat de palla d'una barraca i no se'n volia moure: quan la dona va bramar uns versos concrets, la cabra va baixar d'un salt. L'endemà, mentre pasturava les cabres, en Duny els va cridar les paraules que havia sentit, sense saber per a què servien, què volien dir o quina mena de paraules eren: *Noth hierth malk man. Hiolk han merth han!*

Va **vociferar** els versos i les cabres se li van atansar. Van apropar-se-li de pressa, totes juntes, en silenci. Se'l van mirar des de les escletxes fosques dels seus ulls grocs.

En Duny va riure i va tornar a cridar les paraules, aquells versos que li conferien poder sobre les cabres. Se li van acostar encara més, amuntegant-se i empenyent al seu voltant. De sobte, en Duny va tenir por de les banyes gruixudes i rugoses, de les mirades estranyes i del silenci estrany. Va intentar lliurar-se'n i fugir corrent. Les cabres van córrer amb ell, formant un nus al seu voltant, i va ser d'aquesta manera que, per fi, es van precipitar pendent avall i van arribar al poble; totes les cabres apilades, com si una corda les estrenyés, i el nen enmig, plorant. Els habitants del poble van afanyar-se a sortir de les cases, van llançar renecs a les cabres i es van riure del nen. Entre la gent, va aparèixer la tia d'en Duny, que no va riure gens. Va adreçar una paraula a les cabres, i les bèsties van començar a belar, a pasturar i a allunyar-se, lliures del **conjur**.

Sabries explicar què és un **conjur**?

—Vine amb mi —va dir a en Duny.

El va portar a la cabana on vivia sola. L'interior era fosc i de sostre baix, sense finestres, saturat de la fragància de les herbes penjades de la biga mestra del sostre perquè s'assequessin: menta, moly i farigola, milfulles, junc-rentadís i paramal, fullreig, peuforcat, tanarida i llorer. Allà, la tia va seure amb les cames encreuades vora el **fogar** i, observant de reüll el nen a través de l'**embull** de cabells negres, va preguntar-li què havia dit a les cabres, i si sabia quins versos eren. Quan es va adonar que en Duny no sabia res i que, això no obstant, havia conjurat les cabres, va comprendre que el nen posseïa la llavor del poder.

Un **fogar** és una llar de foc.

Un **embull** de cabells és un embolic de cabells.

Com a fill de la seva germana, el nen no havia significat res per a ella, però ara el veia amb uns altres ulls. Es va desfer en elogis, i li va dir que potser li ensenyaria versos que encara li agradarien més, com la paraula que fa que un caragol tregui el cap de la closca o la que apel·la a un falcó perquè baixi del cel.

—Sí, ensenya'm aquesta paraula! —va dir, recuperat de l'ensurt que li havien donat les cabres i envanit per les lloances a la seva intel·ligència.

—Si te l'ensenyo —va dir-li la bruixa—, no la diràs mai als altres nens.

—Ho prometo.

—Molt bé. Però t'obligaré a complir la promesa. Et silenciaré la llengua fins que em sembli i, fins i tot llavors, tot i que podràs parlar, no seràs capaç de pronunciar la paraula que t'ensenyaré si hi ha algú que et pugui sentir. Hem de guardar els secrets del nostre art.

—D'acord —va respondre el nen. Va esperar assegut mentre la tia es recollia el cabell despentinat, tornava a seure amb les cames encreuades i llançava grapats de fulles al fogar fins que el fum es va escampar i va omplir la foscor de la cabana. Aleshores, la dona es va posar a cantar. A vegades, la veu es feia més greu o més aguda, com si algú altre cantés a través de la tia. Llavors, la bruixa es va dirigir a en Duny en una llengua que ell no coneixia, i li va fer repetir uns versos fins que el sortilegi va tenir efecte i el nen va emmudir.

—Parla! —va ordenar-li per posar a prova el conjur. El nen no va poder parlar, però va riure.

Aleshores, la tia es va espantar una mica de la força d'en Duny perquè aquell era el conjur més poderós de què ella era capaç: no havia intentat només dominar la parla i el silenci del nen, sinó que, alhora, també havia volgut forçar-lo a servir-la en les arts de la bruixeria.

Qui ho ha escrit?

Què en saps, d'Ursula K. Le Guin?

Ursula K. Le Guin va ser una pionera del gènere fantàstic, i els seus llibres han estat traduïts a més de quaranta llengües. No te'ls pots perdre!

Investiga sobre Ursula K. Le Guin i completa una taula com aquesta:

URSULA K. LE GUIN	
Dades biogràfiques	
Dades professionals	
Curiositats	

Feu una presentació a la classe sobre l'autora. Podeu buscar i llegir fragments d'altres novel·les seves per il·lustrar la informació.

Què has entès?

1 ●●○ Algunes preguntes bàsiques

Contesta les preguntes següents sobre la lectura:

a. Qui és el protagonista d'aquest text?
b. Quina feina tenien els nens del poble?
c. Quin poder tenien les paraules de la tia d'en Duny?
d. Què li va fer prometre, la tia, a en Duny?
e. De quina manera la tia es volia assegurar que en Duny compliria la promesa?
f. La tia li diu que han de guardar els secrets del seu art. A quin art es refereix?
g. Què és la germana de la mare d'en Duny?
h. Com reacciona, en Duny, quan s'adona que no pot parlar?

2 ●●○ Ho has entès?

Fixa't en les paraules i expressions del text i identifica la resposta correcta en cada cas:

Que en Duny **va créixer puixant com la mala herba** vol dir que...

- ○ ...de petit era molt entremaliat.
- ○ ...va créixer fort.
- ○ ...va créixer dèbil.
- ○ ...de petit es cruspia les males herbes dels prats.

Que la dona **va bramar uns versos** vol dir que...

- ○ ...els brams se sentien com si fossin uns versos.
- ○ ...va recitar els versos amb una veu melodiosa.
- ○ ...va dir els versos cridant molt fort.
- ○ ...el seu ase va bramar uns versos.

Que **van llançar renecs a les cabres** vol dir que...

- ○ ...van llançar pedres i altres elements a les cabres.
- ○ ...van dir paraulotes contra les cabres.
- ○ ...van fer roncar les cabres.
- ○ ...van tirar restes de coses a les cabres.

3 ●●○ Herbes màgiques!

Per a què servien les herbes que la tia d'en Duny tenia penjades?

Ara, completa el nom d'algunes de les herbes que surten en el text:

a. men____	d. mo____	g. fari____
b. mil____	e. junc-____	h. para____
c. full____	f. peu____	i. tana____

4 ●●○ **Coneixes les herbes?**

Saps quina mena d'herbes són les que s'anomenen en la lectura? Quines propietats tenen? Investiga i escriu les propietats més rellevants de cada planta:

Les dones conegudes com a bruixes eren unes grans coneixedores de les propietats de les plantes medicinals, tant de les que surten en el text com d'altres que fem servir normalment, com, per exemple, la camamilla, el poniol, la flor del saüc, el boixac, l'espígol, el romaní...

www

Farigola

Menta

Llorer

5 ●●○ **La teva tia és una bruixa?**

I a tu, t'agradaria tenir una tia bruixa que t'ensenyés paraules màgiques amb poders? Quin poder més gran aquest de fer que una persona no pugui dir una paraula concreta, oi? Quina paraula triaries per silenciar-la als teus companys i companyes de classe? Pensa'n una, només una! Després, poseu-les en comú amb la resta de la classe.

Com està escrit?

6 ●●○ **Què en saps, dels personatges?**

Fixa't en els personatges de la lectura i completa una taula com aquesta:

DUNY		
Què en sabem, de la seva família?	La mare	
	El pare	
	Els germans	
	La germana de la mare	
Com era?		
Com va créixer?		

TIA D'EN DUNY	
On vivia?	
Amb qui vivia?	
De què vivia?	

7 ●●○ **Com era la cabana?**

Una de les escenes de la història transcorre a la cabana de la tia d'en Duny. Com és aquest espai? Explica-ho breument amb les teves paraules.

En línia

Escrivim

Si ets un fan de *Harry Potter*, t'encantarà *Un mag de Terramar* d'Ursula K. Le Guin, ja que és en aquesta novel·la on neix la idea d'una escola de màgia.

Reflexions literàries

Per què és interessant aquest llibre?

- **Perquè és un clàssic de la literatura fantàstica juvenil.**

  És en *Un mag de Terramar* on s'estableixen algunes idees que després altres autors repetiran dintre del gènere fantàstic: un aprenent de màgia que és l'heroi, dracs, espectres, talismans, poders... En la novel·la, les lleis de la màgia són tan importants com les lleis naturals, i l'equilibri entre la vida i la mort i el bé i el mal és present en tot moment.

- **Perquè passa en un espai poc convencional.**

  Una de les característiques més notables de la novel·la és el món on passa: una enorme massa d'aigua on no hi ha continents, només illes. És interessant veure com les illes es relacionen entre si i les històries van passant d'una illa a una altra.

- **Perquè no només parla de mons fantàstics.**

  Darrere la trama de fantasia, l'autora, Ursula K. Le Guin, en realitat vol parlar-nos de com són les persones i de quines són les seves debilitats, ja que són les persones les que acaben provocant els problemes i les situacions més desastroses. El protagonista, a qui diuen l'Esparver, a l'inici és un jove amb una ambició excessiva, sense gaires escrúpols i una mica massa arrogant.

Què significa per a tu la fantasia?

Has llegit cap novel·la fantàstica?

T'agrada més escriure històries fantàstiques o realistes?

Escriu... una història de fantasia!

Escriptura creativa

En línia

El gènere fantàstic

Com són les històries de fantasia?

En les històries de gènere fantàstic sempre hi ha d'haver una tasca difícil que el protagonista ha de dur a terme per salvar el món, ja sigui de la destrucció total, d'un encanteri o del control del poder per part de les forces del mal. L'argument és fonamental i el personatge viu un seguit d'aventures encadenades.

Gairebé sempre, en les històries de fantasia apareixen objectes necessaris per superar proves i riscos: una espasa, un anell, un beuratge poderós, un mirall, un llibre de conjurs. Aquests objectes solen ser donats, robats o buscats, i canvien d'amos al llarg de la història.

Quins són els ingredients bàsics?

Els tres ingredients bàsics són aquests:

1. Un espai imaginari i mític.
2. Màgia (fades, conjurs, elfs, talismans, bruixes, dracs, mags, encanteris...).
3. Un heroi o una heroïna, un guerrer o una guerrera amb virtuts i defectes, que ha de complir una missió vital i molt perillosa en la qual abans altres han fracassat.

Prepara

Vols una guia, pas a pas, per construir un argument de gènere fantàstic? Aquí la tens! D'aquesta manera, si mai t'hi animes, ja tindràs un esquelet per on començar a escriure la teva novel·la o el teu conte fantàstic!

Quines són les característiques més importants del món on passarà la teva història? Fes-ne una llista. Ep! I no t'oblidis de posar-li un nom! Recorda que no pot ser un lloc comú, sinó imaginari.

Com és el teu heroi o la teva heroïna? Saps que hi ha una web que genera automàticament noms de fantasia segons el tipus de personatge que vulguis (humans, elfs, hòbbits, dimonis, rèptils, dracs...) i la llargada del nom que desitgis? Prova-ho! Tria el nom del teu personatge i explica com és. www

Segur que en pots dir alguna cosa més! Pensa...

- Què vol aconseguir el teu protagonista?
- Què impedeix l'objectiu del protagonista?
- Quin objecte màgic o quin poder té el protagonista per aconseguir el seu objectiu?

Escriu

Ja ho tens tot! Ara, explica l'argument de la teva història de fantasia.

Revisa

Ja saps què toca, oi? A revisar!

- ✔ Fixa't que no hi hagi cap falta d'ortografia.
- ✔ Són a lloc els punts i les comes?
- ✔ Rellegeix el text, que tot s'entengui bé!

Reflexionem sobre la llengua

L'adverbi

Imagina algú caminant per la platja. Ara, imagina que camina lentament per la platja. I, ara, imagina que camina ràpidament per la platja. Notes la diferència? Els adverbis poden donar molts matisos al que diem!

Què és un adverbi?

Un **adverbi** és una paraula invariable, ja que no té desinència de gènere ni de nombre, i fa la funció de modificar un verb (*pateix **molt***), un adjectiu (***molt** bonic*) o un altre adverbi (***molt** malament*).

Una **locució adverbial** és una expressió formada per més d'una paraula que equival a un adverbi, tant pel seu significat com per la seva funció en l'oració:

cap aquí	*per descomptat*
per tot arreu	*al capdamunt*
una vegada	*al capdavall*
gens ni mica	*de seguida*
de debò	*a correcuita*

Tant els adverbis com les locucions adverbials poden indicar les diverses **circumstàncies** en què té lloc l'acció que expressa el verb:

TEMPS	*avui, demà, llavors, tot seguit*
LLOC	*aquí, allà, amunt i avall*
MANERA	*bé, malament, de pressa, de sobte*
QUANTITAT	*molt, poc, bastant, una mica*
AFIRMACIÓ	*sí, de debò, sens dubte*
NEGACIÓ	*no, tampoc, de cap manera*
DUBTE	*potser, tal vegada*

? Quin d'aquests mots no és un adverbi?
potser • sí • sense • allà • malament • força • també • no

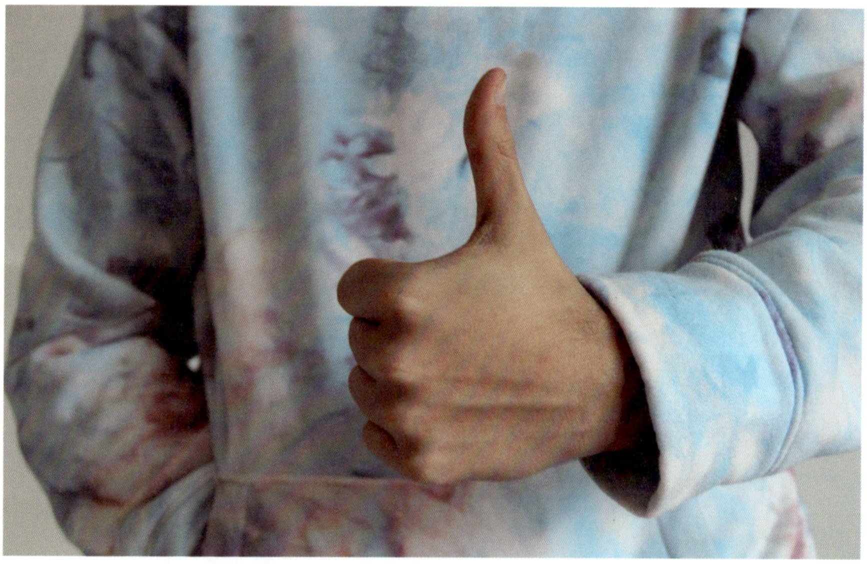

1 Troba els adverbis

Totes aquestes frases tenen un adverbi! Troba'l:

a. Et faré una foto aquí.
b. Potser anirem a la biblioteca aquesta tarda.
c. El control de Català m'ha anat malament.
d. No vagis al mercat amb en Manel.
e. Només tinc tres entrades.
f. Demà s'estrena la pel·lícula!
g. Sí, anirem a veure l'àvia a casa seva.
h. Surt massa amb els amics.
i. Aviat serà Nadal.

Ara, classifica els adverbis anteriors segons el que expressen (temps, lloc, manera, quantitat, afirmació, negació o dubte).

2 Signifiquen el mateix?

Quins adverbis signifiquen el mateix que aquestes locucions adverbials? Relacioneu-los:

amb prou feines	segurament
a la babalà	fixament
tot d'un plegat	escassament
de fit a fit	lentament
a dojo	esbojarradament
de ben segur	abundantment
pam a pam	sobtosament

3 Acaben en -ment

Transforma els adjectius dels dos grups en adverbis afegint-hi la partícula -ment i completa la norma:

antic • lent • real • viu • tranquil • veloç • prudent
principal • poruc • feliç • lleuger • seriós • misteriós

ràpid • savi • hàbil • tímid

• Els adverbis acabats en -ment només porten accent gràfic quan ____.

4 Què falta?

Completa les oracions següents amb la locució adverbial adequada:

de bocaterrosa • amb quatre esgarrapades • de reüll • a cop calent • de sobte

a. Feia veure que treballava, però el mirava ____.
b. Menjaré ____ i encara arribaré a temps a la feina.
c. ____, aquell home va començar a cridar.
d. El metge em va fer posar ____ i em va revisar l'esquena.
e. ____, la seva reacció em va fer enutjar; sort que el disgust em va passar de seguida.

5 Què volen dir?

Què signifiquen aquestes locucions adverbials? Escriu una oració amb cada una en què quedi clar el seu significat:

a. fil per randa
b. de tort
c. a les palpentes
d. a tort i a dret
e. per descomptat
f. a l'engròs

6 COMPAREM LLENGÜES!

Com es dirien aquests adverbis en anglès? I en català? Busqueu els adjectius en el diccionari bilingüe, si cal:

DEL CATALÀ A L'ANGLÈS	DE L'ANGLÈS AL CATALÀ
generalment	perfectly
erròniament	slowly
ràpidament	honestly

Després de fixar-vos en aquests mots, quina conclusió traieu sobre la formació d'adverbis en català i en anglès?

En línia

Un mag de Terramar

Ursula K. Le Guin

L'illa de Gont, una única muntanya que s'alça fins als mil sis-cents metres per sobre del mar tempestuós del Nord-est, és una distingida terra de mags. De les poblacions de les valls altes i dels ports de les badies fosques i estretes, més d'un gontenc n'ha marxat per servir els Senyors de l'Arxipèlag com a mag o fetiller a les seves ciutats; o, a la recerca d'aventures, per viatjar i fer màgia d'illa en illa voltant tota Terramar. D'entre ells en destaca un de qui es diu que va ser el més gran, i sens dubte el viatger més important: l'home amb el nom d'Esparver que, en la seva època, va arribar a ser tant senyor de dracs com Arximag. La vida de l'Esparver es narra a la Gesta de Ged i en diverses cançons, però aquesta és una història del temps en què encara no se'l coneixia, anterior als càntics.

Va néixer en un poble solitari anomenat Deu Verns, al capdamunt de la muntanya, a la capçalera de la Vall del Nord. Des del poble, les pastures i els camps llaurats de la Vall davallen formant terrasses vers el mar, i hi ha altres llogarets als meandres del riu Ar; però més amunt del poble, només el bosc s'enfila cresta rere cresta fins a les roques i la neu de les altures.

1 Segons el text, quina és la resposta correcta?

- **Gont no...**
  - ○ ...és una terra de mags.
  - ○ ...té una muntanya molt alta.
  - ○ ...es troba en el mar de l'Est.
  - ○ ...forma part de Terramar.

- **Els gontencs viuen...**
  - ○ ...en una illa.
  - ○ ...en una ciutat.
  - ○ ...en una muntanya.
  - ○ ...en un poble.

- **El mar on es troba Gont és...**
  - ○ ...tranquil i calmat.
  - ○ ...fred i de poca extensió.
  - ○ ...serè i d'aigües cristal·lines.
  - ○ ...molt mogut.

- **L'Esparver va néixer a Gont, concretament...**
  - ○ ...en un poble d'alta muntanya.
  - ○ ...a la ciutat més important.
  - ○ ...en un llogaret devora del riu.
  - ○ ...en un poble de costa.

- **La vida de l'Esparver es conta a la Gesta de Ged. Saps què és una gesta?**
  - ○ Un esdeveniment que passa desapercebut.
  - ○ Un fet digne de recordar.
  - ○ Una cançó sobre mags.
  - ○ Un succés que es desitja que passi.

- **La història és de fantasia perquè...**
  - ○ ...els personatges i l'acció es basen en la realitat.
  - ○ ...s'explica una història de fa molt de temps.
  - ○ ...hi ha personatges inventats i el que s'explica és ficció.
  - ○ ...hi ha màgia i l'espai on transcorre l'acció és imaginari.

2 Saps trobar l'adverbi de lloc en aquest fragment?

> [...] però més amunt del poble, només el bosc s'enfila cresta rere cresta fins a les roques i la neu de les altures.

Per quin adverbi substituiries aquest sintagma preposicional?

L'Esparver va néixer **a Deu Verns**. ▸

L'Esparver va néixer ________.

3 Encara no saps quines són les grans aventures que va viure l'Esparver en aquest món màgic de Terramar? Inventa't una de les gestes que els habitants de Gont podrien explicar sobre ell.

Amb unes 150 paraules n'hi ha prou!

En línia

Què en sabem, ara?

Recordeu les preguntes del baròmetre d'aula?

Què passaria si les responguéssiu ara?
Segur que heu millorat!

Baròmetre d'aula

Valora't

En línia

**Ja has arribat al final.
És el moment d'aturar-se i reflexionar.
Què contestaries a cada una d'aquestes preguntes?**

Què has après?

- ○ Que planificar la redacció d'un text en millora el resultat.
- ○ Que la novel·la de fantasia té unes característiques pròpies.

Per exemple?

Com ho has après?

- ○ He treballat individualment, de manera autònoma i he demanat ajuda si la necessitava.
- ○ He seguit processos creatius guiats.

Com?

Com podries millorar?

- ○ He d'intentar dependre menys dels altres.
- ○ He d'intentar seguir els passos indicats per escriure un text.

Com?

Per a què et pot servir?

- ○ Treballar la meva autonomia m'ajudarà a ser més independent en el meu dia a dia.
- ○ Si aprenc a seguir processos per obtenir un resultat, podré aprendre moltes coses noves amb facilitat.

Per exemple?

Què t'ha semblat la seqüència 13?

★ ★ ★ ★ ★

SEQÜÈNCIA 14

Sabies que...

Tothom té un tema preferit. Quin és el teu?

Connectem

Sabies que l'ull humà pot distingir fins a 10 milions de colors? I que els nadons no poden produir llàgrimes fins al cap d'un mes? Quantes vegades diries que parpelleges al dia? 14.000 vegades! Has après alguna cosa sobre els ulls? Una bona manera de saber més coses sobre un tema que t'interessi és buscar un article de divulgació.

I tu, vols descobrir més curiositats?

Coses que potser mai no necessitaràs saber (a menys que juguis al Trivial!):

- L'11% de la població és esquerrana.
- La lletra més usada de l'alfabet és la **E**.
- La mel és l'únic aliment natural que no es fa malbé mai.
- Els elefants són els únics animals que no poden saltar.
- És possible fer que una vaca pugi escales, però no que les baixi.
- Existeixen unes 200 llengües artificials, inventades en llibres o pel·lícules i sèries de televisió.
- En català hi ha 277 paraules que tenen les cinc vocals una vegada cada una. No n'hi ha cap, però, que les tingui per ordre alfabètic.

- Parlant de llengües… El català és una llengua artificial? Què en saps, del seu origen?
- Saps a quants llocs del món es pot aprendre català?

Què en sabem?

Baròmetre d'aula

1 **Et toca fer un projecte sobre els egipcis amb la teva amiga Mar. A la carpeta en què compartiu recursos, t'hi ha deixat un article de divulgació. Quina és la finalitat d'aquest tipus de text?**

- ○ Divertir amb dades curioses.
- ○ Espantar revelant dades desconegudes.
- ○ Informar de manera rigorosa.
- ○ Analitzar un tema d'actualitat.

2 **Quan obres el document per llegir-lo i et trobes amb els diferents apartats amb què està organitzat, quin has de llegir si vols saber de què va l'article?**

- ○ El titular.
- ○ L'entrada.
- ○ El cos de l'article.
- ○ La conclusió.

3 **Una de les parts de l'article té molts subapartats, cada un encapçalat per un títol. De quina part es tracta?**

- ○ Del titular.
- ○ De l'entrada.
- ○ Del cos de l'article.
- ○ De la conclusió.

4 **Tu també has buscat informació i has passat a la Mar l'enllaç a un text explicatiu especialitzat, però l'ha trobat molt difícil. A qui podria ser útil el text que havies trobat?**

- ○ A un sector ampli de persones interessades en les piràmides.
- ○ A experts en egiptologia i història antiga.
- ○ A nens i nenes menors de 15 anys que volen ser arqueòlegs.
- ○ A persones que van de turisme a Egipte.

5 **Ja fa dies que cerqueu informació i la vostra carpeta compartida és plena de recursos i enllaços. Quin d'aquests recursos creus que no hauria de ser-hi perquè no és un text explicatiu?**

- ○ Un conte sobre els faraons.
- ○ Un reportatge sobre les piràmides.
- ○ Un article divulgatiu sobre el riu Nil.
- ○ Un documental sobre l'antic Egipte.

6 **Heu trobat un lloc web amb molts textos explicatius sobre temes diversos. Per a quins projectes futurs us podria servir aquest recurs?**

- ○ Per a projectes d'història de la literatura i del cinema.
- ○ Només per a projectes sobre ciència.
- ○ Únicament per a projectes sobre història antiga.
- ○ Per a tot tipus de projectes, siguin de l'àrea que siguin.

7 **Quina diferència hi ha entre fer el treball amb la Mar o fer el treball a la Mar? A més de fer-lo en parella o de fer el doble de feina, la diferència és la preposició! Quin tipus de paraula és?**

- ○ Variable.
- ○ Covariable.
- ○ Invariable.
- ○ Irregular.

8 **La professora us ha dit que podeu entregar el treball per internet o imprès. Quin tipus de paraula és el mot destacat?**

- ○ Una preposició.
- ○ Una conjunció.
- ○ Una locució prepositiva.
- ○ Una locució conjuntiva.

El català

El català és la llengua que es parla a Catalunya, el País Valencià, les Illes Balears, la Franja de Ponent (a Aragó), la Catalunya del Nord (a França), el Principat d'Andorra i la ciutat de l'Alguer (a l'illa de Sardenya, Itàlia). Té uns nou milions de parlants i, juntament amb el castellà, o espanyol, és la llengua oficial de Catalunya, el País Valencià, les Illes Balears i les comarques aragoneses de la Franja de Ponent, mentre que a Andorra és l'única llengua oficial.

L'ORIGEN DE LA LLENGUA

El català prové del llatí parlat pels romans.

El **llatí** era la llengua que es parlava arreu de l'imperi Romà, i, per tant, a la província romana de la Tarraconense. La Tarraconense aplegava una part dels territoris que avui formen els Països Catalans.

En dissoldre's l'Imperi, el llatí va evolucionar de manera diferent en cadascuna de les províncies que l'integraven fins a esdevenir un conjunt de llengües del tot diferenciades, anomenades **llengües romàniques**. El català, igual que el castellà, el gallec, el francès i, no cal dir-ho, l'italià, és una llengua romànica.

CARACTERÍSTIQUES DEL CATALÀ

El català no és exactament igual a tot el seu **domini lingüístic**, és a dir, el territori on es parla una llengua, sinó que hi ha algunes diferències, per exemple en la manera de pronunciar o en les paraules que s'utilitzen.

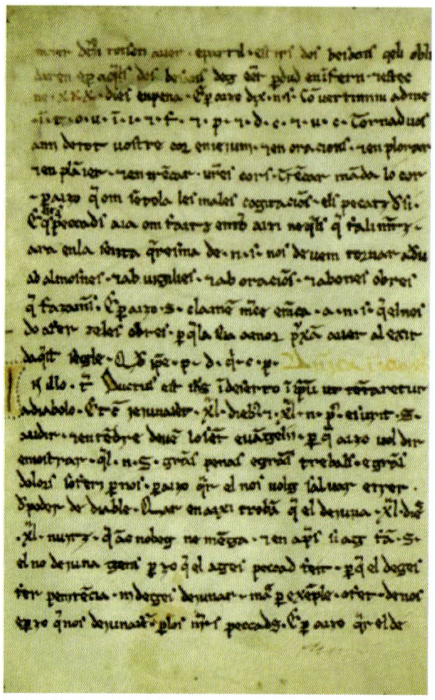

Les *Homilies d'Organyà* són un dels primers textos escrits en català que s'han conservat. Van ser redactades cap a finals del segle XII o principis del XIII.

Aquestes diferències, però, no impedeixen que uns parlants s'entenguin amb els altres. Tot aquest conjunt de característiques particulars dona lloc a les diverses **varietats geogràfiques del català**, anomenades **dialectes**. El català té dos grans grups de dialectes: el **català oriental** i el **català occidental**.

El català oriental

La característica principal del català oriental és que quan la *a* i la *e* són àtones es pronuncien amb el mateix so, un so intermedi entre la *a* i la *e* que s'anomena **vocal neutra**. Així, la *a* de *mare* i la *e* de *nena* sonen diferent perquè totes dues són tòniques, però la *e* i la *a* finals (*mare, nena*) sonen igual —tenen el so de la vocal neutra— perquè totes dues són àtones. Passa el mateix amb les vocals *o* i *u* àtones, que es pronuncien amb un únic so (com una *u*).

Pertanyen a aquest grup el **català central**, parlat al Camp de Tarragona i les regions centrals de Barcelona i Girona; el **rossellonès** (o català septentrional), que es parla a la Catalunya del Nord; el **balear** (o català insular), parlat a les Balears, i l'**alguerès**, propi de la ciutat de l'Alguer.

El català occidental

El català occidental es caracteritza, principalment, perquè pronuncia amb els seus sons propis la *a*, la *e*, la *o* i la *u* àtones i, per tant, **no té vocal neutra**. Els dos dialectes principals del català occidental són el català **nord-occidental**, que es parla a les comarques del Pirineu occidental, la plana de Lleida, les Terres de l'Ebre, la Franja de Ponent i Andorra, i el **valencià** (o català meridional), que es parla a la major part de comarques del País Valencià.

Exemples de paraules diferents entre el català oriental i el català occidental

Català oriental	Català occidental
mongeta tendra	*bajoca*
xai, be	*corder*
escombra	*granera*
ocell	*moixó*
avi, àvia	*padrí, padrina*
blat de moro	*panís*
guineu	*rabosa*
pastanaga	*safanòria*
farigola	*timó*
noi, noia	*xiquet, xiqueta*

Superè.cat,
Enciclopèdia Catalana (adaptació).

Ens comuniquem

L'article divulgatiu

Moltes vegades pensem que ho sabem tot sobre alguna cosa simplement perquè ens és familiar. Però no sempre és així. Per exemple, cada dia respires i el teu cor bomba sang, però això no et converteix en un metge expert en el funcionament del cos, oi? El mateix passa amb la llengua: el fet de parlar català no et converteix en un expert en llengua. Si vols saber-ne més, els articles divulgatius són una bona manera d'informar-te i aprendre coses noves.

Pautes d'anàlisi

Fixa't en:

- L'estructura del text:
  - El titular.
  - L'entrada.
  - El cos de l'article:
    - Si hi ha subtítols que divideixen el text en apartats.
    - Si el text està organitzat en paràgrafs.
    - Si hi ha exemples que ajudin a entendre el que s'explica en el text.
- Els elements gràfics del text:
  - Si el cos o mida del text és sempre el mateix.
  - Si hi ha frases o paraules destacades.
  - Si hi ha fotografies, i si aquestes van acompanyades d'un text explicatiu.
  - Si hi ha dibuixos.
  - Si hi ha esquemes, quadres o taules.
- El tipus de text segons el destinatari i el llenguatge utilitzat:
  - Si és un article divulgatiu.
  - Si és un article especialitzat.

1 ●●○ **Quatre preguntes bàsiques**

Ja ho saps tot, sobre el català? Tria l'opció correcta:

En quin d'aquests indrets no es parla?
- ○ A l'illa de Creta.
- ○ A l'illa de Sardenya.
- ○ A l'illa de Menorca.

On és l'única llengua oficial?
- ○ A Catalunya.
- ○ A Andorra.
- ○ A la Franja de Ponent.

De quina llengua prové?
- ○ Del romanès.
- ○ De l'italià.
- ○ Del llatí.

Quins són els seus dos blocs dialectals?
- ○ El català del nord i del sud.
- ○ El català oriental i l'occidental.
- ○ El català ornamental i l'original.

2 ●●● **Oriental o occidental?**

A quin grup dialectal pertany cada una d'aquestes característiques? Indica si pertanyen al català oriental o al català occidental:

a. Té el so de la vocal neutra.

b. La o i la u àtones es pronuncien com una u.

c. La a i la e mantenen els seus sons propis en posició àtona.

d. La o àtona es pronuncia com una o.

e. Es fan servir els mots xai, mongeta tendra i pastanaga.

f. Es fan servir els mots corder, bajoca i safanòria.

Per tant, com es pronunciarien aquestes paraules en els diferents dialectes?

arbre foscor sortir taula

3 ●●○ Paraules sobre llengua!

Us heu fixat que en aquest text expositiu sobre el català es fan servir moltes paraules relacionades amb la llengua? Resoleu aquests mots encreuats amb les paraules del text:

HORITZONTALS

1. *Verb* Emetre els sons d'una llengua.
2. *Subst. masc. sing.* Varietat d'una llengua que es parla dins uns límits territorials determinats i que té uns trets distintius propis.
3. *Subst. fem. sing.* So o fonema que es caracteritza articulatòriament per la sortida de l'aire sense l'obstrucció típica de les consonants.
4. *Subst. masc. sing.* Territori en què una llengua és parlada.

VERTICALS

5. *Verb* Percebre amb la intel·ligència el sentit d'alguna cosa, allò que vol dir o que significa una paraula, un escrit, un llenguatge, una persona, etc.
6. *Subst. masc. sing.* Llengua que parlaven els antics romans i que es va estendre a tots els territoris del seu imperi.
7. *Subst. masc. pl.* Persones que parlen una determinada llengua o que la fan servir.

4 ●●○ Llocs i dialectes

Tens bona memòria? A veure si recordes a quin grup dialectal pertany cada territori:

- Barcelona
- Alguer
- Terres de l'Ebre
- Camp de Tarragona
- Plana de Lleida
- València

- català occidental
- català oriental

5 ●○○ On apareixen?

Saps distingir les parts de l'article divulgatiu? Relaciona cada fragment amb la part en què apareix:

- El català oriental
- Van ser redactades cap a finals del segle XII o principis del XIII.
- El català
- Té uns nou milions de parlants.
- *escombra - granera*
- El llatí era la llengua que es parlava arreu de l'imperi Romà.

- titular
- entrada
- subtítol
- cos de l'article
- taula
- peu de foto

6 ●●○ T'hi has fixat?

Fixa't en l'estructura del text i contesta aquestes preguntes:

a. Quin és el titular?

b. Com es distingeix l'entrada de l'article de la resta del text?

c. En quants apartats i subapartats es divideix el cos de l'article? Quins són?

d. Quins recursos es fan servir en l'article? Quina finalitat tenen?

7 ●●● Amb les teves paraules!

L'article que has llegit és divulgatiu. Sabries explicar per què?

- Ara, pensa quin és l'objectiu del text i a qui va adreçat.

L'article divulgatiu

Un text explicatiu, o expositiu, explica un tema d'una manera clara, ordenada, precisa i lògica amb la finalitat d'informar.

El text explicatiu

Els **textos explicatius** o expositius presenten un tema i l'amplien o el desenvolupen amb idees i exemples.

La seva intenció és didàctica, és a dir, la seva finalitat és informar per ensenyar alguna cosa al receptor o destinatari, que pot tenir molts coneixements sobre el tema a què es fa referència, pocs o no tenir-ne cap. Es poden trobar textos expositius escrits i orals.

Tipus de textos explicatius

Els textos explicatius poden ser de dos tipus, segons el destinatari: divulgatius i especialitzats. Fixa't en les característiques de cada tipus:

Divulgatius	Especialitzats
S'adrecen a un sector ampli de persones.	S'adrecen a un públic minoritari.
Els receptors tenen poc o cap coneixement sobre el tema.	Els receptors tenen un gran coneixement sobre el tema.
Tracten sobre un tema d'interès general.	Tracten temes específics i d'interès restringit.
Informen de manera clara i objectiva.	Informen de manera tècnica i objectiva.
Utilitzen un vocabulari precís.	Utilitzen un llenguatge amb molts tecnicismes.

Què és un article divulgatiu?

L'**article divulgatiu** té les seves pròpies característiques, que són aquestes:

Què és?

Un article és un escrit sobre un tema que surt publicat en un diari o en una revista. Hi ha articles de política, d'economia, d'esports, d'actualitat, etc. Diem que un article és divulgatiu quan dona a conèixer un tema a un gran nombre de persones.

Com s'estructura?

Els articles divulgatius tenen l'estructura següent:

- Un **titular**: l'enunciat de l'article.
- Una **entrada**, en què es presenta el tema de l'article.
- El **cos de l'article**: l'explicació del tema, en què s'organitza la informació en apartats. Cada apartat està encapçalat per un subtítol, que indica de què tracta.

Quins recursos conté?

Els articles divulgatius contenen sovint recursos que amplien la informació del text o que permeten al lector entendre'l molt millor: fotografies, dibuixos, gràfics, esquemes, taules...

Escrivim...

La millor manera de demostrar que coneixes les característiques d'una tipologia textual és... redactant-ne un exemple. Sabries escriure un article divulgatiu? Posa't a prova amb aquest taller!

Prepara i planifica

1 I a tu, sobre quin idioma t'agradaria investigar?

Al món es parlen més de 7.000 llengües, totes amb les seves particularitats i la seva manera pròpia de representar el món. Fixa't en aquestes:

L'EUSQUERA

És la llengua que es parla al País Basc i en una part de Navarra. Es tracta d'una llengua aïllada, és a dir, sense relació amb cap família lingüística coneguda. Els seus orígens s'estudien en universitats de tot el món.

EL NÜSHU

Fa 1.700 anys les camperoles xineses van inventar aquest idioma propi, que en xinès significa "escriptura de dones". Va ser creat i utilitzat per les dones del sud de la Xina per comunicar-se, en un moment en què el coneixement i l'escriptura es limitaven als homes.

L'AFRIKAANS

És una de les llengües oficials de Sud-àfrica. Tot i el seu nom, pertany a la família de llengües germàniques, ja que va sorgir de la varietat del neerlandès que els colonitzadors holandesos van dur a Sud-àfrica al segle XVI.

EL NÀHUATL

Era la llengua dels asteques i actualment és la llengua indígena més parlada a Mèxic. La saben parlar al voltant de tres milions de persones.

Per escriure un bon text expositiu, és essencial que primer ens documentem. Per això és important consultar fonts fiables, seleccionar la informació més important i organitzar-la de manera clara. En definitiva, cal planificar-nos. Som-hi!

2 Sobre l'idioma que t'agradaria investigar

- Quin has triat? Per què? Què te n'ha cridat l'atenció?
- Cada llengua té les seves característiques i particularitats. Busca informació i **completa una taula** com aquesta:

Nom de la llengua	
Lloc on es parla	
Estat de la llengua	
Nombre de parlants	
Família lingüística	
Història	
Dades lingüístiques	
Curiositats	

Després de buscar i destriar la informació més important, ha arribat l'hora de la veritat! Organitza tota la informació i escriu un article divulgatiu sobre la llengua que has triat.

i parlem

Sabies que els textos explicatius no són sempre escrits? També poden ser audiovisuals, com els documentals, i tractar temes molt diversos, com la llengua.

Escriu i revisa

3 És el teu torn!

Recordes en què t'havies de fixar a l'hora de llegir l'article divulgatiu sobre el català? Torna a llegir les pautes d'anàlisi de la pàgina 209.

Posa en pràctica tot el que has après i escriu el teu article divulgatiu!

4 Com ha quedat l'article divulgatiu?

Rellegeix-lo i respon sí, no o es pot millorar:

- La informació que hi apareix és rigorosa?
- Està organitzat en titular, entrada i cos?
- El cos del text està dividit en apartats encapçalats per subtítols?
- Hi afegiries alguna dada important més?
- Hi ha alguna informació irrellevant?

Refés l'article divulgatiu per millorar els aspectes que no acaben d'estar prou bé.

Una altra manera de millorar l'article divulgatiu és fer un grup d'experts amb altres companys i companyes que hagin triat la mateixa llengua que tu i comparar les dades per comprovar si la informació que has seleccionat és rigorosa i pertinent.

Finalment, comprova:

✔ La informació és rigorosa.
✔ La finalitat del text és informativa.
✔ S'estructura en tres parts:
- El titular enuncia el tema de l'article.
- L'entrada presenta el tema de l'article.
- El cos de l'article en desenvolupa el tema i agrupa la informació en diferents apartats encapçalats per subtítols.

En línia

Escolta

1 Mireu el tràiler d'aquest documental

Ja en saps més! Respon:

- La gent utilitza el català normalment, a l'Alguer? Quan ho fa?
- Els textos explicatius només apareixen en enciclopèdies i llibres científics? O poden tenir diferents formats i tractar temes diversos?

Parla

2 Que comenci el debat!

Parleu-ne entre tots:

- Què en penses, de la situació del català a l'Alguer?
- Per què creus que ha arribat fins a aquest estat? Com creus que podria millorar?
- Quin futur penses que té?

3 Pluja d'idees!

Comenteu les semblances i les diferències d'un documental i una pel·lícula. Tot seguit, penseu temes sobre els quals us agradaria veure documentals. Després, podeu veure'n algun!

4 I tu, què en penses?

Enregistra-ho i comparteix-ho amb els companys i les companyes:

- Com t'agrada més aprendre coses noves sobre un tema que t'interessa, amb llibres, amb vídeos o amb tots dos? Per què?

En línia

Reflexionem sobre la llengua

Les preposicions i les conjuncions

No és el mateix arribar a la platja que arribar de la platja, oi? Ni tampoc és el mateix que et diguin que portis un pastís i unes galetes, que un pastís o unes galetes, oi? Amb les preposicions i les conjuncions podem ser molt precisos!

Les preposicions

Una **preposició** és una paraula invariable que serveix per enllaçar dos mots o sintagmes. El segon mot sempre depèn del primer:

*Casa **de** colònies.*
*Sabó **per a** la roba.*
*Cafè **amb** llet.*

Hi ha dos tipus de preposicions:

TIPUS DE PREPOSICIONS	FORMES	EXEMPLES
Preposicions àtones	a de amb en per per a	*Anar **a** la platja.* *Arribarem **al** matí.* *Taula **de** fusta.* *Animal **del** bosc.* *Pa **amb** tomàquet.* ***Per** Nadal.* ***Pel** mateix preu.* *N'hi ha un **per a** la Maria i un **per a** tu.*
Preposicions tòniques	cap a contra des de entre envers fins (a) malgrat mitjançant segons sense sota ultra vers vora...	*Ja podem anar **cap a** la platja.* ***Cap al** mar!* *Ha topat **contra** un arbre.* *No he menjat res **des de**l matí.* *No el veig **des de** l'aniversari.* *Havien fet un niu **entre** les fulles.* *La humitat arriba **fins a**l sostre.* ***Fins a** l'infinit!* *Hi anirem **malgrat** la seva oposició.* *Has fet el dictat **sense** cap falta.* *El gat s'ha estirat **sota** l'arbre.* *Es dirigeix **vers** la ciutat mil·lenària.* *Els trobaràs **vora** la mar.*

Una **locució prepositiva** és un conjunt de dues o tres paraules que tenen la mateixa funció que una preposició: *en comptes de, gràcies a, a causa de, a desgrat de, a favor de, a l'entorn de, a nivell de...*

*Vindrà el Pau **en comptes de**l Miquel.*
*Vam anul·lar l'excursió **a causa de** la pluja.*
*Parla **a favor de**l seu pare.*
*Aquesta zona **a nivell de**l mar és més humida.*

? Quines d'aquestes preposicions són tòniques?
a • sense • amb • de • vers • sota • en

Les conjuncions

Una **conjunció** és una paraula invariable que pot tenir les funcions següents:

- Enllaçar dos mots de la mateixa categoria o dos sintagmes iguals dins d'una mateixa oració:

  Convidarem la Marta ***i*** *en Ramon.*
  Tu ***o*** *jo hi anirem.*

- Connectar oracions i formar una oració composta:

  Arribaré tard ***perquè*** *he perdut el tren.*
  Va cridar-la, ***però*** *ella no la va sentir.*
  Li he dit ***que*** *no puc venir.*

Segons la forma que tenen, es diferencien les **conjuncions simples**, que inclouen només un mot, i les **locucions conjuntives**, constituïdes per més d'un mot. Les conjuncions simples poden aparèixer en correlació. Vegeu el quadre següent amb exemples:

CLASSE	FORMA	EXEMPLES
Conjunció	simple	*i, o, però, sinó, que, mentre, si, perquè, com*
	en correlació	*o... o, o bé... o bé, ni... ni, tant... com*
Locució conjuntiva	• preposició + nom + **que**	• *de manera que, a mesura que*
	• preposició + adverbi + **que**	• *per bé que, en tant que*
	• conjunció simple + **que**	• *com que, mentre que*
	• adverbi + **que**	• *encara que, així que, ja que, sempre que*

En una oració composta, les conjuncions i les locucions conjuntives poden classificar-se segons si són **coordinants** o **subordinants**, és a dir, si enllacen dos elements de la mateixa categoria (coordinació) o si enllacen dos elements de manera que un depèn de l'altre (subordinació).

CONJUNCIONS COORDINANTS	CONJUNCIONS SUBORDINANTS
i, ni, així com, ni... ni, tant... com, o, ni, o... o, o bé... o bé, però, sinó	*que, si, com, mentre, si, perquè, com que, ja que, per tal com, a fi que, per tal que, encara que, si bé, malgrat que, tot i que, per bé que*

? Hi ha un mot que no és una conjunció. Quin és?
sinó • o • per • i • mentre • que • però

Recorda

- Les **preposicions** i les **locucions prepositives** són invariables i enllacen mots o sintagmes.
- Les **conjuncions** i les **locucions conjuntives** són invariables i enllacen dos elements de la mateixa categoria dins d'una mateixa oració o connecten oracions per formar una oració composta.

Reflexionem sobre la llengua

1 Forma sintagmes

Quins sintagmes pots formar amb aquests mots? Relaciona les dues columnes amb la preposició corresponent:

pa		transport públic
samarreta		ratlles
caseta		fusta
visita		oli
tallar	amb	formatge
anar		bola
sabates	de	els amics
formatge		taló
parlar		metge
bicicleta		tres rodes
entrepà		el ganivet

2 Falten preposicions!

Quina preposició hi falta? Completa les oracions següents amb la preposició adequada:

a. ___ l'estiu aniré de vacances ___ la platja.
b. Els llibres són ___ tots els alumnes ___ la classe.
c. Vindreu ___ nosaltres demà?
d. He deixat el llibre ___ aquest calaix.
e. ___ Carnaval em disfressaré de bruixa o ___ arlequí.
f. ___ aquest camí arribareu ___ la Pica d'Estats.
g. Hi he anat ___ el meu pare.
h. Avui em posaré el jersei ___ ratlles.

3 On són?

Identifica les conjuncions o les locucions conjuntives d'aquestes oracions compostes:

a. Si vols ser el primer, vesteix-te de pressa.
b. T'ho deixo, sempre que no ho facis malbé.
c. No aniré al cinema, sinó al teatre.
d. Agafeu les vostres coses i ja podeu marxar.
e. Com que no hi eres, creia que dormies.

4 Categories gramaticals

Quina és la categoria gramatical dels mots destacats d'aquesta oració? Digues si són adverbis o conjuncions:

No vindré **ni avui ni demà** a recollir els llibres, **però** diumenge crec que podré venir.

5 Conjuncions simples

Escriu cinc oracions en què hi hagi conjuncions simples.

6 Conjuncions correlatives

Identifica les conjuncions correlatives de les oracions següents:

a. A la botiga no hi havia ni préssecs ni raïm.
b. O surts de l'habitació o no veuràs l'arc de Sant Martí.
c. Tan aviat com vinguis, obrirem els regals.
d. No entenc ni el xinès ni el rus.
e. No em facis esperar: o vens o et quedes!
f. Si demà no plou, o bé anirem d'excursió o bé anirem a córrer.

7 Afegeix preposicions!

Quina preposició falta? Completa les oracions amb les preposicions següents:

a · cap a · sobre · de · en · entre · des d'

a. Deixa-ho ___ el marbre de la cuina.
b. Ho comprem en aquella botiga ___ la cantonada.
c. Anirem ___ Manresa.
d. ___ l'estiu, tota cuca viu.
e. ___ aquella muntanya, la vista és espectacular.
f. Van repartir els beneficis ___ tots els accionistes.
g. Ens vam trobar ___ aquella plaça del poble.

8 Les trobes?

On són les preposicions i les locucions prepositives d'aquest text? Identifica-les:

Feia unes hores que m'acabava de revoltar contra la manera com en Peter havia distribuït les feines de la futura comuna, però fins llavors no se m'havia acudit mai que potser a casa nostra no eren pas distribuïdes de manera gaire diferent. Si bé és veritat que ens havíem repartit feines entre tots, la majoria de treballs domèstics eren per a la mare, i rentar la roba, sempre havia de fer-ho ella. Vaig començar a buscar el jersei enmig d'aquell desori, però tot just l'acabava de veure dessota una coixinera, que vaig sentir passos a l'escala.

ELSE BREEN, *També et pots morir a la primavera*. La Galera

9 Falten conjuncions!

Completa les oracions amb la conjunció o la locució conjuntiva adients:

a. M'agradaria venir ___ no puc.
b. ___ has arribat tard, t'has perdut la introducció.
c. Tinc moltes ganes de veure't ___ abraçar-te.
d. No sé si anar-hi ara ___ després.
e. M'he acabat tot el pa ___ tenia molta gana.
f. No ho va dir ell, ___ va ser ella.

10 Preposició o conjunció?

Els mots destacats de les oracions següents són preposicions o conjuncions? Indica-ho:

a. Digues-li **que** prepari l'esmorzar per al nen.
b. Treballem **sense** il·lusió.
c. Hem arribat **fins** aquí molt ràpidament.
d. **Des d'**aquí veureu tot el paisatge.
e. No m'agraden **ni** les mongetes **ni** els cigrons.
f. Lluitarem **contra** l'opressió dels homes.
g. Tinc una moto, **però** ara vull conduir un cotxe.
h. Ho hem enganxat **amb** cola.
i. Vindrà aviat **perquè** no es vol perdre res.

11 COMPAREM LLENGÜES!

Com traduiríeu aquestes frases al castellà? Compte! Les conjuncions i les preposicions no sempre s'escriuen igual:

a. Quan et va millor, avui **o** un altre dia?
b. Parla català, castellà, alemany **i** italià.
c. **Des de** la finestra veig el campanar de l'església.

Després de fixar-vos en aquestes oracions, quina conclusió en traieu? Completeu:

- En ___ la conjunció o canvia a u quan va seguida de paraula començada per o; en ___ s'escriu o en tots els casos.
- En ___ la conjunció y canvia a e quan va seguida de paraula començada per i; en ___ s'escriu i en tots els casos.
- En ___ la preposició des de s'escriu separada i en ___ desde s'escriu junta.

Posa't a prova

Prova de competències

Què és la sang?

La sang és un teixit format per diversos components amb característiques i funcions diferents.

Totes les donacions de sang se separen al laboratori per obtenir tres productes diferents: glòbuls vermells, plasma i plaquetes. Cada un d'aquests components sanguinis es transfon a un malalt diferent. Per això, **una única donació de sang pot beneficiar tres persones diferents**.

Els components de la sang

Glòbuls vermells

Els glòbuls vermells transporten l'oxigen des dels pulmons fins a tots els teixits de l'organisme.

S'han de conservar a 4 graus i caduquen al cap de 42 dies. A Catalunya cada dia es fan servir entre 800 i 1.000 bosses de glòbuls vermells.

El seu dèficit (anèmia) provoca una manca d'oxigen en els òrgans vitals dels malalts. En aquest cas cal administrar glòbuls vermells.

S'utilitzen en tractaments de càncers de la sang i en operacions o accidents en què el pacient perd molta sang.

Cada any, durant el part, un miler de mares necessiten rebre transfusions de glòbuls vermells perquè tenen una hemorràgia.

Plaquetes

Les plaquetes, en canvi, intervenen en la coagulació de la sang i impedeixen les hemorràgies causades per petites lesions que habitualment es produeixen a les artèries, les venes i els capil·lars.

És el component de la sang amb una vida més curta, de només 5 dies. Es conserven a temperatura ambient i en moviment constant, ja que si es deixessin de moure s'agregarien les unes amb les altres formant un quall.

El dèficit de plaquetes (trombopènia), que és freqüent en malalties com la leucèmia i després d'alguns tractaments del càncer, provoca l'aparició d'hemorràgies greus. El tractament prioritari en aquests casos és la transfusió de plaquetes.

Banc de Sang i Teixits (adaptació)

1 Segons el text, quina és la resposta correcta?

- **Aquest article divulgatiu...**
  - ○ ...està dirigit a un públic especialitzat.
  - ○ ...té quatre apartats.
  - ○ ...utilitza les cursives per destacar elements.
  - ○ ...fa servir un vocabulari precís.
- **La negreta es fa servir per destacar...**
  - ○ ...els títols i la informació més rellevant del cos de l'article.
  - ○ ...el títol de cada apartat.
  - ○ ...el cos de l'article i els títols de cada apartat.
  - ○ ...l'entrada de l'article.
- **Els parèntesis s'utilitzen per...**
  - ○ ...destacar la informació més important.
  - ○ ...introduir termes tècnics o especialitzats.
  - ○ ...mostrar l'opinió de l'autor.
  - ○ ...fer constar les fonts bibliogràfiques usades.
- **Quina frase pots trobar en l'entrada de l'article?**
  - ○ Els glòbuls vermells transporten l'oxigen des dels pulmons fins a tots els teixits de l'organisme.
  - ○ Totes les donacions de sang se separen al laboratori per obtenir tres productes diferents: glòbuls vermells, plasma i plaquetes.
  - ○ El dèficit de plaquetes (trombopènia), que és freqüent en malalties com la leucèmia i després d'alguns tractaments del càncer, provoca l'aparició d'hemorràgies greus.
  - ○ A Catalunya cada dia es fan servir entre 800 i 1.000 bosses de glòbuls vermells.

2 Troba les preposicions d'aquest fragment i indica si són àtones o tòniques:

El seu dèficit (anèmia) provoca una manca d'oxigen en els òrgans vitals dels malalts. En aquest cas cal administrar glòbuls vermells.
S'utilitzen en tractaments de càncers de la sang i en operacions o accidents en què el pacient perd molta sang.
Cada any, durant el part, un miler de mares necessiten rebre transfusions de glòbuls vermells perquè tenen una hemorràgia.

Quina de les afirmacions següents és certa?

- ○ Entre és una preposició àtona.
- ○ De és una conjunció
- ○ Ja que és una locució conjuntiva.
- ○ Cada és una preposició tònica.

3 Si has llegit atentament l'entrada de l'article, segur que t'has adonat que hi falta l'apartat del plasma. A partir de la informació següent, escriu-lo.

Aspecte: és transparent i lleugerament groguenc. **Quantitat:** representa el 55% del volum total de la sang. **Conservació:** es congela a –30 °C. **Components:** és format per aigua i proteïnes. **Proteïnes més importants que conté:** immunoglobulines, factors de coagulació, albúmina.

En línia

Què en sabem, ara?

Recordeu les preguntes del baròmetre d'aula?

Què passaria si les responguéssiu ara?
Segur que heu millorat!

Baròmetre d'aula

Valora't

En línia

Ja has arribat al final.
És el moment d'aturar-se i reflexionar.
Què contestaries a cada una d'aquestes preguntes?

Què has après?

- ○ Que puc aplicar a la meva vida diària el que aprenc.
- ○ Que al món hi ha moltes llengües.

Per exemple?

Com ho has après?

- ○ He consultat diferents fonts per documentar-me i n'he extret informació.
- ○ He treballat amb concentració, prestant atenció i sense distreure'm.

Com?

Com podries millorar?

- ○ He d'aprendre a buscar informació en fonts més diverses, tenint en compte la seva fiabilitat.
- ○ He d'evitar distraccions, escoltar més i llegir atentament la informació.

Com?

Per a què et pot servir?

- ○ Conèixer més fonts per informar-me m'ajudarà a tenir una visió més global de la realitat.
- ○ Saber concentrar-me m'ajudarà a desenvolupar millor qualsevol tasca del meu dia a dia i en menys temps.

Per exemple?

Què t'ha semblat la seqüència 14?

★ ★ ★ ★ ★

SEQÜÈNCIA 15

Les vaques inspiren

Els poemes són sempre d'amor. I què més!

Connectem

L'amor i el desamor, els paisatges, els sentiments i les emocions han inspirat poemes al llarg de la història. I és que hi ha temes que no desperten gaire entusiasme entre els poetes. Has llegit cap poema emocionant sobre una pilota de ping-pong? I sobre una vaca? Saps què? Es pot fer poesia de tot!

Què esperes? Prova-ho!

Fes un rodolí a partir de cada imatge.

Què en sabem?

Baròmetre d'aula

1 **Per la setmana de la poesia els carrers s'han omplert de versos. Si són de poetes que escrivien en català, de quin no trobaràs cap vers?**

- ○ Vicent Andrés Estellés.
- ○ Federico García Lorca.
- ○ Joan Maragall.
- ○ Miquel Martí i Pol.

2 **En la poesia es fa un ús particular del llenguatge. En què més es diferencia la poesia de la resta de gèneres literaris?**

- ○ En la importància de la trama.
- ○ En l'ús de paraules senzilles.
- ○ En la seva extensió, molt més llarga.
- ○ En el seu lligam amb els sentiments i les vivències dels autors.

3 **T'ha agradat un fragment en què hi ha una antítesi, l'oposició de dues expressions de sentit contrari. Quin és?**

- ○ "Estimo tant la vida que la faig meva moltes voltes", Montserrat Abelló.
- ○ "L'amor em creix com un migdia", Celia Viñas.
- ○ "M'exalta el nou i m'enamora el vell", J. V. Foix.
- ○ "No estimo res més excepte l'ombra viatgera d'un núvol", Salvador Espriu.

4 **També n'hi ha un que té un polisíndeton, la repetició de la mateixa conjunció diverses vegades. Quin és?**

- ○ "L'escala fosca del desig no té barana", Maria-Mercè Marçal.
- ○ "I soc mos i soc carícia i soc tendresa i soc bastó", Ovidi Montllor.
- ○ "Si goséssiu saber tant com goseu posseir!", Carles Riba.
- ○ "Gairebé et dec la felicitat a tu", Lluïsa Forrellad.

5 **De figures retòriques n'hi ha moltes... Quina no ho és?**

- ○ Al·literació.
- ○ Metàfora.
- ○ Autòcton.
- ○ Epítet.

6 **Com definiries la poesia?**

- ○ És l'art i la tècnica de descriure coses, idees o sensacions tenint en compte la sonoritat, l'harmonia i el ritme de les paraules.
- ○ És la tècnica d'escriure en vers, sempre tenint en compte la rima i el nombre de síl·labes de cada vers.
- ○ És l'art de plasmar els sentiments i les emocions de les persones mitjançant qualsevol tècnica artística.
- ○ És la tècnica d'escriptura que consisteix a expressar els nostres pensaments i sentiments sense filtre, tal com els pensem.

7 **Si en un dels poemes trobes una paraula que no entens, la cercaràs en el diccionari...**

- ○ ...general de la llengua.
- ○ ...ortogràfic i de pronúncia.
- ○ ...bilingüe.
- ○ ...enciclopèdic.

8 **I el diccionari etimològic, en quin d'aquests casos et podria servir?**

- ○ Per buscar una alternativa per no repetir el mateix mot en un poema.
- ○ Per conèixer l'origen de la paraula que dona títol a un llibre de poemes.
- ○ Per traduir al català un vers en francès.
- ○ Per cercar la biografia de l'autora d'un poema que t'ha agradat.

Una vaca, una nena que treballa en una fàbrica, la llengua..., tot pot servir d'inspiració per escriure un poema. La poesia ens permet parlar de temes quotidians fent un ús especial del llenguatge.

Llegim

Àudio dels poemes

La vaca cega

Joan Maragall

Joan Maragall
Poeta i escriptor (1860-1911). El tema dominant de la seva poesia és el paisatge. Aquest poema va ser escrit l'any 1893 i es basa en una anècdota real viscuda pel poeta en una font a prop de Sant Joan de les Abadesses, al Ripollès.

Topant de cap en una i altra soca,
avançant **d'esma** pel camí de l'aigua,
se'n ve la vaca tota sola. És cega.
D'un cop de roc llançat amb massa traça,
el **vailet** va buidar-li un ull, i en l'altre
se li ha posat un **tel**: la vaca és cega.
Ve a **abeurar-se** a la font com **ans** solia;
mes no amb el ferm posat d'altres vegades
ni amb ses companyes, no: ve tota sola.
Ses companyes, pels **cingles**, per les **comes**,
pel silenci dels prats i en la ribera,
fan dringar l'**esquellot** mentre pasturen
l'herba fresca a l'atzar... Ella cauria.
Topa de morro en l'esmolada pica
i recula **afrontada**... Però torna
i abaixa el cap a l'aigua i beu calmosa.
Beu poc, sense gaire set... Després aixeca
al cel, enorme, l'embanyada **testa**
amb un gran gest tràgic: parpelleja
damunt les mortes nines, i se'n torna
orfe de llum sota del sol que crema,
vacil·lant pels camins inoblidables,
brandant llànguidament la llarga cua.

D'esma significa de manera instintiva o maquinal.

Un **vailet** és un noi.

Es refereix al **tel** que forma una cataracta.

Abeurar-se vol dir beure aigua abundantment (el bestiar).

Ans significa abans.

Els **cingles** són espadats, precipicis.

Les **comes** són esplanades petites en una zona muntanyosa.

Un **esquellot** és una esquella grossa que porten penjada al coll alguns animals, com les vaques.

Afrontada vol dir avergonyida.

Testa significa cap.

Brandar vol dir moure d'una banda a l'altra.

L'Elionor

Miquel Martí i Pol

Miquel Martí i Pol
Poeta (1929-2003). La seva poesia reflecteix la realitat i la rutina dels treballadors i les treballadores i està compromesa amb la realitat social. Si llegeixes aquest poema, que pertany al llibre *La fàbrica* (1971), ho entendràs.

L'Elionor tenia
catorze anys i tres hores
quan va posar-se a treballar.
Aquestes coses queden
enregistrades a la sang per sempre.
Duia trenes encara
i deia: "sí, senyor" i "bones tardes".
La gent se l'estimava,
l'Elionor, tan tendra,
i ella cantava mentre
feia córrer l'escombra.
Els anys, però, a dins la fàbrica
es dilueixen en l'opaca
grisor de les finestres,
i al cap de poc l'Elionor no hauria
pas sabut dir d'on li venien
les ganes de plorar
ni aquella irreprimible
sensació de solitud.
Les dones deien que el que li passava
era que es feia gran i que aquells mals
es curaven casant-se i tenint criatures.
L'Elionor, d'acord amb la molt sàvia
predicció de les dones,
va créixer, es va casar i va tenir fills.
El gran, que era una noia,
feia tot just tres hores
que havia complert els catorze anys
quan va posar-se a treballar.
Encara duia trenes
i deia: "sí, senyor" i "bones tardes".

LXX

Vicent Andrés Estellés

Vicent Andrés Estellés
Poeta i escriptor valencià (1924-1993). Els seus poemes tracten la realitat quotidiana amb una gran llibertat formal. Els temes dels seus poemes són molt variats i van des de la mort i el sexe fins a la descripció del món quotidià i la defensa de la llengua i del seu poble.

molt més que un temple, bastiria
amb les meues paraules, aspres i
humils, una marjada com aquelles

que vaig veure un dia a mallorca.
les pedres, sàviament organitzades,
amb una organització ben sòlida,
contribueixen a salvar de l'erosió
la terra batuda pels vents marins.

m'agradaria, amb una semblant assemblea
de pedres, preservar amb els meus mots
un idioma, un país, una forma de vida,
i que ningú no sabés mai quin és el meu nom,

com tampoc hom no sap el nom de la marjada.

LA VACA CEGA

1 ●●○ Algunes preguntes bàsiques

Contesta aquestes preguntes sobre el poema i comprova si l'has entès:

a. Quin és el "camí de l'aigua"?

b. Per què és cega la vaca?

c. On són les altres vaques? Què fan? Per què ella no és amb les altres vaques?

d. Què li passa abans de beure aigua?

e. Com acaba el poema?

f. Explica què fa la vaca del poema en quatre frases breus.

2 ●●● En resum...

Ara, explica breument el poema com si fos un conte amb aquest personatge principal.

3 ●●○ Quin és el to?

Quin és el to del poema? Torna'l a llegir i tria els qualificatius més adients:

alegre · romàntic · trist

còmic · tràgic · avorrit

4 ●●● Recompte sil·làbic!

Saps fer el recompte sil·làbic? En català es compten les síl·labes d'un vers fins a l'última vocal tònica. Compta les estrofes, els versos i les síl·labes i indica l'afirmació correcta:

- ○ El poema té 23 versos repartits en tres estrofes amb rima.
- ○ El poema té 23 versos decasíl·labs sense rima regular.
- ○ El poema té 23 estrofes de versos amb rima regular.
- ○ El poema té 23 estrofes decasíl·labes sense rima.
- ○ El poema té 23 versos dodecasíl·labs sense rima regular.
- ○ El poema té 23 estrofes de versos octosíl·labs amb rima regular.

5 ●●● Què és un epítet?

Als adjectius anteposats al nom amb la intenció d'emfatitzar alguna característica se'ls anomena epítets. Busca els quatre epítets del poema i copia'ls.

- Quin et sembla que té més càrrega tràgica?

6 ●●○ Figures retòriques

En poesia es fan servir les figures retòriques per crear efectes en el text: més emoció, expressió, sonoritat... N'hi ha moltes, però ara fixa't en aquestes tres i relaciona-les amb els versos corresponents:

polisíndeton: Repetició d'una conjunció per donar més força a l'expressió.

al·literació: Repetició d'uns mateixos sons.

antítesi: Oposició de dos mots, pensaments, expressions, etc., de sentit contrari en una mateixa frase.

i recula afrontada... Però torna / **i** abaixa el cap a l'aigua **i** beu calmosa.

To**p**ant de ca**p** en una i altra soca
Bra**n**dant **ll**à**n**guidame**n**t la **ll**arga cua.

orfe de llum sota el sol que crema

7 ●●○ Reflexionem?

En grups de quatre, reflexioneu sobre el poema i contesteu les preguntes:

- Què ens vol explicar el poeta? Com ens vol fer sentir?
- Poseu-vos en el lloc de la vaca: podem parlar de marginació?
- Quin és el tema del poema?
- Es pot comparar amb alguna situació humana? Penseu-hi.

Recolliu les vostres opinions i feu-ne un resum. Després, poseu-les en comú.

L'ELIONOR

8 ●●○ Molta informació!

Respon aquestes preguntes de les diferents etapes de la vida de l'Elionor i digues en quins versos trobes la resposta!

a. **La noia:** Qui era? Com era?

b. **L'adolescent:** Com es va sentir? Què li passava? Quina era la solució dels seus mals, segons les dones?

c. **La dona:** Què va fer de gran? Què van fer els seus fills?

9 ●●○ Centra't en el final

Quin és el final del poema? Per què té força? Com ho ha aconseguit el poeta?

10 ●●○ On és la força?

Quina és la força del poema: les paraules o el relat?

11 ●●○ En veu alta!

Quan llegim un poema, hi donem una altra vida. Però s'ha de fer amb emoció! Escolta aquesta locució i fixa't en el canvi d'emoció.

Vídeo

Ara, prepara en veu alta el text de la lectura:

- Tingues en compte la figura de l'encavallament, ja que la pausa del vers no coincideix amb el seu final.
- Decideix amb quina emoció vols començar el poema i amb quina vols acabar-lo.
- Practica la pronúncia de les paraules difícils.
- Fixa't en els signes de puntuació.
- Recorda: no tot el text es llegeix amb el mateix ritme.
- Tria les paraules més importants que vulguis remarcar.
- Assaja la lectura fins que tinguis prou seguretat.

Ha arribat l'hora de la veritat! Enregistra la lectura, escolta't i apunta el que creus que has fet bé i el que podries millorar.

LXX

13 ●●○ Una marjada és...

Què és una marjada? Com està construïda? Per a què serveix? Quina és la seva funció? Busqueu-ne informació i feu-ne un resum.

13 ●●○ Quatre preguntes bàsiques

Ho has entès? Contesta:

a. Com estan disposades les pedres de la marjada, segons el poeta? I per a què serveixen?

b. En quina estrofa el poeta expressa el seu desig?

c. Quin és el seu desig?

d. Quina és la comparació al final del poema?

14 ●○○ Com ho diuen els valencians?

Quina forma valenciana del possessiu en primera persona del singular hi ha en el poema?

15 ●○○ Signifiquen el mateix!

Quins mots són sinònims de preservar? Identifica'ls:

destruir · conservar · abandonar · perdre · protegir · emparar · desemparar · descuidar · resguardar · salvaguardar · defensar

16 ●●○ I el títol?

Quin títol posaries a aquest poema? Per què? Explica-ho.

17 ●●○ Llibertat formal

Quina és la "llibertat formal" més evident d'aquest poema? Indica-la:

- ○ L'absència de majúscules.
- ○ L'absència de signes de puntuació.
- ○ El títol escrit amb xifres romanes.
- ○ El nombre de versos imparell.

En línia

A diferència de les novel·les, que treballen amb la ficció, la poesia està molt més lligada a la biografia dels autors.

Bibliotube

Reflexions literàries

Per què són interessants aquests poemes?

- **Joan Maragall** (poeta i escriptor català nascut el 1860) va ser una figura cabdal de la poesia modernista. En el poema "La vaca cega" l'autor ens parla de la bellesa de la natura i l'emoció que li produeix contemplar-la. D'altra banda, també ens parla de la solitud i la incomprensió. En el fons, Maragall compara la vaca cega amb els autors modernistes, que sovint eren incompresos per la societat perquè tenien unes idees massa innovadores.
- **Miquel Martí i Pol** (poeta, escriptor i traductor català, nascut el 1929) és un dels escriptors més populars en llengua catalana. El poema "L'Elionor" tracta d'una noia que treballa en una fàbrica, encara que quan diu Elionor el poeta en realitat s'està referint a totes les dones treballadores de l'època, la vida de les quals es reduïa a treballar i tenir una família, sense poder decidir cap altre destí. Per tant, Miquel Martí i Pol ens vol ensenyar com vivia la gent en aquella època i la trista i dura situació que vivia la classe obrera.
- **Vicent Andrés Estellés** (periodista i poeta valencià, nascut el 1924) va ser un dels principals renovadors de la poesia contemporània en valencià. En el seu poema, Estellés compara les paraules amb les pedres. Aquest poema és la manera que té Estellés de dir-nos la importància que tenen per a ell les paraules a l'hora de protegir una llengua, un país i una forma de vida de l'erosió i de qualsevol atac extern.

T'agrada la poesia? N'has llegit? Quins poetes coneixes?

Et costa més llegir poesia que narrativa (conte o novel·la)? Per què ho creus?

Crea... un poema a partir de la teva experiència!

Escriptura creativa

En línia

El vincle entre vida i obra

La literatura parla de nosaltres?

Quan escrivim narrativa (és a dir, conte o novel·la) creem un personatge a qui li passen aventures. Aquest personatge i la seva història no sempre han de tenir relació amb nosaltres o la nostra vida. En canvi, quan escrivim poesia gairebé sempre fem servir sentiments que o bé són nostres o bé estan molt relacionats amb nosaltres.

Vida i obra

Revisa els poemes anteriors i fixa't en la relació entre vida i obra:

- **Joan Maragall** era un autor modernista que se sentia incomprès per les seves idees, i la vaca cega, com ell, també és incompresa.
- **Miquel Martí Pol** va treballar molts anys en una fàbrica tèxtil, motiu pel qual no és estrany que un dels seus poemaris es digui *La fàbrica* i estigui dedicat a les experiències de la fàbrica.
- **Vicent Andrés Estellés** va ser tota la vida un ferm defensor de la llengua i, per tant, té tot el sentit del món que s'imaginés que les paraules tenen la força d'una pedra.

Prepara

Potser vols escriure un poema i no saps per on començar... A continuació t'ajudarem a escriure'n un a partir d'alguna experiència de la teva vida.

Hi ha alguna cosa que t'hagi marcat per sempre? Un moment molt important de la teva vida? Pensa-hi i intenta recordar com et vas sentir.

I si poses algú altre en el teu lloc? Pensa en un personatge, que no siguis tu però que podria sentir exactament el mateix que tu, en el moment en què et va passar el que has explicat.

Escriu

Ara, prova d'escriure un poema amb el personatge fictici que has pensat però amb el sentiment experimentat per tu.

Revisa

Ara toca revisar-lo!

- ✔ Se t'ha escapat algun error ortogràfic?
- ✔ Falta o sobra algun punt o coma? I algun altre signe de puntuació?
- ✔ T'has expressat correctament?

El diccionari.
Tipus de diccionaris

Sabies que els diccionaris serveixen per a molt més que per saber el significat de les paraules? Si vas de viatge i necessites saber com es diu una paraula en la llengua autòctona, o si has de fer un treball i necessites conèixer els termes propis d'un tema concret, o si estàs escrivint un text i repeteixes massa la mateixa paraula..., en tots aquests casos et pot ser útil consultar un diccionari! Això sí, hauràs de triar-lo bé.

El diccionari general de la llengua

El diccionari general de la llengua recull les paraules d'una llengua ordenades alfabèticament, acompanyades de la definició i d'altres informacions útils per comprendre-la.

L'entrada del diccionari

L'entrada és el conjunt de tota la informació que el diccionari proporciona sobre un mot, que hi apareix ordenada i estructurada:

- La **definició**, en lletra rodona, és l'explicació del significat del mot. En una entrada de diccionari hi ha tantes definicions com significats diferents té la paraula. Cada significat és una **accepció**.
- La **categoria gramatical** normalment s'escriu en lletra cursiva i s'indica amb una abreviatura (*f*: nom femení; *adj*: adjectiu; etc.).
- Els **exemples** s'escriuen normalment en *lletra cursiva*.

bleda

1 *f 1* HORT Planta herbàcia anual de la família de les quenopodiàcies, de grosses fulles glabres, lluents i ondulades.
2 pl Les fulles de la bleda, que es mengen com a verdura. *Patates amb bledes*.
3 **bleda borda** BOT Planta herbàcia de la família de les quenopodiàcies, de tiges ajagudes i esteses radialment i de flors agrupades en panícula de glomèruls.
2 *fig 1 adj* i *m* i *f* Dit d'una persona no gens espavilada, mancada de vigor, de tremp. *No en farem res, de tu: ets un bleda acabat*.

El sentit propi i el figurat

- El **sentit propi** d'una paraula explica la realitat que representa.
- El **sentit figurat** està basat en la semblança amb el sentit propi.

En el diccionari, la definició del sentit figurat apareix després de la definició del sentit propi de la paraula. En l'entrada del mot **bleda**, per exemple, la primera accepció fa referència al sentit propi, és a dir, al vegetal, mentre que la segona duu l'abreviatura *fig* per indicar que té un significat figurat, que en aquest cas és el de persona no gens espavilada, mancada de vigor.

? En la frase "No em vaig empassar el que m'explicaves", el verb **empassar-se** es fa servir en sentit propi o figurat?

Les frases fetes

Les **frases fetes** i les **locucions** apareixen en el diccionari ordenades alfabèticament segons la paraula clau: *arribar al* ***cor****, anar* ***bé****, posar-se fet una* ***fera***.

Tipus de diccionaris

Segons la informació que vulguem obtenir d'un mot, caldrà que consultem un tipus de diccionari o un altre. Quan volem saber si una paraula és pròpia del català i quin és el seu significat, hem de consultar el **diccionari general de la llengua**. En canvi, si volem saber com es diu una determinada paraula en una altra llengua, hem de recórrer a un **diccionari bilingüe**, que dona la correspondència de mots entre dues llengües.

Diccionaris específics

Hi ha altres diccionaris que recullen aspectes concrets de la llengua:

- El **diccionari de sinònims i antònims**, que conté les paraules amb significats semblants i oposats a un mot donat.
- El **diccionari ortogràfic i de pronúncia**, que és útil per saber com es pronuncia i s'escriu una paraula o com se separa en síl·labes.
- El **diccionari etimològic**, que documenta l'origen dels mots.

Altres diccionaris

Encara podem consultar altres tipus de diccionaris segons la informació que necessitem obtenir:

- El **diccionari visual**, que organitza les paraules per grans centres d'interès i presenta il·lustracions ordenades temàticament, en què s'assenyalen les denominacions de les diverses parts dels objectes que s'hi mostren.
- El **diccionari enciclopèdic**, que, a més de la definició, dona informació ampliada dels termes.
- Els **diccionaris especialitzats** en temes, aspectes o àrees del saber concrets: de medicina, de literatura, de locucions i frases fetes, etc.

? A quin diccionari busques l'origen d'un mot? I la seva traducció al francès?

Recorda

- El diccionari general de la llengua recull les paraules ordenades alfabèticament.
- L'entrada d'una paraula inclou la definició, la categoria gramatical i exemples.
- Segons la informació que vulguem obtenir, haurem de consultar diferents tipus de diccionaris.

Reflexionem sobre la llengua

1 ●●● Tria un diccionari

De diccionaris n'hi ha de molts tipus! Digues, en cada cas, quin tipus de diccionari faries servir per buscar la informació següent:

a. La traducció de *fouk mouthed* al català.

b. Com s'ha de partir el mot desanimar a final de ratlla.

c. El significat del terme mèdic xifopagotomia.

2 ●●● Quin és més complet?

Busqueu aquests mots en un diccionari general de la llengua i en un d'enciclopèdic i digueu quin ofereix una informació més detallada. Poseu-ne algun exemple:

hidrogen · avenç · sol · lluna

3 ●●● Una gallina!

Busca la paraula gallina en el diccionari en línia www.diccionari.cat i contesta:

La paraula gallina té...

- ○ ...una accepció.
- ○ ...dues accepcions.
- ○ ...més de dues accepcions.

L'accepció que té sentit figurat és...

- ○ ...la primera (espècie d'ocell).
- ○ ...la segona (covard).
- ○ ...la tercera (joc infantil).

4 ●●● Signifiquen el mateix

Quines paraules signifiquen el mateix que aquestes? Busca sinònims dels mots següents en un diccionari i escriu-los:

somriure · poesia · ocell

periòdic · clatell · ca

muntanya · misteri

5 ●●● Entens les abreviatures?

Què volen dir les abreviatures que surten en el diccionari? Fixeu-vos on apareixen i indiqueu-ne el significat:

Si tens dubtes, consulta les primeres pàgines d'un diccionari general de la llengua, en què trobaràs el significat de les abreviatures utilitzades.

abric

m **1** Cosa que abriga.

2 *1* Peça de vestir que es posa sobre les altres i serveix per protegir-se del fred, com una capa, un capot, un sobretot, un mantell, etc. *2* Peça de vestir que té mànigues, més o menys cenyida o ampla, que arriba fins a sobre o a sota els genolls o fins als peus, generalment cordada al davant.

3 *fig* Allò que resguarda contra un perill.

4 AGR *1* Instal·lació no calefactada que té com a objecte reduir la pèrdua de calor. *2* Hivernacle.

5 ARQUEOL Balma, per oposició a cova.

6 TÀCT Obra de fortificació que serveix per protegir el personal militar i el material contra els efectes de la intempèrie i de l'acció de l'enemic.

7 ZOOT Lloc resguardat contra alguns elements climàtics que serveix per a la protecció del bestiar que es troba a la pastura.

8 a l'abric *loc adv* A cobert.

9 a l'abric de *loc prep* A cobert de, a l'empara de.

m · AGR · TÀCT · *loc adv*

fig · ARQUEOL · ZOOT · *loc prep*

6 ●●● Quin és l'antònim?

Quines paraules signifiquen el contrari que aquestes? Busca antònims d'aquests mots en un diccionari de sinònims i antònims:

distret · bondat · robust

claror · brillant

7 Mel al diccionari

T'has fixat mai com apareixen les paraules en el diccionari? Fixa't en aquesta entrada del Diccionari general de la llengua catalana i, després, contesta les preguntes:

mel

f **1** *1* APIC ALIM Producte natural molt dolç, fluid, pastós o cristal·litzat, transparent si és acabat d'obtenir, elaborat per les abelles a partir del nèctar de les flors i d'altres exsudacions ensucrades de les plantes.

2 **deixar** (algú) **amb la mel a la boca** *fig* Privar-lo d'alguna cosa que començava a assaborir o a fruir.

3 **mel rosada** FARM Melrosat.

4 **no hi ha mel sense fel** *fig* No hi ha plaer o prosperitat que no dugui aparellada alguna pena o adversitat; no hi ha roses sense espines.

5 **posar la mel a la boca** (d'algú) *fig* Despertar-li les ganes d'una cosa i no permetre-li que en frueixi, fer-lo delir.

2 *fig És un home tot mel. La mel de les seves carícies.*

a. Quantes accepcions té aquesta paraula?

b. Què indiquen les oracions en cursiva? I els mots en negreta?

8 Com les faries servir?

Escriu oracions en què facis servir les frases fetes següents. Consulta el diccionari si cal:

a. filar prim

b. veure's amb cor de fer alguna cosa

c. tenir un os a l'esquena

d. fugir d'estudi

e. no dir ni ase ni bèstia

9 Primavera i primaveres!

Què vol dir el mot primavera? Busca'l en el diccionari i copia els significats corresponents a l'ús que es fa d'aquest mot en aquestes oracions:

a. Abans de l'estiu ve la primavera.

b. Acaba de fer quinze primaveres!

c. Es troba a la primavera de la vida.

10 De quina mà es tracta?

La paraula mà pot significar moltes coses! Relaciona cada una de les oracions amb l'accepció corresponent:

1. No està del tot acabada; encara em falta donar-hi una mà de pintura.
2. Aquest establiment fa un mes que va canviar de mans.
3. Trobaràs l'església baixant a mà dreta.
4. Agafa'l amb les dues mans, si no vols que et caigui.
5. Té molta mà esquerra amb la gent que es ve a queixar.

a. [*usat generalment en pl.*] Possessió personal.

b. Part terminal del braç, que comprèn el carp, el metacarp i els dits.

c. Tenir tacte i habilitat en el tracte amb la gent.

d. Cadascuna de les etapes que comporta l'execució d'una obra.

e. Costat dret o esquerre.

11 COMPAREM LLENGÜES!

Com traduiríeu aquestes paraules? Busqueu-les en un diccionari bilingüe i escriviu-les en castellà, francès i italià:

nit arbre fill
pluja nou

Després de fixar-vos en aquestes paraules, quina conclusió en traieu? Completeu:

Les llengües romàniques tenen un origen comú, el llatí, i per això ____.

En línia

La fageda d'en Jordà

Joan Maragall

Saps on és la fageda d'en Jordà?
Si vas pels volts d'Olot, amunt del pla,
trobaràs un indret verd i pregon
com mai més n'hagis trobat al món:
un verd com d'aigua endins, pregon i clar;
el verd de la fageda d'en Jordà.
El caminant, quan entra en aquest lloc,
comença a caminar-hi poc a poc;
compta els seus passos en la gran quietud
s'atura, i no sent res, i està perdut.
Li agafa un dolç oblit de tot el món
en el silenci d'aquell lloc pregon,
i no pensa en sortir o hi pensa en va:
és pres de la fageda d'en Jordà,
presoner del silenci i la verdor.
Oh companyia! Oh deslliurant presó!

1 Segons el text, quina és la resposta correcta?

- **Tal com la descriu l'autor, la fageda d'en Jordà sembla un lloc...**
  - ○ ...fascinant i sorollós.
  - ○ ...inquietant i perdedor.
  - ○ ...silenciós i perillós.
  - ○ ...plàcid i captivador.

- **En aquest poema, l'autor...**
  - ○ ...expressa la seva admiració per un paisatge natural.
  - ○ ...dona dades precises sobre la flora de la fageda d'en Jordà.
  - ○ ...adverteix dels perills d'endinsar-se en un espai natural sense coneixe'l bé.
  - ○ ...descriu la seva infantesa a la fageda d'en Jordà.

- **El poema presenta una visió de la natura...**
  - ○ ...realista.
  - ○ ...optimista.
  - ○ ...desencantada.
  - ○ ...idealitzada.

- **En quin ordre tenen lloc els fets següents?**

  A L'autor explica com se sent la persona que entra a la fageda d'en Jordà.

  B L'autor descriu la fageda d'en Jordà.

  C L'autor indica on és la fageda d'en Jordà.

  - ○ A ▸ B ▸ C
  - ○ C ▸ B ▸ A
  - ○ B ▸ C ▸ A
  - ○ C ▸ A ▸ B

- **Segons Maragall, a la persona que entra a la fageda li agafa un "oblit de tot el món". Amb aquesta afirmació, l'autor vol dir que...**
  - ○ ...qui entra a la fageda s'oblida del camí que ha seguit i es perd pel bosc.
  - ○ ...qui entra a la fageda perd la memòria i no és capaç de recordar res del seu passat.
  - ○ ...qui entra a la fageda deixa enrere les preocupacions del dia a dia.
  - ○ ...qui entra a la fageda decideix quedar-s'hi a viure per sempre.

2 Indica quina paraula cercaries en un diccionari per trobar-hi aquests mots del text:

saps · volts · trobaràs · passos · està

Digues quina definició de dolç correspon a la paraula que apareix en el poema:

- ○ Que té un sabor com el del sucre o el de la mel.
- ○ Que conté sucres a causa de la interrupció de la fermentació alcohòlica o per addició posterior.
- ○ Que no és amarg, que no és àcid.
- ○ Que fa sobre l'oïda, sobre la vista, sobre l'ànim, una impressió plaent comparable a la del sucre sobre el gust.

3 Pensa en un espai que t'hagi impressionat, ja sigui positivament o negativament. Escriu un breu poema en què expliquis com se sentirà una persona que visita per primer cop aquest indret.

Amb unes 100 paraules n'hi ha prou!

En línia

Què en sabem, ara?

Recordeu les preguntes del baròmetre d'aula?

Què passaria si les responguéssiu ara?
Segur que heu millorat!

Baròmetre d'aula

Valora't

En línia

Ja has arribat al final.
És el moment d'aturar-se i reflexionar.
Què contestaries a cada una d'aquestes preguntes?

Què has après?

- ○ Que el llenguatge poètic té característiques pròpies.
- ○ Que hi ha conceptes que no tenia prou clars.

Per exemple?

Com ho has après?

- ○ He treballat de manera creativa, i he sabut expressar els meus sentiments de manera poètica.
- ○ He treballat col·laborativament, he aportat coneixements i he après dels companys i les companyes.

Com?

Com podries millorar?

- ○ No he de tenir por a ser una persona creativa i he d'aprendre a utilitzar el llenguatge poètic.
- ○ Puc aprendre a treballar millor en grup, a escoltar els companys i les companyes i a participar en el procés de treball.

Com?

Per a què et pot servir?

- ○ La creativitat m'ajudarà a trobar solucions a tot tipus de situacions.
- ○ El treball en grup em serveix per aprendre a ser una persona col·laborativa en tots els àmbits de la meva vida.

Per exemple?

Què t'ha semblat la seqüència 15?

★ ★ ★ ★ ★

Què es treballa en cada seqüència?

Competències de llengua catalana i literatura

1 Descriure i valorar la diversitat lingüística i cultural a partir del reconeixement de les llengües de l'alumnat i la realitat plurilingüe i pluricultural, per afavorir la transferència lingüística, identificar i rebutjar estereotips i prejudicis lingüístics, i valorar aquesta diversitat.

2 Comprendre i interpretar textos orals i multimodals recollint el sentit general i la informació més rellevant, la seva forma i el seu contingut, per construir coneixement, formar-se opinió i eixamplar les possibilitats de gaudi i lleure.

3 Produir textos orals i multimodals amb coherència, claredat i registre adequats i participar en interaccions orals variades, amb autonomia, per expressar idees, sentiments i conceptes, construir coneixement i establir vincles personals.

4 Comprendre, interpretar i analitzar textos escrits i multimodals reconeixent el sentit global i les idees principals i secundàries, reflexionant sobre el contingut i la forma i avaluar-ne la qualitat i fiabilitat, per donar resposta a necessitats i interessos comunicatius diversos.

5 Produir textos escrits i multimodals amb adequació, coherència, cohesió, aplicant estratègies de planificació, redacció, revisió, correcció i edició, per construir coneixement i donar resposta a demandes comunicatives concretes.

6 Cercar, seleccionar i contrastar informació procedent de diferents fonts, avaluant la seva fiabilitat i pertinència en funció dels objectius de lectura i evitant els riscos de manipulació i desinformació, i integrar-la i transformar-la en coneixement.

7 Seleccionar i llegir de manera autònoma obres diverses com a font de plaer i coneixement, configurant un itinerari lector que s'enriqueixi progressivament pel que fa a diversitat, complexitat i qualitat de les obres, i compartir experiències de lectura, per construir la pròpia identitat lectora i gaudir de la dimensió social de la lectura.

8 Llegir, interpretar i valorar obres o fragments literaris del patrimoni propi i universal, utilitzant un metallenguatge específic i mobilitzant l'experiència biogràfica i els coneixements literaris i culturals, per establir vincles entre textos diversos, eixamplar les possibilitats de gaudir de la literatura i crear textos d'intenció literària.

9 Mobilitzar el coneixement sobre l'estructura de la llengua i els seus usos i reflexionar sobre les eleccions lingüístiques i discursives, amb la terminologia adequada, per millorar les destreses tant de producció oral i escrita com de recepció crítica.

10 Posar al servei de la convivència democràtica, la resolució dialogada dels conflictes i la igualtat de drets de totes les persones, les pròpies pràctiques comunicatives.

1. No és el que sembla

Creus que les estrelles de les xarxes tenen una vida meravellosa?

CE1 • CE3 • CE6 • CE7 • CE8 • CE9 • CE10

2. #estiktokat

Quina relació hi ha entre les ovelles i la màgia?

CE1 • CE2 • CE3 • CE4 • CE5 • CE9 • CE10

3. Ets una rata?

Ser una rata no està gens malament!

CE1 • CE3 • CE5 • CE7 • CE8 • CE9 • CE10

4. Enxaneta a l'espai

Què és la internet de les coses?

CE1 • CE2 • CE3 • CE4 • CE5 • CE9 • CE10

5. Mentides pietoses

No hi ha més gran mentida que dir que mai has mentit!

CE1 • CE6 • CE7 • CE8 • CE9 • CE10

6. Top secret

Els teus sentiments són un secret?

CE1 • CE2 • CE3 • CE4 • CE5 • CE9 • CE10

7. Matemàtiques problemàtiques

Vols ser perfecte, com les matemàtiques?

CE1 • CE6 • CE7 • CE8 • CE9 • CE10

8. Aquest és el lloc

Has trobat un lloc on t'agradaria passar la vida?

CE1 • CE2 • CE3 • CE4 • CE5 • CE9 • CE10

9. Salvatge!

Si et diuen salvatge, no cal que t'ofenguis!

CE1 • CE7 • CE8 • CE9 • CE10

Referències bibliogràfiques de les lectures

UNITAT 1: *Mai de la vida et deixaria tirada*, Gemma Lienas. Editorial Edebé

UNITAT 3: *Les bruixes*, Roald Dahl. Estrella Polar

UNITAT 5: *Calla, Càndida, calla!*, Maite Carranza. Editorial Cruïlla

UNITAT 7: *L'assassinat del professor de matemàtiques*, Jordi Sierra i Fabra. Editorial Barcanova

UNITAT 9: *He jugat amb els llops*, Gabriel Janer i Manila. La Galera

UNITAT 11: *L'evolució de la Calpurnia Tate*, Jacqueline Kelly. La Galera

UNITAT 13: *Un mag de Terramar*, Ursula K. Le Guin. Editorial Raig Verd